贝页
ENRICH YOUR LIFE

做自己的老板

[加拿大] 戴维·萨克斯（David Sax） 著　　傅临春　译

The Soul of an Entrepreneur

Work and Life Beyond the Startup Myth

文汇出版社

图书在版编目 (CIP) 数据

做自己的老板 / (加) 戴维·萨克斯 (David Sax) 著; 傅临春译.
— 上海: 文汇出版社, 2022.3
ISBN 978-7-5496-3689-1

Ⅰ.① 做⋯　Ⅱ.① 戴⋯② 傅⋯　Ⅲ.① 中小企业—创业—通俗
读物　Ⅳ.① F276.3-49
中国版本图书馆 CIP 数据核字 (2021) 第 259133 号

做自己的老板

作　　者 / (加) 戴维·萨克斯
译　　者 / 傅临春
责任编辑 / 戴　铮
封面设计 / 瑞　芮　LIKA
版式设计 / 汤惟惟
出版发行 / **文匯** 出版社
　　　　　上海市威海路 755 号
　　　　　(邮政编码：200041)
印刷装订 / 上海颛辉印刷厂有限公司
版　　次 / 2022 年 3 月第 1 版
印　　次 / 2022 年 3 月第 1 次印刷
开　　本 / 880 毫米 × 1230 毫米　1/32
字　　数 / 223 千字
印　　张 / 10.75
书　　号 / ISBN 978-7-5496-3689-1
定　　价 / 58.00 元

致爸爸、妈妈、弗兰、丹尼尔和劳伦……
你们是我的心灵创业者。

目录

授人以鱼，不如授人以渔。

——佚名

如果你失业了得自己创业，读埃隆·马斯克的传记学不到任何有用的东西。

——迈克尔·萨克斯（Michael Sax）

前　言

多年前，有两件事改变了我看待人生的方式。第一次改变发生在蒙特利尔机场的一家Hudson News免税店，店内的杂志书架给了我启示。在各种运动、新闻、烹饪相关的出版物中，《马克西姆》（*Maxim*）杂志的封面让我停下了脚步。海迪·克卢姆（Heidi Klum）[1]的一张黑白相片几乎占据了整个封面，这位48岁德裔超模的上半身完全是赤裸的。克卢姆眼神媚惑，俯视着镜头，金色的发缕自然垂落，刚好遮住她完美胸部上的乳头。不过吸引我视线的并不是克卢姆的身体，让我拿出手机对该封面拍照（不管这让我看起来有多猥琐）的，是照片上的字。克卢姆的胸前印着鲜红色的文章标题：

> 海迪·克卢姆——无与伦比的创业者

数天后，我回到多伦多，和我的妻子劳伦一起驱车前往墓园，

1　海迪·克卢姆（1973— ），德裔美国人，超级名模、节目主持人、电视制作人、时装设计师和歌手。（如无特殊说明，本书注释均为译者注。）

为她父亲霍华德的八周年忌日扫墓。在墓前站了几分钟后，我瞄见了旁边的墓碑，它属于一个叫弗里曼的男人。碑上按惯例刻着一些内容，如弗里曼先生的生辰和忌日，"他是一位被深爱着的丈夫、父亲及祖父"，以及"他让这个世界变得更美好"。不过让我再次掏出手机的，是在黑色花岗岩上的照片下方被永久镌刻的文字：

> 永远杰出的销售员和创业者

　　我半生都在为自己工作。写故事，出书，为了赚钱而演讲，穿着短裤或长运动裤在家工作，如果不必见人的话就一周只刮一次胡子。我不知道下一笔薪水来自哪里，也不知道今年我能赚多少钱，更不知道我写完这本书后第二天该干什么。我曾在1999年夏天当过送稿生[1]，这份悲催的办公室工作很快就结束了。在那之后，我还做过一些像滑雪教练和野营顾问这种非常短暂的工作，这些工作没有为我增加什么资历，只是让我变得像一个个20世纪80年代喜剧片中的角色。此后，我再也没有收到过固定工资，也不再有老板。我很确定，余生里我也不会为其他任何人工作。

　　这就是我现实的人生。我是我自己的老板，是一个自雇的自由职业者。

　　我是一名创业者。

---

1 送稿生（copy boy）是报社雇用来送稿付印及跑腿的资历较浅的年轻工作人员，其主要工作是把记者写好的原稿复印多份，将复本从报社的一个部门送到下一个部门。

　　我想我在几年前是不会用这个词来形容自己的。我不雇用任何人，也从不发明任何东西，也没有在任何方面有所创新。但是在看到克卢姆女士胸前以及在弗里曼先生墓碑上铭刻的那相同的词后，我改变了想法。

　　我开始意识到，在今时今日的创业者身上，正发生着重要的改变。上述两位展现出的创业精神天差地别。克卢姆有性感的公众形象，这位名流充分利用自己在秀场、广告以及电视上的成功，创立了多个服装品牌，商品范围从婴儿服装到女性内衣，这一切使她从千万富翁变成了一个超级富豪。另一边，于耄耋之际离世的商人弗里曼，只有他的亲朋好友记得他的精神馈赠。在我住的城市里，在这个世界上，有无数像他这样的创业者，这个头衔坚如磐石，一直跟随着他们直至坟墓。而眼前这位默默无闻的创业者的坟冢便是例证。

　　我一直都对创业者十分感兴趣。多年来，我写的文章几乎都是关于个体经营者的，比如一些在金融危机期间自谋生路的年轻银行家（他们创办瑜伽工作室、机器人玩具公司，或者太阳能融资企业）；又比如自由职业者，每天早上他们都会在布鲁克林的某家咖啡馆里打开电脑开始工作。而我出版过的书也全都聚焦于创业者。其中，《拯救小餐坊》(Save the Deli) 记录了犹太熟食的兴衰史，但与其说这本书关注的是熏牛肉三明治，不如说它关注的是创立该食品生意的人们。《品味先锋》(The Tastemakers) 透过梦想家们的观点阐述了食物的潮流风向，这些人坚信自己的纸杯蛋糕店、流动餐车或新品种的苹果将改变人们的饮食方式。《老派科技的逆袭》(*The Revenge of Analog*)里全是模拟创业者,其中包括一群勇敢对抗亚马逊(Amazon)的实体书店店主,以及两个意图振兴封存已久的电影工厂的疯狂意大利人。

我很少会讨论大型企业和组织,因为每当我去了解它们,我都会后悔。大型企业冷冰冰的,毫无人情味,在其中工作的人也常常担心自己说错话。这让我一次又一次地将目光拉回到创业者身上,我更想关注他们的激情澎湃与忙碌奔波,聚焦他们与自我连接的职业生涯,以及他们对全部事业的使命感。

我这样做很奇怪吗?仔细想想便知道并非如此,毕竟我本身就曾是创业者们的"作品"。一个世纪前,我的祖辈们移民到蒙特利尔,在当地的服装贸易里发现了商机;到了我祖父那一辈,我的祖父和外祖父也都有自己的生意。我祖父萨姆·萨克斯(Sam Sax)创办的很多家旧衣公司都不太成功;我的外祖父斯坦利·戴维斯(Stanley Davis)和他的兄弟一起创办了一家五金公司,在加拿大全境销售螺丝刀、钳子和其他工具。我父亲从法学院毕业后就一直在当自由律师及投资者,就连我母亲都和她最好的朋友葆拉一起经营着一项副业,在近20年的时间里,在我们家地下室批发女装。

我妻子劳伦的家庭也是如此。她父亲那一族是来自波兰的移民,他们创办了一家卡车零件分销公司。而劳伦的外祖父母是大屠杀[1]幸存者,他们刚来到加拿大时身无长物,但后来生意涉足的

---

1 特指20世纪三四十年代纳粹对数百万犹太人的屠杀。

领域从文具店到羽毛收藏无所不包。我亲爱的岳母弗兰可能是加拿大第一批获得MBA学位的女性之一，不过她的职业生涯中一半的工作是在医院给病人铺摆牌桌，一半是在跳蚤市场卖各种东西，比如植物吊篮装饰、藤编家具，以及由中国工厂在当季大量生产的各类廉价女装配饰。

在我的朋友中，每个月都有人离开稳定的岗位，去创办品牌代理、法律事务所、软件公司、地毯商店、咖啡店、自行车店、瑜伽工作室……甚至还有一家鸡肝酱公司。我弟弟丹尼尔最近辞掉了抵押经纪人的工作，开始在加拿大创办自己的房地产投资公司，而劳伦也结束了10年的企业猎头工作，开始了自己的教练生涯。

在我的世界之外，创业者领域中有一些更了不起的事在引起我的好奇。一股创业浪潮早已在悄悄漫延：拥挤的咖啡店里到处是使用笔记本电脑的梦想家，他们正致力于实现自己的创意；共享工作室遍地开花，吸纳着各种类型的自由职业者和新公司；固定岗位的吸引力在下降，包括千禧一代[1]在内的年轻人迫不及待地想自谋出路。当然还有不可忽视的创业热潮，它已远远漫延到硅谷以外的地方，激励全世界数百万人以前所未有的规模开创自己的事业。

创业者的社会价值也发生了显著的变化，进而改变了社会对这一群体的看法。现在的创业者很酷，他们才华横溢、受人欢迎。

---

1 千禧一代指20世纪八九十年代出生的人。

创业精神已融入时代精神的核心，不再受限于商业与经济的狭小世界，而是涌入了流行文化的旷野。

报刊杂志时不时就让创业者在它们的封面上亮相，并编织出令人振奋的童话般的故事，讲述创业者事业的转型与令人艳羡的生活方式。这些刊物刊登了无数的创业者，向人们展示了那些最顶尖的、其业务增长最快的、最鼓舞人心的、即将改变世界的，以及未满30岁，甚至未满20岁的创业者。新闻标题把创业者称为"摇滚新星"，说他们是一群绝对性感的人，尽管他们没有裸露身体。

畅销书榜单开始被"英雄"书占领，这些书里写的都是最知名的创业者，如埃隆·马斯克（Elon Musk）、理查德·布兰森（Richard Branson）、史蒂夫·乔布斯（Steve Jobs）、彼得·蒂尔（Peter Thiel）、杰夫·贝索斯（Jeff Bezos），以及创办了耐克的菲尔·奈特（Phil Knight）等。机场书店中则频繁地展示一系列关于创业精神的入门书籍，包括从在线红酒推销员变成励志领袖的加里·范纳洽（Gary Vaynerchuk）曾写的《冲了！热血玩出大生意》（Crush It!）和《我是GaryVee》（Crushing It!），以及米基·阿格拉沃尔（Miki Agrawal）这样不太出名的人所写的书，后者是纽约创业舞台的媒体宠儿，创办了一家比萨餐厅、一家内衣公司、一家坐浴盆马桶座公司以及一系列清晨狂欢派对。阿格拉沃尔写了一本书，大胆向所有人贩售创业者之梦，书名是《做很酷的事：辞掉朝九晚五的工作，开始自己的事业，从此以后幸福生活》（Do Cool Sh*t: Quit Your Day Job, Start Your Own Business, and Live Happily Ever After）。

像阿格拉沃尔这样的创业者在社交媒体上很有影响力，她会在Instagram上分享鼓舞人心的格言和数不清的建议，在领英网（LinkedIn）上分享成长的5大秘诀。还会在色拉布（Snapchat）上发布在不同汽车里拍摄的视频，并且在视频中添加越来越多的标签，从"#创业生活""#创始人"到"#创业者"；也有更详细的标签，比如"#个体创业者""#连续创业者""#妈妈创业者"；有时还有试图通过口号来鼓励创业者的标签，比如"#坚持前进""#做自己的老板"，还有被无数次使用过的"#干就完了"（又或是和副业有关的"#斜杠青年"）。有她这样的人为自己打气，谁会不想做点儿很酷的事呢？

说说播客。《创业》《根基》《内向型创业者》《终将暴富》《应有尽有》《野心家秀场》和《创业进行时》，这些都只是成千上万个播客节目的凤毛麟角。打开电视机，整个晚上你都能看到各种试图发展事业的人，有生产蛋糕和制作火柴的创业者、储物柜发行商以及赏金代理商，等等。《鸭子王朝》（*Duck Dynasty*）[1]中的明星威利·罗伯逊（Willie Robertson）甚至写了一本名为《美国创业者》（*American Entrepreneur*）的书，该书从"鸭司令"之旅的角度阐述了美国创业精神的发展史。因《与卡戴珊姐妹同行》（*Keeping up with the Kardashians*）[2]而出名的凯莉·詹纳（Kylie Jenner）在21岁时成功打造了自己的化妆品公司，被《福布斯》（*Forbes*）杂志评为最年轻的"白手起家"女富翁。

1　美国真人秀节目，讲述一个生产猎鸭用具的家族企业的故事，其王牌产品为鸭鸣器"鸭司令"。

2　美国真人秀节目，宣扬卡戴珊家族相亲相爱的奢华生活。

接着聊聊《创智赢家》(*Shark Tank*)，它是英国节目《龙穴之创业投资》(*Dragons' Den*)的美国版，后者已在三十多个国家播出。在《创智赢家》里，几位怀揣梦想的创业者会向一群积极的投资人推销自己的商业构想，以期获得启动资金。《创智赢家》看起来非常夸张，因为在这个节目里，你可以看到杰夫·福克斯沃西(Jeff Foxworthy)[1]给一个灵感源于黑手党、名为"西兰花卷"的钱夹投资。但这个节目大获成功，让芭芭拉·科科伦(Barbara Corcoran)和克里斯·萨卡(Chris Sacca)这样崭露头角的赢家成为家喻户晓的名人，他们的名气和一些好莱坞演员不相上下。在知名的好莱坞演员中，乔治·克鲁尼(George Clooney)和杰西卡·阿尔芭(Jessica Alba)现在正售卖龙舌兰酒和尿布，还有说唱巨星德雷克(Drake)，他不仅创建了自己的潮流品牌OVO，还与加拿大最大的银行合作，举办了自己的创业精神会议(全世界每年都有上千个类似会议举办)。

在公众心目中，创业者是一股力量，能为世界带来无可非议的、纯粹的好处。他们带来了必要的创新和影响，使经济更具竞争力，促进了社会发展，创造了更多岗位，并催生了完整的创业"生态系统"。大家都称赞创业者的创造性、敏锐度以及跳出窠臼的思想，认为他们应对问题的高效和果决甚至胜过了最有经验和资本丰厚的老公司。霍华德·史蒂文森(Howard Stevenson)在哈佛大学(Harvard University)教授创业精神的相关课程，近年来

---

1 美国喜剧演员、制片人、作家。

他亲眼目睹了这一领域的文化变迁，当我请他描述这种变迁的特征时，他开玩笑说："我们不知道问题出在哪里，但总之用创业精神解决就行。"从某个角度来说，他是对的。创业精神渐渐变成了我们人类本性最崇高层面的代表。

　　社会和经济的不平等、劳工关系、饥饿、流浪汉、公共交通、绝症、气候变化、教育失败、枪支暴力……这些问题一直困扰着最杰出的政治领袖和机构，但突然间，这些难题都被年轻而热忱的创业者们用最佳方式解决了，他们的努力也得到了应有的赞誉。几年前，我走进一个会议中心的门厅，那里挂着许多杰出人士的肖像，肖像旁还引用了他们的名言。在爱因斯坦、丘吉尔、特蕾莎修女和马丁·路德·金的肖像旁，是马克·扎克伯格（Mark Zuckerberg）、杰夫·贝索斯、埃隆·马斯克和彼得·蒂尔这样的创业者的照片。这时我才发现，我一直都没有充分认识到这种文化变迁的影响力——越是支持、接纳和宣传创业者，我们的经济、社会、政治就会发展得越好……，并且最关键的是，这还有利于我们个人的发展。

　　创业精神的相关研究早已改变了教育体系，大学院校纷纷设立了创业课程并扩大了其规模，使这一研究主题的方方面面都积累了越来越广的研究资源。同时，院校鼓励学生们创业，并从学校内部的风投网络获得投资，从而为学生们的创业公司建立孵化器、催化剂和创新区。为了让孩子们能适应这样的未来，小学和高中也设立了关于创业的新课程。如果这还不足以调动孩子的积极性，你还能送他们去年轻创业者学习实验室，这些实验室可以教孩子如何创办比饮料摊更具影响力的企业。到了暑假，你还可以把他们打发到野外夏令营去，让他们在那里一边烤棉花糖一边写企业规划!

从非营利性组织到艺术机构，再到政府机关，都流传着一种观念——你是成功还是失败，只取决于你能否像一位创业者那样行动、思考并工作。这种观念盛行于整个美国。领英网的创始人兼CEO雷德·霍夫曼（Reid Hoffman）认为，每一份职业都应该被视为一次创业。以前，人们都认为大公司是创业者的对立面，是创业者要抵御的对象。但如今，大公司正在拥抱创业精神的核心观念，对其投入的热情程度堪比发现开放式办公系统的瞬间。突然间，如通用汽车（General Motors）和德勤会计师事务所（Deloitte）这样的优质公司开始设立高级创业者岗位（如驻场企业家、首席破坏者[1]），并为之配备办公室、助理及高管薪酬。

这样的文化变迁是有迹可循的，它源于各种领域的创新，包括云计算、智能手机、共享工作室、众筹、海外制造和社交媒体。如今，建立自己事业的容易程度是史上前所未有的。科技使规模化的工具触手可及，并大幅度地降低了所有公司进入市场的时间和成本。在另一些方面，朝九晚五的工作开始迅速失去吸引力，这一趋势在"大萧条"之后的十年里表现得尤其明显。岗位安全

---

1 驻场企业家（Entrepreneur in Residence，EIR）一般是风险投资公司的职位，由拥有丰富创业经验的连续创业者或富有高层管理经验的企业家担当，其工作包括帮助项目管理团队找到合适的投资项目。工作目标是帮助风险投资公司创建下一个公司。首席破坏者（Disrupter in Chief，DC）是企业的利益相关方，通过挑战现状来为企业激发并支持积极的变化。

感已成为过去式。现存的职业在向上流动性、福利和聘用数量方面都降到了最低点。既然如此，人们普遍认为千禧一代将成为史上最具创业精神的一代人，又有什么可奇怪的呢？

埃里克·里斯（Eric Ries）在其畅销书《精益创业：新创企业的成长思维》（*The Lean Startup*）中写道："当今的创业者要比史上任何时候都更多。"克里斯·吉耶博（Chris Guillebeau）在《你可以不只是上班族》（*Side Hustle*）中写道："斜杠创业带来了新的职业安全感。"加里·范纳洽在《冲了！》中对读者赞颂道："你们很幸运，因为在你们生活的时代，任何有足够动力、耐心和梦想的人都拥有无与伦比的机会。"他在另一本书《我是GaryVee》中称，为了抓住"成人的桂冠"（创业精神），你要去"吃够你必须要吃的苦头"，因为从未有这样好的机会……冲吧！自由职业者联盟（The Freelancers Union）是一个新成立的为个体经营者提供便利的组织，它预测，到2027年，美国的大多数工作者都会在某种程度上变成自由职业者。我们生活在一个创业的黄金年代，我想见证这一历史。

但是，当我开始研究创业相关的数据，和该领域的学者探讨时，我得到的信息和我之前臆想的一切完全不同。如今，自己创业的人比二三十年前还少。里根总统在位时[1]，有1/5的美国人从事某种程度的自雇工作。现在这个数据是1/10，这一批人包括非

---

1 罗纳德·威尔逊·里根（Ronald Wilson Reagan，1911—2004）于1981—1989年担任第40任美国总统。

公司职业者和个体经营者（比如我），以及那些正式创办法人企业的人。

但千禧一代呢？事实证明，马克·扎克伯格这一代人是近一百年来创办企业或进行个体经营的人数最少的一代。美国中小企业管理局（US Small Business Administration）的报告将这一现象戏称为"失落的千禧一代"。研究表明，2017年，愿意创办一个至少有10名员工的公司的高学历大学毕业生人数只有1992年的一半。事实上，美国全国初创企业的密度已经比首次开始统计相关数据的1977年下降了一半还多。该密度指的是在指定时段内，每1000家现有企业中新成立的企业的比例。这一数据充斥着复杂的不完全信息，并且这些信息还常常相互矛盾，但是，哪怕是在最好的设想下，美国以及大部分发达国家的创业水平依然处于低谷。创业人数并没有上升，事实上不只是现在，多年来这一数据都在下滑。

我本想记录创业的黄金年代，却发现事情的复杂程度远远超出我的想象。在经济、政治与文化的普遍层面上，创业精神都比过去更受尊敬、更易被传奇化且更受重视，但为什么在统计相关（自我创业者）数据时，却发现它的发展是停滞的，并且在许多地区正走向衰退呢？我们在思想上如此推崇创业精神，实际情况却大相径庭，这是为什么？

我开始发问。最先咨询的是与创业精神相关的学者、专家们。但在数次访问后，我注意到交谈开始时的一些话让我更加好奇了。他们问我："你说的创业者指的是什么？"这很让人吃惊，原来这个词并没有一个公认的定义。创业者的含义可以广泛概括为任何一个为自己工作的人，也可以具体到一家公司的创始人，其事业基础是他们个人发明的某种创新技术，雇员最少应该有几人，增长率具体是多少，以及有明确的财务结构。有些人认为创业者和个体经营者没有关系，但他们在定义中描述的一系列行为可以发生在任何人身上，甚至包括普通职员。还有一些人给这个词套上了"现代资本主义英雄"的光环，认为创业者就是"超人"，其目标无异于通过商业拯救世界。

我很快意识到，为了理解为什么人们对创业者有如此浪漫的印象的同时，更复杂的现实却是创业领域正在衰落，关键就在于弄明白这个问题——"创业者是什么？"

从这个问题的答案中，透露出经济领域内其他方面财富和机会的不平等。创业精神给大众打造了一个普遍印象，这一印象引发了所谓的"创业者滤镜"（entrepreneur porn）——这一精妙的短语源自2014年《哈佛商业评论》（*Harvard Business Review*）上的一篇文章，它被用来形容媒体大肆宣扬创业者的生活模式，并脱离现实将之过度理想化的方式。这是硅谷锻造出来的创业神话，是一套运转流畅的机器，它界定了创业的角色和规则，框定了其资金来源和成功途径。这套神话催生出头条，迷惑了公众意识，让创业"偶像"们家喻户晓。

在关于创业者的话题上，创业神话在媒体、企业、政府和学术界都占据了主导地位，并且越来越明确地规定了一个创业者看上去应该是什么样子、应该有什么样的气度，以及应该做什么事。

它规定创业者们应该年轻有为、大都是白人男性、受过高等教育、是孤独的天才、经常从大学辍学——这是因为人们如此专注于一项卓越的创新，在风投资金的支持下，这一创新将迅猛发展，撼动经济，从而改变行业，甚至可能改变世界。这些创业者们被视为最有价值的人，因为他们有希望迅速创造出最大的经济利益、更好的工作、更大的投资回报以及全新的业务。

　　但就如海迪·克卢姆的那张喷字杂志封面一样，硅谷定义的创业精神和我所认识的大部分创业者的现实情况相去甚远。在我的概念里，创业者就是某些创办企业的人，其企业在规模上大小不一，业务领域也分布于每个你所能想象到的行业，并且天然带有个人特色。我所知的创业精神来自我的父亲、我的祖父母、我的朋友和邻居们。他们的事业更多是自筹资金，并且发展的速度各不相同。这些创业过程是长期的，有时延续好几代人，并且无法用口号和标签来定义。

　　这和硅谷对创业者的狭隘定义格格不入。在硅谷的定义中，没有哪个企业是由女性、少数民族、移民或老人经营的；也不包含亲手制作商品，或在本地市场中兜售服务的穷人或乡村地区的人；更没有那些只想维持小规模经营的人，他们可能只是想每天下午接孩子放学，养家糊口，实现自身的价值，又或是纯粹想以自己的方式做自己想做的事。于是，硅谷的定义就出现了问题，因为在真实的世界里，这一广大的创业者群体才是创业的绝大多数人。他们修补"我"的屋顶、为"我"烤面包、设计"我"的网站、帮"我"换轮胎、为"我"理发。世界上有亿万名如弗里曼先生这样的人，他们以相对默默无闻的方式辛勤工作，忙碌在各行各业，却至死都将自己视作一名创业者。流行的创业神话错失了创业者更为深刻、更有意义的实质。

　　我渐渐认识到，定义创业者的方式有其意义。它是我们为自己设立的故事框架，阐述了我们对商机的期望，并为自己设立了衡量成功的标准。如果这个定义越来越狭隘，越来越高不可攀，并且把世上为自己工作的大部分人都排除在外，那人们理解的创业精神就会严重失衡，而创业者在你心里会变得更加虚幻、更加遥不可及，并且令人望而生畏。对商机的错觉会让你对现实绝望，所谓的黄金时代也会变成空中楼阁。

　　在进行这些咨询的数月中，我的脑子里开始渐渐冒出自己当个创业者的想法。我太太劳伦已经开启了她的教练生涯，并且第一次独立经营。我由此见证了一个人从舒舒服服赚6位数薪酬的岗位转换到了白手起家的创业赛道上。她第一周在家工作时，都没有反应过来她已经不必坐在电脑前吃沙丁鱼罐头了（个体经营者条例：午餐是神圣的）。与此同时，我弟弟丹尼尔也开始在某行业的前沿领域创办自己的企业，这个领域还不太稳定，财务风险很高。我看着他们俩一起熬过了创业最初的紧张阶段。

　　反观我自己。我已经为自己工作了近20年，却还在摸索之中。我仍然不知道下一笔薪酬会来自何方，仍然因为工作不够多而感到恐惧，或是因为工作太多而倍感压力。我总是反复琢磨："我到底在干什么？"天天如此。而现在的问题是："我真的算是一个创业者吗？如果不是的话，那我是什么？"

本书是我对创业者灵魂的探索，希望能勾勒出当今创业灵魂的形象。如果你是一位创业者，或创业者的家属，又或仅仅是对创业精神感兴趣的人，我希望你能靠本书明确这一形象，了解它的不同形态，并理解为什么如今在更广阔的领域中扶持创业精神变得至关重要。因为无论你是哪一类型的创业者，是小本经营的发行商也好，还是行业中的领头人也罢，创业精神都是一个不变的、探索灵魂的过程。

和大多数探讨创业精神的书不同，我完全不关注**如何做**（如何成为创业者、如何创办公司或如何变富），我关注的是**为什么**。

为什么创业者要创业？为什么哪怕面对着巨大的不确定性、每天都有所妥协，或面临财务上的失败，他们都坚持不懈？为什么创业者很重要，为什么各种类型的创业者都很重要？如果忽略他们的价值，又将会出现什么样的风险？

为了探索创业者的灵魂，除了采访世界各地无数学者、专家外，我还读了成堆的书、文章和研究报告，找寻一切看起来和创业精神相关的内容。不过最关键的，还是我在过去两年多的时间里和两百多位创业者进行的交谈，有时是在电话里说，有时是在他们的公司或家里，时机有时不错，有时糟糕。我选择这些创业者，是因为他们的人生覆盖了形形色色的背景、行业和经济环境。本书诞生于这些交谈中，也诞生于通向这些交谈的旅程中。

当然了，每位创业者都有自己的故事，并且，我发现每个人对创业精神的解读都与其自身的身份认同息息相关。在调研与写作的过程中，我自己对于这个词所下的定义也在不断演化，我也试图在本书中重现它的发展历程。书中描述的第一批创业者刚刚启程：他们是开启新生活的移民；是围绕理想生活而非其他途径来创办企业的人；是功成名就后回馈家乡的人。而第二批创业者正挣扎在成长的路上：他们是创业很久之后才明白什么对自己最重要的企业老板；是连续几代人都在处理一份遗产的家族；是为了自己和亲人而苦苦挣扎于创业成本的人。最后，我找到一个人，他为世界带来自己的创业理念，从而定义了自己的人生，而他对人生的回顾对所有的创业者而言都有重要的意义。

不过我发现，要更好地理解这些故事，我们就不得不应对主流媒体对于创业精神的奇异描述，这种仍然占据着我们集体意识的描述，就是硅谷的创业神话。这个神话严重歪曲了我们的认识，使我们不清楚创业者是什么样的人，做着什么样的事，完全忽略了其本质。在我越过硅谷去探索更深刻的创业者灵魂之前，我必须直面这个创业神话。我想理解它的形态，弄明白它为什么变得如此风靡世界、它会带来什么样的问题，以及它与更真实的创业精神之间的差距为什么至关重要。所以，我的旅程开启于某些山谷、城镇与校园，在这些地方，创业精神有特定的名称和意义，由榜样和英雄来定义。在这些地方，成为一名创业者的转变行为被简单地称为"初创"。

第一部分　创业神话

第一章

初 创

"嘿，哥们儿，我们得快点了。"尼基尔·阿加沃尔（Nikhil Aggarwal）对他的死党安德鲁·希泽乌尔（Andrew Chizewer）说，这时他们正爬坡向斯坦福大学（Stanford University）的英伟达礼堂走去，大门口附近挨挨挤挤停着数百辆单车。"希望还有座位，"他们到得太迟了，讲堂里的342个座位早就坐满了人，于是我和他们二人赶紧在讲堂外的大厅里抢了一张面对大电视的桌子，电视上会直播演讲。不到5分钟的时间里，我们就被上百名学生包围了，他们有的坐在地板上，有的就贴着墙边站着。

阿加沃尔和希泽乌尔是创业平台"谋划"（Scheme）的合伙人，这一新软件为学生提供不同公司的实习岗位，这些公司基本上都是硅谷的科技创业公司。阿加沃尔和希泽乌尔参加的这次讲座是每周的"企业思想领袖"（ETL）论坛，20年来，硅谷的顶尖创业者都通过这个论坛与斯坦福大学的学生交流。汤姆·拜尔斯（Tom Byers）是斯坦福大学工程学院教授创业精神的一名教授，他在介绍本次讲座时说："心态非常重要。这个世界上有如此多种创业和创新，是时候明确地讨论它们了！"

今天的创业演讲人是范莫琳（Maureen Fan），这位四十岁出头的女性是斯坦福的校友，与他人共同创办了虚拟现实（VR）动画公司 Baobab Studios。范莫琳穿着一件黑色的皮夹克，她来到演讲台，挥洒自如地讲述了她的职业故事。"我要告诉你们我是如何成为创业者的，"她说，"我以前从未想过自己会成为一名创业者。"

范莫琳谦卑又不失骄傲地简述了自己的经历，她选择主修计算机科学时还非常犹豫，但后来发现了自己对动画的热情，尽管她的"虎爸虎妈"断言"追求梦想会让她穷得叮当响"，她依然坚持去社区学院上夜校学习动画。父母说服她在易趣网（eBay）找了一份工作，即便如此，她还是想去好莱坞。之后她在哈佛大学商学院（HBS）获得了 MBA 学位，又因此得到皮克斯公司（Pixar）的聘用，不过她拒绝了那份为《玩具总动员 3》（*Toy Story 3*）做会计的工作。

范莫琳说："关键是时常要问你自己想要什么，因为人们通常是希望你快乐并且想要帮助你的。"阿加沃尔和希泽乌尔对这句话不屑一顾，转头去看自己的笔记本电脑。他们一边三心二意地听着讲座，一边在 Excel 表格（为了完成经济学作业）和谷歌文档（群发电子邮件，为了寻找可能愿意在早期试用"谋划"软件的客户）之间来回切换。

从哈佛毕业后，范莫琳在 Zynga 社交游戏公司工作，负责《开心农场》（*FarmVille*）这个成功的游戏，后来她晋升为副总裁，每天只睡4个小时。"那真是一段痛苦的经历，但我学到了很多，懂得了成为一名创业者的关键是什么，以及如何创立一家公司，"她说，"因为商学院只教你成为某一种类型的领袖，但要成为一名初创公司的领导则是完全不同的事。"

范莫琳和皮克斯公司的一些朋友利用周末时间做了一部短片，获得了奥斯卡奖，但她一直不确定自己是不是能依靠对动画和虚拟现实的热爱来养活自己。她和梦工厂（Dreamworks）一位创始人的夫人成了朋友，得到了这位创始人的指导；接着她又在一家绛纱店里向皮克斯的创始人展示了虚拟现实的力量，从而说服对方为自己提供建议。"所以重点是坚持自己的理念并且坚持咨询。"她这样说道。接着她开始介绍投资者，讲述自己如何在漫长如一生的4周内筹集到了资金。其中一条人脉为她提供了总数为600万美元的A轮投资中的第一笔资金，接着其他关系人士（包括来自斯坦福、哈佛的人脉，Zynga的前上司以及旧金山湾区的中国台湾技术移民）为她引来了著名风投资本家彼得·蒂尔的投资。

"我竟然在跟你们交谈，你们应该为此感到荣幸，"她对听众们说，她在说服潜在投资人为自己投资时就是用这种自负的腔调，"你们应该为自己能给我钱而感到荣幸！"

希泽乌尔听了大笑出声。"哦，兄弟，"他跟我说，"如果我们用这种态度和投资人说话，那么尼基尔和我会被笑着赶出他们的办公室。"

范莫琳开玩笑说她的公司很"穷"，因为融资少得可怜，只有

3100万美元。

"不，我们才穷。"阿加沃尔头也不抬地对希泽乌尔说。此时范莫琳开始主张要坚持，要建立人脉，以及用斯坦福做杠杆，中间停下来为自己说了"混蛋"这个词道歉，然后说骂人是没关系的，因为有一项研究表明，成功的创业者更经常骂人。

"我们公司的宗旨是让你重新发现心中一直潜藏着的5岁时的自我，让你找回兴致和灵感，再次开始梦想。"范莫琳一边说一边播放她公司创作的虚拟现实动画。我们在礼堂外面的电视屏幕上看不到这视频，但我们能听到里面的听众发出的各种惊叹声。"等到你们都去追寻自己的梦想时，会发现自己有无尽的潜能，脚踏实地去努力，而不是惧怕自己无法达成梦想。如果每个人都努力追梦，那么世界将会变得多么美妙……谢谢大家。"

场内爆发出雷鸣般的掌声。

"老一套，"阿加沃尔说着，和希泽乌尔一起拉上背包的拉链，"听这种成功故事是很振奋人心，但是如果他们能说明一下自己克服困难的办法，那会更让人满意。"在"谋划"平台起步之前，这两人有许多困难需要克服。接着他们去了星巴克，准备再花几个小时处理公司的事——这是硅谷诞生的许多初创公司的日常状态。

说到创业者时，我们大多数人可能都会想到硅谷。硅谷是计算机相关行业的代名词，如今却已涉及经济和个人生活的方方面面。它是计算机行业运作方式的缩写，是一种理念。它创造了一种模式，能用其来评估公司及其核心技术的价值，评价组织、融资和运作公司的整个系统，以至现在全世界各行各业都在遵循这一范例。硅谷也是北加州的一处地名，地域范围从旧金山延伸至圣何塞，其中有不少城镇、远郊，还有高速公路、办公园区，并遍布自然美景。硅谷的地理、经济以及精神生活的中心是帕罗奥图市，与斯坦福大学广阔的校区以邻为伴。

硅谷就是斯坦福，斯坦福就是硅谷。这座校园，以及围绕它所发展的区域，在很大程度上定义了我们如今聊到创业者时的所思所想。斯坦福培养出来的典型创业者浸润着这所大学的历史、英雄形象、理念与规则、利与弊。所有这一切形成了硅谷创业神话的核心，这个神话叙述的是某一类特定的创业精神，而这种叙述渐渐统治了我们对于更广义的创业精神概念的理解。为了理解这个神话的起源和演化，理解它与生俱来的商业模式，以及它为创业者及创业者以外的世界所呈现的问题，我开始探索斯坦福的创业精神，在这片极其富饶的区域观察初创企业的成长过程。

希泽乌尔和阿加沃尔是从2017年年末开始构想"谋划"的，那时他们在上大学二年级，一起住在大学兄弟会。两人都不是典型的计算机科学专业的学生创业者（希泽乌尔主修政治学，阿加沃尔主修经济学），进斯坦福时都对创业不太感兴趣。他们两人学业都很优秀（但不算拔尖），都有社交生活和业余兴趣（希泽乌尔带着一支辩论队），在商业世界里都有不错的职业前景。两人都不想在我的书里变成"让人讨厌的科技兄弟"（这是希泽乌尔的原话），这个要求倒是很简单，因为他们俩都是非常有想法、考虑周全的年轻人，对周围的世界有强烈的质疑精神。在这个"创业者"

一词含义过于丰富的地区，他们俩不太愿意被称为"创业者"。

"我不想变成那种从斯坦福发家的人。我现在也是这么想的！"希泽乌尔说。他在芝加哥的一个犹太家庭长大，是脸上有雀斑的白人。

"斯坦福的陈腔滥调就是，这里的每个人都要开公司，哪怕是高中生也一样，"阿加沃尔说，他来自印第安纳州的韦恩堡，是印度裔，比希泽乌尔高一点点，"我并不是因为每个人都开公司才想要开公司的。"

和大多数初创企业一样，"谋划"最初只是其创立者经历的一个困境，那就是暑期实习岗位的竞争。大二那年，刚刚结束暑假后返校的第一周，朋友们就问他俩："下个暑假有什么安排？"下个暑假？现在才9月。希泽乌尔刚结束一份对冲基金相关岗位的实习，阿加沃尔的实习是在帕罗奥图的一家软件开发公司。但是斯坦福的许多学生早已申请好了下一个暑假的热门实习岗位，希泽乌尔和阿加沃尔根本不知道这些岗位的存在，更不用说如何去申请了。

在这场竞争游戏中领先的学生似乎都有家庭优势，他们的家人要么在斯坦福有很强的人脉，要么正在好公司任职，可以提供这些令人垂涎的岗位。"竞争太激烈了，"阿加沃尔说，"这里有人脉的人全都有活了。"这看起来很不公平，但同时也有无数被错失的机会。学生们需要有价值的工作经验，而公司（尤其是更小的初创公司）也需要青年才俊来帮助自身发展。很多公司留出了实习岗位，或是想要创造这样的好岗位，但缺乏途径来吸引斯坦福的学生。如果阿加沃尔和希泽乌尔能够让有意愿的学生联系到想招实习生的这类公司，那岂不是两全其美？

"这是个解决问题的机会。"阿加沃尔说。他们开始熬夜讨论想法，对学生和公司进行调研，草拟企业规划，并给公司想出了名字——"谋划"。谋划（scheme）是俚语，意为"认识他人；勾搭某人；与某人建立关联"，用它命名显然就是因为找工作也是建立一种联系。很快，安德鲁·希泽乌尔和尼基尔·阿加沃尔从学生变成了"创始人"，硅谷一般都用这个词来形容初创企业的创业者。

在一头扎进创业神话之前，我们务必了解深入其中的途径。创业不是一个新出现的现象。古巴比伦、苏美尔和古代其他市场社会都有商人、贸易者、房产投机者和私人企业家，为现代文明奠定了基础。"创业"（entrepreneur）一词起源于法语，词根是13世纪的一个动词，意为"做某事"。它被广泛用于形容做各种事情的各种人，包括殡葬承办者（英文为undertaker，意为负责"下面"的事，非常直白）、战场指挥官或音乐表演的主理人。据称，爱尔兰裔法国经济学者理查德·坎蒂隆（Richard Cantillon）是首位将entrepreneur这个词用于特定描述的人，那时候是18世纪30年代。坎蒂隆用这个词形容各种各样的商业人士，从制造商和批发商，到小农场主和面包师。而所有涵盖在内的商业人士都有共同的核心特征，那就是他们无论做着什么职业，都承担着个人的财政风险——不知道收入会在何时来到，也不知道究竟有多少，更不知道自己能盈利还是会亏损。坎蒂隆在他的遗作《商业性质概论》(*An Essay on Economic Theory*，法语名为 *Essai sur la Nature du Commerce en Général*)的第13章中写道："其他人只要有工作，便有固定薪水，但创业者没有固定薪水。"

美国的创业者则进入了社会的基础神话体系。美国的典型特征是商业化的，而非贵族化的。从惬意的伦敦人到贫穷的荷兰渔夫，每一个横渡大西洋的移民都如坎蒂隆彼时所写的一样，接受风险，渴望酬劳。美国的开国元勋把创办企业的重要性铭刻在了美国法律中，而他们中的许多人本身就是创业者，比如本杰明·富兰克林（Benjamin Franklin）和约翰·汉考克（John Hancock）[1]。

美国的创业神话和国家一起成长，其代表人物是新英格兰地区的勤勉商人和满怀希望前往西部寻找财富的拓荒者。19世纪后半叶，美国创业者成了流行文化中的固定"角色"，其中包括自我推销的商人，如《赚钱的艺术》(*The Art of Money-Getting*)一书的作者，臭名昭著的P.T.巴纳姆（P. T. Barnum），还有霍拉肖·阿尔杰（Horatio Alger）1867年出版的小说的同名主角浪仔迪克，这本已被大众遗忘的小说描写了一个可爱的纽约擦鞋童迪克，他兢兢业业地工作，最终和一位富有的年轻人交上了朋友，后者为他带来了机会，使他过上了得体的生活。

迪克的赞助人带着他离开大街，为他买了一套新衣服，而

---

1 本杰明·富兰克林（1706—1790）是美国政治家、物理学家、社会活动家，曾做过印刷商人和出版商；约翰·汉考克（1737—1793）是美国商人、政治家、独立战争期间杰出的爱国者，也是第一个签名认可美国《独立宣言》的人。

后说："迪克，有很多很多男孩曾和你一样过着下等人的生活，但他们最终成长为可敬且体面的人。只不过他们必须非常勤劳才能做到。"

"我很愿意勤劳地工作。"迪克说。但他最后纯粹靠着运气从穷人飞速变成了体面的中产阶级。为迪克欢呼！

作者阿尔杰笔下的这种靠时来运转而暴富的美国白日梦当然也是一个神话。在不平等的"镀金时代"，像迪克这样可怜的穷孩子大概率只会以一个穷孩子的身份死去。但在创业者拥有无数机会的美国童话里，你只会看到许多出生寒微的强盗大亨，比如安德鲁·卡内基（Andrew Carnegie）、科尔内留斯·范德比尔特（Cornelius Vanderbilt）和约翰·D.洛克菲勒（John D.Rockefeller）。

耶鲁大学（Yale University）历史学家娜奥米·拉莫雷尔克斯（Naomi Lamoreaux）曾这样写道："这个时代的美国年轻男人再也没有比成为一个'白手起家者'更高的目标了。"她还称，通过创办企业从社会中脱颖而出的人比比皆是，看起来简直就像是不成为一名创业者就是浪费大好人生。辛勤的工作及其带来的成功明确标示了一个人的道德价值。拉莫雷尔克斯写道："事实上，在19世纪晚期，成为一名雇员（哪怕是上流社会的白领雇员）也就意味着放弃争取'独立'状态的人生。这本身就是一种道德失格。"创业精神自此变成了美国梦的核心。

但20世纪刚开始，美国梦就受到了挑战。金融危机导致劳动力市场动荡不断，加剧了不平等和贫困。第一次世界大战中美国牺牲人数较多，大萧条导致极度贫困，第二次世界大战的全民动员也让美国的创业神话裹足不前。一些著名的创业者虽然熬过了这些时代，但是他们的创业神话体系却显得越来越空洞。取而代之的是集体成就和集体牺牲，如妇女选举权等政治运动的出现，以及军工联合体的诞生，后者发明出恐怖的氢弹和美妙的果珍。20世纪属于大公司，如福特汽车（Ford）、IBM、通用电气（GE）、西屋电器（Westinghouse）和贝尔实验室（Bell Labs），它们的专业管理团队成员穿着利落的西服，用科学的方法为企业提高效率和绩效。创新曾属于大学研究部门和企业园区的职权范围，创业者被视为不合群的落伍之人。

现代创业神话就发源于这些园区，尤其是在斯坦福。1939年，斯坦福大学工程学院院长弗雷德里克·特曼（Frederick Terman）鼓励他的学生比尔·休利特（Bill Hewlett）和戴维·帕卡德（David Packard）在校园附近的一个车库创办了他们的电子公司（即惠普，简称HP，惠普是硅谷最早的创业公司）。1951年，特曼协助建立了斯坦福工业园，将大学用地租赁给新创的高科技公司。这些公司一般是国防部投资的，其中多家公司为冷战开发雷达和航天方面的新技术，包括电脑和硅材料半导体，这些技术助力了公司的发展，也让斯坦福工业园拥有了著名的昵称——硅谷。

到了20世纪70年代末，硅谷文化发生了变化，从一个围绕团队、研究和政府合同建立的系统，变成了一个越来越关注个体创业者的区域。在这一过程中，硅谷的创业神话诞生了。这一神话的核心承诺是：只要有适当的发明或创意，并且能坚持不懈，那么任何背景的任何人都可以创造未来，并为此得到回报。

硅谷创业神话中的英雄们的姓名各不相同，但都拥有相同的品质。这样的英雄一定才华横溢，拥有（独自）发明的能力和灵感，有让不可能成为可能的意志力，并且还有一点点反社会倾向。他是个孤独的天才，是创作者，是创始人，是外部其他所有创业者的榜样。他是男性，是年轻人，是不合时宜的人。他就读于斯坦福或其他顶尖大学，但是没有毕业。他不在乎规则。他有想要证明的事，并对挡路者毫不尊重。

记者兼科技专栏作家亚当·费希尔（Adam Fisher）是以口述形式呈现的《天才谷》（*Vally of Genius*）一书的作者，据他称，硅谷创业者的典型代表是诺兰·布什内尔（Nolan Bushnell）——电子游戏公司雅达利（Atari）的创始人之一。费希尔说："布什内尔是流行文化的创业者，是第一位出自硅谷却想要影响文化并确实做到了的创业者。在此之前，硅谷一直在为冷战机器制造零件，那时到处都是口袋里插着笔、穿着带钮扣的短袖衬衫、剃着半头的为宇航局基地工作的家伙。"而布什内尔改变了这一景象，他使用的方法并不是开发出最强大的科技，也不是赚最多的钱或在竞争中取胜，而是创作了经典街机游戏《乓》（*Pong*）和《吃豆人》（*Pac-Man*）[1]，让人们更有理由去关注由计算机带来的绝妙体验。

在布什内尔横空出世后的40年里，许多创业者都曾被认为是这类英雄的原型。这些"神人"有微软（Microsoft）的比

---

[1]《吃豆人》最早由南梦宫公司（Namco）于1980年在街机上推出，后由雅达利公司于1982年发售 Atari 2600 版。

尔·盖茨（Bill Gates）、甲骨文（Oracle）的拉里·埃利森（Larry Ellison），以及亚马逊的杰夫·贝索斯，他们的财富、发明以及在技术、商业和日常生活中的影响力都是不可估量的。但在当今硅谷的创业圣殿中，"三圣"则是史蒂夫·乔布斯、埃隆·马斯克和马克·扎克伯格。

乔布斯： 沃尔特·艾萨克森（Walter Isaacson）在畅销传记《史蒂夫·乔布斯传》（*Steve Jobs*）中写道："这位极具创造力的创业者有着犀利激越的性格，他的完美主义与誓不罢休的激情为个人电脑、动画电影、音乐、手机、平板电脑以及数字出版等6大产业带来颠覆性变革。"乔布斯，硅谷之子，布什内尔的门徒，他曾吸毒，食用各种违禁品，在反主流的嬉皮士文化倾向上结合日本美学来设计个性化电脑。乔布斯，建造了一个"现实扭曲力场"[1]，使人们相信自己可以去做不可能之事。乔布斯，真正的硅谷第一代名流，有4部电影以他为主角。他曾被自己的公司开除，重返公司后为我们带来了苹果手机，而后去世，"重生"为"我们时代最伟大的创业者"（引自艾萨克森）。黑色高翻领毛衣，宽松的牛仔裤，圆框眼镜，灰色的纽巴伦鞋。史蒂夫·乔布斯——创业者的救世主。

马斯克： 畅销书作者阿什莉·万斯（Ashlee Vance）著有《硅谷钢铁侠》（*Elon Musk*），据她说："埃隆·马斯克是我们这个时代

---

1 "现实扭曲力场"的概念源自电影《星际迷航》（*Star Trek*），后来被用于形容乔布斯的强大气场，指他用夸张的表述和意愿扭曲事实，从而形成某种视听混淆的、与现实脱节的认知场。

最大胆的创业者，这个疯狂的天才追求的是人类能想出来的最宏伟的计划。"马斯克，无与伦比、才华横溢的发明家，他使电子商务成为可能（PayPal），让电动汽车复苏（特斯拉，Tesla），并重新点燃了太空竞赛（SpaceX）。马斯克，他想带我们登上火星，想让我们乘超级高铁在地下飞驰，想拯救人类。马斯克，媒体的宠儿，为小罗伯特·唐尼（Robert Downey Jr.）的电影《钢铁侠》（*Iron Man*）赋予了灵感。马斯克，一个极其节约时间的人，他睡在自己的办公桌下，撒尿的平均时间是3秒。马斯克，他的狂热粉丝（号称"火枪手"，Musketeers）会在线攻击批评他的人，把他的脸纹在自己身上。黑色T恤，紧身牛仔裤，如魔法一样总会重新长出来的头发。埃隆·马斯克——连续创业者[1]的守护神。

扎克伯格：号召网民大军"快速行动，打破陈规"的宿舍黑客。扎克伯格，一位开辟了社交媒体时代的程序员，引领了一波追随时代的创业浪潮。扎克伯格，不善社交，如隐士般。扎克伯格，二十多岁就成了亿万富翁，力图改革慈善、教育、社交以及世界。扎克伯格，电影《社交网络》（*Social Network*）中的反英雄角色，让一代人相信10亿美元就是比100万美元更酷。扎克伯格，他说："在一个变化异常迅速的世界里，唯一能保证你必然失败的战略就是不冒任何风险。"扎克伯格，他让全世界连接到一起，代价是人们的隐私更容易被泄露，以及对民主的危害。牛仔裤，运

---

[1] 连续创业者指成功或失败的创业尝试不止一个，有两个或更多的项目或模式的创业者。

动鞋，连帽运动衫。扎克伯格——颠覆的先知。

有多少雄心勃勃的创业者至少把这"三圣"的其中之一当作自己的英雄？又有多少人在自己贫瘠的书架上放着这三个人的传记？多少人在模仿他们，从怪癖，极端的饮食习惯，到衣着和举止，模仿他们怒斥自己的雇员，打破规则（甚至蔑视法律），按这个"模板"去塑造自己，就为了扮演他们认为自己需要扮演的角色？

肯特·林德斯特伦（Kent Lindstrom）是交友网站 Friendster 的前 CEO，如今主持着硅谷一档播客节目《冒险之旅》（*Something Ventured*）。他说："在硅谷，以史蒂夫·乔布斯的名义所犯的罪行比以其他任何人名义的多得多，片面模仿他个性的某一方面是非常愚蠢的——这些人说'我朝别人嚷嚷，我穿黑色翻领毛衣，因为乔布斯就是这样的'。可是我见过史蒂夫·乔布斯。你们都不是他。"

历史学家莱斯莉·伯林（Leslie Berlin）遍览斯坦福的硅谷档案，指出孤独的天才创业者神话是被有意塑造出来的。大多数数字科技公司及其发明都是整个行业以及跨界合作的团队的成果。但精明的公关公司、记者和公众发现，把复杂多样的科技与单一个体的脸和个性联系起来，是一件更容易的事。在帕罗奥图吃午饭时，伯林说："虽然霍拉肖·阿尔杰的书里的那种运气往往是关键，但通过个体努力赢得回报的概念听上去更完美。"

从硅谷底层跃升至公众想象力顶层的创业者，大都有相似的特征：就算他们天才到异乎寻常并且有社交障碍，但这样却更接地气，更容易被理解；他们年轻，因为年轻、长相出众再加一点点丑闻能更好地吸引人们的注意力；他们富裕又有名。"差异就在这里，"伯林说，"这里的创业者一开始只是非常成功的商业人士，包括第一次离开苹果公司前的史蒂夫·乔布斯。而2011年去世后，他成了一个名人。过去可不是这样的。以前没人会把戈东·穆尔（Gordon Moore，英特尔Intel的创始人）的海报贴在自己墙上。"听到这话后，我立刻回想起以前的室友阿达姆，他把乔布斯的大海报贴在自己床头，还贴过与演员及摇滚明星约会的马斯克，以及参加过《周六夜现场》（*Saturday Night Live*）节目的扎克伯格的海报。

比起构建技术，硅谷更擅长制造神话。它讲述着关于商业和科学的故事，其中的人物既不是工程师也不是管理者，而是梦想家、远见者和思想领袖……只要你创业，你也有可能成为他们。风险投资人（VC）蒂姆·德雷珀（Tim Draper）在旧金山南边建立了一个教授创业精神的私立学院，把它命名为"英雄学院"（Draper University of Heroes），没有人会对这个名字感到奇怪。但是，和大多数好故事一样，硅谷的创业精神寓言基本上也是虚构的。

著名风险投资人、经济学家及剑桥大学（University of Cambridge）教授比尔·詹韦（Bill Janeway）说："人们用乔布斯或马斯克的模板来代表整类创业者，但实际上这一模板只是其中非常非常小的子集。大多数形成'现实扭曲力场'的人与他们自己所处的现实完全脱节。"

然而硅谷的创业神话仍在继续，因为它令人无法抗拒。我们都喜欢神童在自己宿舍里创造未来的故事。亚历山德拉·沃尔夫（Alexandra Wolfe）在她的书《硅谷创业启示录》（*Valley of the*

Gods）里记录了彼得·蒂尔的同名奖学金首批获得者，蒂尔奖学金强制20岁以下的年轻天才们延期进入大学，要求他们进入硅谷，开办公司，成为下一个"男孩CEO"。其中第一位名人是詹姆斯·普劳德（James Proud），这是一个推销小行星采矿操作理念的圆脸英国小伙子，之后他狂揽4000万美元投资，用于创造一种睡眠追踪设备，尽管这种设备毫无市场，但他的公司在巅峰时市值超过了2.5亿美元。沃尔夫这样描述硅谷的创业场景："这种生活方式、这一切的怪癖吸引着有抱负的年轻创业者们，他们就像是加州日落大道新入行的服务员一样，试图在好莱坞赢得奥斯卡奖。"

其结果往往产生出一种便于模仿的同质化文化，美国HBO电视网的电视喜剧《硅谷》（Silicon Valley）就将其揭示得淋漓尽致。"这是一种蜂巢意识。"马特·鲁比（Matt Ruby）说，这位喜剧演员也是软件公司Basecamp的创始人之一，他如今正通过虚拟创业公司Vooza来嘲讽硅谷的创业神话。鲁比在旧金山湾区等地的"创业生态系统"中看到了一种邪教般的思考、行动与生活模式。年轻的科技公司创始人都有一样的穿着，如Allbirds品牌的运动鞋、紧身牛仔裤、T恤、连帽卫衣，或印着自己公司Logo的巴塔哥尼亚（patgonia）夹克外套，吃一样怪异的饮食（如Soylent的代餐奶昔，"大脑入侵"营养鸡尾酒套餐，以及微量的迷幻剂），与其他创始人住在一起，一起去参加火人节[1]，还使用相同的混搭词向

---

[1] 火人节是于每年9月的第一个星期一在美国内华达州黑石沙漠举办的反传统狂欢节，其基本宗旨是提倡社区观念、包容、创造性、时尚以及反消费主义。

同一群风险投资人推销相似的公司，然后略有不同地突然将老掉牙的技术和市场结合起来（比如这种话："这是一种由大数据驱动的、AI赋能的电动踏板车区块链解决方案"）。他们这样做，是因为创业神话所描述的创业精神看上去就是这样，但所有这一切放到一起显得人云亦云、毫无个性，鲁比认为这完全背离了真正的创业精神。"什么时候当你看到一大群人在所有事上都完全赞同彼此，"他说，"好吧，那就是创新或反直觉行为的对立面。"

可以肯定的是，和一个半世纪前的强盗大亨一样，硅谷的大多数创业神话扎根于天文数字般的财富。在苹果破纪录的首次公开募股之后，史蒂夫·乔布斯成了家喻户晓的名字；PayPal面世后，埃隆·马斯克也变得无人不知，无人不晓；之后又轮到马克·扎克伯格扫光了银行的钱。"如果你说某人23岁就成了亿万富翁，整个社会将一片哗然，"费希尔说，"这是个令人难以置信的白手起家的故事。"但是每年都会有一次轰动的新头条，而这个故事就又会被复述一次：比如优步（Uber）的特拉维斯·卡拉尼克（Travis Kalanick），还有创立了Instagram和色拉布的斯坦福校友们，而后一个接着一个，直到你收集了一箩筐名字，这些人飞速窜进全球富豪榜单的前0.1%，演绎着引人入胜的不可思议的童话故事。谁能抵抗得了这样的故事？

最能体现硅谷创业神话充满诱惑力的，可能要属伊丽莎白·霍姆斯（Elizabeth Holmes）了，她的血液检测公司Theranos因欺诈罪而崩溃，其投资者损失超过7亿美元。现在霍姆斯臭名昭著，她的故事是一个警世寓言，为我们展示了创业神话和现实基础之间的鸿沟。但是，当我在帕罗奥图的爱彼迎（Airbnb）出租屋里阅读记者约翰·卡雷鲁（John Carreyou）的书《坏血：一个硅谷巨头的秘密与谎言》（*Bad Blood*）时，最吸引我的一点是，自19岁从斯坦福辍学后，霍姆斯是如何向全世界兜售她那本不存在的技术的[1]。其唯一的依据就是所有人都想听到的创业神话。

　　霍姆斯从很小的时候就开始崇拜史蒂夫·乔布斯，并模仿他的人生。卡雷鲁称，Theranos公司的员工能根据霍姆斯所模仿的乔布斯职业生涯时段而精确地推敲出她读到了《史蒂夫·乔布斯传》中的哪一章，具体到穿黑色的高翻领毛衣、设计"迷你实验室"、选择苹果公司偏爱的广告公司Chiat\Day、饮用纯天然绿色饮品，还有她辱骂那些让她"失望"的人的方式。有不少人看穿了霍姆斯的装模作样，但对于有钱的投资人来说，他们在霍姆斯身上看到的就是硅谷创业神话一直以来让他们看见的东西。这些投资人包括顶尖的风险投资人蒂姆·德雷珀，商业大亨罗伯特·克拉夫特（Robert Kraft）、卡洛斯·斯利姆（Carlos Slim）和鲁珀特·默多克（Rupert Murdoch），以及创业合作伙伴克利夫兰诊所（Cleveland Clinic）和沃尔格林药品公司（Walgreens），还有几乎每一家把霍姆斯的脸印在刊物封面上的全球媒体机构。时任总统奥巴马甚至还任命她为"全球创业精神总统大使"。

---

1 Theranos公司的血液检测基于幻想的科学，据说通过针刺血液及机械臂"爱迪生"就能检测出数百种疾病。Theranos从西门子等公司购买传统的血液检测机，将这些机器上的结果说成是"爱迪生"的伟大成果，在给潜在投资者和商业合伙人展示时也伪造了血液测试。

当Theranos公司崩溃时，世界一片震惊。这怎么可能呢？怎么会有这么多又聪明又成功的人被骗呢？但是仔细想一想，霍姆斯的确交出了她所承诺的产品——不是针刺血检，而是我们都想要的创业英雄。创新、年轻、有魅力、勇敢、绝不后悔。在这些方面，伊丽莎白·霍姆斯的成就超出了自己最狂野的想象。詹妮弗·劳伦斯（Jennifer Lawrence）将在一部改编电影[1]里扮演她。霍姆斯甚至还获得过"白手起家奖"。浪仔迪克会为她骄傲的。

阿加沃尔说："每个人都认识某一个正在斯坦福成长的创业者。"此时已是范莫琳演讲后的第二天，我们和希泽乌尔在学生会大楼外碰面，正步行前往附近的一个招聘会。在校园书店近处的小路上，大大小小的公司搭建着小摊和帐篷。希泽乌尔和阿加沃尔准备逛一圈，问问这些公司有没有实习机会，并预估它们对"谋划"的潜在兴趣。

"来吧，"阿加沃尔说，"我们分头行动，开始记录回头可以联系的名单。"

希泽乌尔走进罗比公司（Robby）的帐篷，这个公司制作小型自动送货机器人，创始人也是斯坦福的毕业生。这些毕业生都接受过Y Combinator（以下简称YC）[2]的资助，它是创业孵化器的先锋，年轻的创业者们从老练的投资者那里获得办公空间、建议和指导，代价是要付出他们公司的一点股份。希泽乌尔开始询问这

---

1 传奇影业的改编电影《滴血成金》（*Bad Blood*，暂译名），预计2022年上映。
2 美国著名创业孵化器，成立于2005年。

个公司的实习条件。"面试是什么样的？你们去哪里找应试者？你们的团队有多大？"对方问希泽乌尔为什么想知道这些，希泽乌尔便解释说，他和他朋友想为各公司解决招聘问题。

"什么样的问题？"

"实习招聘的问题。"希泽乌尔说着，脸上带着期待的微笑。

"你们公司的名字是什么？"

"谋划。"

"哦，"那个人说，"我们已经和另一家公司合作解决了类似问题。"希泽乌尔保持着微笑。"那挺好！"他说，"嗯，能留个联系方式吗？"

"谋划"并不是第一家解决校园实习问题的公司。我们今天来到这里，一部分只是想要了解"谋划"平台应该从何处切入市场，但这很难。希泽乌尔和阿加沃尔还没有商务名片（不过他们印了一些T恤），一旦人们知道他们真实的目的（以及他们俩都不是工程学博士），要么把他们拒之门外，要么干脆嘲笑他们。

一个在南加州经营薯片公司的人对阿加沃尔说："哦，太棒了！我刚好想找人来中断招聘进程……哈哈哈！"他说实习生的价值配不上他们的薪水，实习生是被美化的保姆。

"嗯，我们关注特定项目中非技术性的岗位，"希泽乌尔说，"我们认为，小公司的实习岗位可能很有价值。"

之后我们返回星巴克，两人聊到自己的收获。"我想咱们证明了某部分工作是有效的，"阿加沃尔说，"但之后我们需要考虑围绕什么重点开展工作。"

希泽乌尔说："说实话，我们也许可以看看硅谷之外的地方，除了初创公司和斯坦福，还有其他公司，甚至还有社区大学。不要只盯着精英岗位。"任何类型的企业都能从暑期实习中获益。想一想，一个会计专业的实习生在一位本地餐厅老板清理书本时能帮他做什么。"谋划"平台可以帮助实习生普及实习岗位，使之不局限于顶尖大学和顶尖公司，由此，每位学生都有机会学习，每家企业也都能得到它们需要的帮助。

如果两人的"谋划"平台需要帮助，那他们有无数资源可以利用。斯坦福大学提供数十种创业项目，从暑期证书到研究生学位，学科领域涵盖新闻、环境、工程、法学与医学。校园创业孵化器和加速器使资深创业人士可以为学生提供办公区和建议，多种斯坦福风投资金也可以为学生的新公司投资，甚至还存在一种自称为"孵化器的孵化器"的东西。学生们可以加入日益壮大的创业者俱乐部，寻找自己对不同主题的潜在兴趣，接触到志趣相投的同伴、教授以及校外的人脉。还有一种投资只对那些已经创建并出售了价值100万美元或以上公司的学生开放。学生们还可以住进以创业为主题的"e宿舍"（eDorm），e宿舍于2012年创建，会定期举办讲座。住在宿舍里的学生互相帮助，为彼此的创业助力。还有些学生更进一步，与自己的教授一起创办企业，其中许多教授都是校园外成功的创业者。学生可以把所有时间都花在斯坦福大学里，上课、参加讲座、参与创业主题会议，学校提供的资源取之不尽。如果他们不满足于此，还可以把自己的学业延期几年，从而全职创业，延期毕业不会产生任何不良影响。

令人惊讶的是，不仅在斯坦福，在全世界的大学里，这种重点培养创业者的教育方法相对而言都是一种新现象。这些大学比任何其他机构都更加热衷于传播创业神话，这给学术界和其他领域都带来了现实的影响。

在美国，关于创业的正式教育始于1947年，哈佛商学院的迈尔斯·梅斯（Myles Mace）教授想帮助二战后归国的士兵创办公司，因此开创了一门名为"新企业管理"的课程。"梅斯教授曾说，'我们得教会这些人如何谋生'。"哈佛商学院的名誉教授霍华德·史蒂文森回忆道，而他使商学院的创业课程变得更加现代化了。

在当时，创业是一件被人看不起的事。史蒂文森说："那个时代讲究搭乘电梯到你可以去的最高的地方，退休之后再住回地面上。"哈佛商学院当时的课程体系的重点在于为企业培养职业经理人。各种商学院与大公司联系紧密，后者资助学院，为其提供研究机会，为毕业生提供岗位，因此，学习如何创建小型企业的理念在这里没有出头的机会。创业者曾被定义为具有破坏性和欺诈性的骗子、孤僻者、不合群者和无名小卒。想想戏剧《推销员之死》（Death of a Salesman）的主人公威利·洛曼，他就是一个没能挤进上流企业社会的笨蛋。还有一些人则认为创业精神无法被教授，因为它是一种天生的人格特征。

"我从20世纪70年代末开始学习创业精神，我的同事说，'你基本上是在学那些穿涤纶西装的人，研究创业精神会毁掉你的职业生涯。''这个领域没钱赚，也没什么可学的。'"威廉·加特纳

（William Gartner）说。他是巴布森学院（Babson College）的教授，这所学院在波士顿郊外，只专注于创业教育。

到了80年代中叶，事情开始有所改变。美国正在经历一波又一波的经济萧条，伴随着通货膨胀、日本逐年增强的竞争力，以及社会停滞感带来的负面影响，曾经雄踞一时的大企业文化垄断慢慢衰落。与此同时，以个人电脑为核心的第一波大型科技创业浪潮开始涌现，像微软和苹果这样，由一类新型创业者启动的公司也在迅速获得成功。在1983年的国情咨文演讲中，时任总统里根将硅谷的数字创业者们称为美国的"未来先锋"。大学突然间清醒过来，意识到富有的企业家拥有资金，可能会愿意给未来创业者的教育投资。

随着资源增多，创业研习领域渐渐与硅谷的创业神话融合，将其编入自己的核心。一个关键的变化在于创业者学术定义的改变，它从理查德·坎蒂隆广泛列证的为获得未来回报而担负风险的"人"（包括任何小企业或个体经营者），缩减成了某种更狭隘的"事物"。这一学术领域在约瑟夫·熊彼特（Joseph Schumpeter）的文字中找到了自己的理论锚定，这位奥地利政治经济学家也是一个失败的银行家，最后在哈佛大学任教，直至1950年逝世。熊彼特的核心理念是，创业者是资本主义变革的关键推动者，他们是"行动者"而非"静态的人"，他们将以可怕的能量打破平衡，创造思想与发明的"新组合"，并将经济发展推向新的高度。不过，使人们对创业者的研究与看法恒久定型的，是熊彼特的"创造性破坏"理论，这是他临终时提出的理论。

熊彼特在他1942年的重要著作《资本主义、社会主义与民主》（*Capitalism, Socialism, and Democracy*）中写道："创造性破坏的过程是资本主义的基本事实。"创业者的任务是"通过创造新发明或新商品，改革或颠覆生产模式；或是通过开辟材料供应的新渠道，以一种新方式生产旧事物；又或是通过改组产业，打开产品的新销路，等等。"创造性破坏由变革驱动。发明带来汹涌的改变，产生新的赢家和输家，但终归会将所有人推向前方。创业者的创意并不重要，重要的是行动。又或者如熊彼特说的那样，"把事情做完"这话就像出自"猫王"[1]之口般富有说服力。

创业者定义发生了翻天覆地的变化。它使所有者和风险的范式，转变成了以过程为导向的概念。创业精神如今聚焦于创新和颠覆性，因此只要具有这两种特性的任何人都能算是一名创业者，包括在大公司里打工的管理团队和研究人员团队，他们要承担的个人风险很小，但一样收获回报。创业者变成了特殊的、有梦想的个体，而这一概念排除了大部分从前认为自己是创业者的人。

约翰斯·霍普金斯大学（Johns Hopkins University）的商业史学家路易斯·加兰博斯（Louis Galambos）解释说："熊彼特为我们提供了英雄。我们想要英雄和领袖来激励自己。这些人除了拥有强大的专业能力，还有强大的公众影响力。"在20世纪八九十年代，熊彼特的理念完整地融合了新保守主义的经济概念，从而被广泛接受。加兰博斯说："玛格丽特·撒切尔、里根、整个芝加哥学

---

1 埃尔维斯·普雷斯利（Elvis Presley，1935—1977），美国传奇歌手、演员。

派……熊彼特的理念鲜明有力地与之融为一体。"这一理念迅速受到欢迎，它作为一种完美的方式解释和定义了创业者的重要性……但只是针对某些创业者。值得运用该理念研究的创业者不是一个普通的店主，也不是一家大型的地区性水泥公司的老板。而是那些出色的梦想家，他们是资本主义社会中最优秀、最聪明的人，其大胆的行动产生了深远的影响，最终使我们的生活变得更好。他们巩固了创业神话。

自此，全世界的高校对创业精神的研究数量开始激增。1985年，美国的大学总共约有250个创业课程。到了2008年，这个数字超过了5000，如今更是呈指数级增长，更不必说它在全球的趋势了。创业研究从原本备受诟病的边缘学科，变成了一个不断产生宝贵成果的研究领域（根据谷歌学术搜索的数据，该领域每年有一万五千多篇论文发表）。其研究范围涵盖所有你能想象到的与创业相关的内容，比如，质疑伊朗的某特定城市是否有适当条件鼓励创业者们建造一个水上公园；科罗拉多大学（University of Colorado）有一个大肆宣扬的研究项目，声称感染弓形虫（这是一种在猫粪中发现的会影响人类思维的寄生虫）的人比未感染者更有可能创业。这简直是胡扯。

如果你跃跃欲试想尝尝灵感的滋味，那你得先知道，这片繁荣景象下并不是没有批评的。作为一个全新的学科，大多数创业教育都不合格，麻省理工学院（MIT）的比尔·奥莱（Bill Aulet）在《彭博商业周刊》（*Bloomberg Businessweek*）的一篇文章里称其为"为声望鼓掌"：学生们坐在教室里，听一位成功、富有的创业者讲述人生故事，然后离开教室，准备在自己的冒险历程中接受真正的教训。许多关于创业的教学都是规范式的，核心内容都是要采取哪些步骤，如何用不同的方法论建立一个成功的公司。比如以埃里克·里斯的畅销书为基础的精益创业法（里斯从耶鲁大学辍学，创办了一个和"谋划"类似的公司）。这样的教学结果往往就是给出一条按部就班的公式化创业道路，并告诉人们成为一名创业者是什么意思。

而这让阿加沃尔和希泽乌尔止不住地沮丧。"我得说，创业精神真是让人难以捉摸。"阿加沃尔在招聘会结束的那天晚上说，当时我们三个人在帕罗奥图闹市区的一家挤满了人的印度餐厅里。

"你能在大学里学到的就是写一份融资演讲稿、做一份商业规划、别放弃，等等，"希泽乌尔描述着他目前在斯坦福创业课程上学到的东西，"每个人说的都一样：努力工作，失败在所难免，但对你有益，事情都会搞定的。我觉得这些建议适合放到真空环境，只告诉人们要熬过难关并不能带来什么帮助。"

"我想听听失败者的演讲，"阿加沃尔说，"我想听他们说说自己创办了一家公司，然后它倒闭了，原因又是什么。我们在一对一的采访里听到过这些，但是在课堂上听不到。"他们在 Starup School 的经历相同，Starup School 是孵化器 YC 开展的一个项目，本书撰写的数周前，"谋划"平台刚获准加入其中。那天早晨，两人前往 YC 在旧金山的办公区，听了一场移动支付公司 Stripe 的 CEO 帕特里克·柯林森（Patrick Collinson）的演讲。阿加沃尔说："他没有聊运气，或是超出他掌控的成功因素。他讲了如何用两年时间创办 Stripe，但是接着又说，'哦，但你们应该尽可能快地创办公司。'这话对我们没什么帮助。"

阿加沃尔说："他们全都想套用这个由 YC 和斯坦福所说的可以成功创业的模板。"

希泽乌尔说："在这里，创业之路变得标准化了。"

当这样的创业模板传播到斯坦福和硅谷之外时，它就设定了一种标准，规定什么样的创业者值得研究，哪种版本的创业精神值得传授，以及哪里的财政资源会支持创业者。创业相关的新学校和智库几乎只专注于创业模板。大学和政府建立孵化器和创新区，配备和旧金山初创企业一样的开放式概念家具、配色和裸露的横梁，并确保一切都在演示日当天显得光彩夺目。他们还会为这一天联系好媒体，演示日犹如创业世界的选美比赛，一个接一个创业者登台面对一整屋子的投资者和记者，尽力在 5 分钟内售出能改变世界的创意。

硅谷的创业神话最崇拜的就是开创的行为，其背后的一切则不那么重要。所有的创业课程都把创业视为这样一个过程——创建一个企业，吸引外部资本来投资，再尽可能迅速地让它扩张到最大规模。其他形式的创业则几乎不被谈及，或是完全不被谈及，如生活方式型企业（lifestyle business），又或是那些增长缓慢的、需要自筹资金的企业。伊吾·格罗塞贝克（Irv Grousebeck）在1985年建立了斯坦福大学商学院创业研究中心（Stanford Graduate School of Business Center for Entrepreneurial Studies），我曾问他，相对于更广泛的创业体验，这种模式是否精简得不太必要。

　　"这是肯定的，"他说，"但这不是我们造成的，也不是我们的工作。"斯坦福商学院培养的是世界顶级的MBA学生。尽管它有足够的影响力和财力，但教育学生的资源和时间都有限。它需要为使用自身资源的对象设定界限，而这其中不包括"继承老妈服装店"的人，他用轻蔑的口吻这样说。斯坦福并不向学习创业的学生兜售任何东西，无论是模版、线索还是诀窍。斯坦福的毕业生创办各种各样的企业，从熊彼特式的科技颠覆者，到冰淇淋公司，无所不包。"我并不是在印第安纳州教成本核算，"他说，"我是在硅谷教授创业。从这里出去后，你轻轻松松就能成为英雄！时势将成就你。"

　　我花了一个多星期采访斯坦福大学的学生和老师，其中许多人都热衷于强调，那些在校期间就积极创业的学生人数太少，可能不到学生总数的5%。但他们描述的气氛与学校的美化和宣传方式又让人觉得校内创业的规模非常庞大。希泽乌尔说："的确，我想在很大程度上是因为对创业的痴迷，然而创业的氛围与学校的学术氛围又完全融合了。"教授们经常吹嘘自己是个多么成功的创业者，就好像是要证明他们的存在很合理一样，但这些声明往往都被过分夸大了。"学生们看不起并且嘲讽其他院系，即便这些院系或专业世界闻名（如斯坦福大学的心理学系，世界排名第一）。"希泽乌尔的话和文理学院院长德布拉·萨茨（Debra Satz）的观点不谋而合，后者告诉我人文科学系的入学率在逐年降低，"因为这些科系和创业无关。"与之有关的专业是商务、工程或计算机科学。

在斯坦福，学校、工作、学生和教师之间的界限早已模糊不清。学生经常和他们的教授一起投资创办公司，或是聘请教授做董事会顾问。帕罗奥图有无数风投公司在校园里安置了学生"侦察员"，他们带来免费的饮料、晚餐，甚至还有"崔娃"特雷弗·诺厄（Trevor Noah）等喜剧演员的表演，这些都是为了从同学中找到潜在的投资对象。有的风险投资人会请颇有前途的学生创业者飞到拉斯维加斯参加周末派对。希泽乌尔和阿加沃尔竭尽所能地维持公司并完成毕业前的学习任务，但他们也很难不看到上述场景。"创业精神让人上瘾，"阿加沃尔说，"人们可以从中吸收能量，它为你提供你所需的全部社交驱动力。"

在我拜访斯坦福的几个月前，希泽乌尔和阿加沃尔早已经讨论过"谋划"的筹款规划。他们会先从天使投资人那里获得种子资金，搭建起平台，然后运用早期客户的认可，向风险投资人推销自己，以争取下一阶段的资金。两人并不缺乏引介，朋友、教授和业务顾问都能把他们介绍给投资人（说到这个，他俩发展了两个共同创办人一起组建公司，其中一位在斯坦福附近工作，另一位住在中国）。不过他们还是想慢慢来，一步步走稳当。我向他们指出，"谋划"还不是实际业务。它没有客户，没有用户，也没有收益。事实上，他们不知道要向客户收多少费用，也不知道什么时候该收费。当前重要的是理念和资金。

一个月后，当我们取得联系时，他俩已筹集到5万美元，从而使公司得以启动。又过了一个月后，他们在向风险投资人游说的过程中得到了一位资深投资者的建议。这份建议很典型：他们必须阐明公司要如何争取客户，并证实自己的假想。但最重要的是，他们必须有更宏大的目标……目标不能仅仅是斯坦福和创业公司的实习岗位，还得是一个未来价值10亿的市场。因此他们对投资者说，有数百万家美国的公司将付钱为数百万学生设置实习岗位，这让"谋划"成为一家年盈利1亿美元的公司充满可能性。这一切说法都是理论性的，依据是最美好的设想。等到我们在帕罗奥图会面时，他们已经进入大学三年级数周了，这个时候的"谋划"依然只为一个学生安排了实习岗位。

　　风险投资和风险投资人是硅谷创业神话的核心，也是其最容易出问题的一个方面。创业风投模式在科技企业里占据了主导优势，并且有越来越多其他企业在仿效这一策略（包括食品和消费品企业），因此，创业的用语、方法和衡量指标也越来越按照风险投资人的意愿趋向狭隘的标准化。对于风险投资人来说，筹款高于一切。它是输出的方式，也是成功的量度。在产业内、在新闻界、在竞争对手和顾客看来，筹款都是有效手段。在硅谷周围和仿效它的其他地方，比起谈底层业务或技术，谈融资要流行得多（"我们在融资，你们呢？你们准备融多少？你们已经融了多少？从谁那里？估值如何？"）。对于踏上融资之路的创业者来说，他们花在筹款上的时间通常要远远高于花在发展实际业务上的时间，而筹款本应是为了后者。

　　布赖斯·罗伯茨（Bryce Roberts）是一位风险投资人，运营着独立风投基金和盐湖城的奥赖利阿尔法技术投资公司（O'Reilly AlphaTech Ventures）。"对于创业来说，风投是最完美的极乐：

筹款、野心的演绎、自我价值的实现、对某类创业者的英雄崇拜……所有这些要素交汇成极乐，"他说，"就像高糖效应[1]。它是创业精神的垃圾食品。这种高潮会迅速消退。"

除了罗伯茨的意见外，行业内也有越来越多对风投持怀疑的论调（包括许多现在的和曾经的风险投资人），这些人认为要判断创业是否成功，筹款实际上是一种可怕的衡量标准。它和企业运营的状况是否良好无关，和企业产生了多少收益或多少利润也毫无关联。它纯粹只能说明企业创办人说服别人给钱的能力有多好。这有点像庞氏骗局[2]。一位创业者募集到越多的资金，他的公司估值就越高，进而协助风投公司从自己的投资者那里筹集到更多的钱，促使创业者用更多资金提升公司估值，以交付更好的资金回报。当年的Theranos公司筹集到7亿美元，市值达100亿美元，却没有做出任何有用的产品，也没有哪怕1美元的收益，在被曝诈骗之前，人们将Theranos看作一次惊人的、非比寻常的成功。在2019年那一批预备上市的独角兽公司（即市值超过10亿美元的公司）里，只有一家是盈利的。但不是优步、来福车（Lyft）、共享办公WeWork，也不是声破天（Spotify）、色拉布或多宝箱（Dropbox）。这些公司简直是在攀比谁亏损得更多，但仍然被盛赞

---

1 高糖效应指孩子吃了甜食后血糖飙升，并出现上蹿下跳、动手动脚等异常兴奋的表现。但经证实，出现异常症状的罪魁祸首不是糖，而是食品中的添加物。

2 20世纪，原籍意大利的投机商查尔斯·庞兹（Charles Ponzi）策划了一个骗局，以一个子虚乌有的企业名义吸引投资，然后把后来的新投资者的钱作为快速盈利付给最初投资的人，制造赚钱的假象，进而骗取更多投资。后来人们经常用庞氏骗局指称金融领域的投资诈骗。

为这一代最伟大的商业成功。这就是我们尊崇的创业神话，以风投为核心才是它的根本问题。

硅谷的著名创业者、投资者兼作家蒂姆·奥赖利（Tim O'Reilly）说："如果你的客户是一位风险投资人，那你兜售的就是能够赚钱的商业规划。"他预言，如果硅谷这一极其恶劣的创业模式继续大行其道，情况只会变得越来越糟——人们必须从投资者那里筹集资金才能成为一名创业者；融资等同于成功；你不必盈利，唯一要紧的就是给自己留条退路。"这可不会有什么好结果。"

在开发先进理念与技术的创业领域，如可治疗癌症的生物科技，或微芯片设计等，都需要多年才能出成果，因此对于这一类创业者而言，风险投资依然是决定性的资金来源。问题在于，风投已经变成了一场游戏，如果你知道怎么玩，不管最后成功还是失败，你都能一次次地尽情筹集资金。风投游戏的理念是少一些激情，多一些方案。创业者和风险投资人会追踪某种趋势6个月的时间，然后展开下一步动作。这样你就能创立类似Juicero这样的企业了，Juicero制作一种昂贵精致的榨汁机，但基本上就是把盒装果汁挤到杯子里罢了，却在4年里筹集到1.2亿美元。还有无数不幸的盲从者，从外卖配送和社交媒体平台，到电动滑板车和智能手表，他们毫无主见地锁定同一个资金池。可承诺是短期的，因为预期也一样短促。这种行为代表的是一种生搬硬套、毫无灵魂的创业精神。

金融信息企业彭博公司的风险投资部门Bloomberg Beta的罗伊·巴哈特（Roy Bahat）说："关键技巧变成了'启动'。"细分市场，注入资金，而后尽快取得垄断。实质上创业就是一场地盘争夺战。

"硅谷的商业技术以科技为标签，但实际上它只关注企业要发展得非常非常快，"并且不被后果所约束，或者说根本不在乎后果。

人们总是乐此不疲地赞美硅谷的创业神话，那些负面问题却很少被提及，而在这种神话对创业文化的统治中，最令我忧虑的正是这些问题。第一个问题是关于对创业者灵魂独立性的定义。"作为一名创业者，如果你不能为自己工作，那还有什么意义？"贾森·弗里德（Jason Fried）问，他是芝加哥网络开发软件公司Basecamp的CEO，也是《重来》（ReWork）等数本商业畅销书的作者，他曾说，"当你从别人那里拿钱的时候，你就开始为他们工作了。"Basecamp是私营公司，财政上自给自足（弗里德称公司每年创利数千万美元），并且富有创新（它创造了Web应用程序框架Ruby on Rails），但它在达成这一切成就的过程中没有引进一分钱的风投资金。弗里德说："我们自己赚钱，我们把产品按价格卖出，消费者买单。"他的企业和全球经济体中无数企业没什么两样。工作，得到报酬，并不去想什么下一轮融资或如何退场。令他震惊的是，自己却被视作创业领域的一个局外人。

第二个问题是关于硅谷创业模式受到的不平等困扰。大多数风投资金的目标都是出自斯坦福或哈佛的白人男性创业者，原因并不令人吃惊。美国的大多数风险投资人也是出自斯坦福或哈佛的白人男性，他们来自同一产业，遵守相同的游戏规则，并奖励相同的行为。2018年，女性创业者所获得的风险投资只占全部投资的2.2%，少数族裔所获得的风投资金比例与之相仿。大规模资金都流向了旧金山湾区的企业，其次是纽约、波士顿以及其他少数几个城市。甚至连微软与亚马逊的故乡西雅图,在2017年所获得的风投资金比例都只有微不足道的2%。作为热衷于批评东海岸精英的硅谷,已经设法把自己打造成了一个更强大、更无敌的精英,把布克兄弟(Brooks Brothers)[1]的西装换成了巴塔哥尼亚的汗衫。

第三个问题是,白手起家的创业神话的核心理念完全和霍拉肖·阿尔杰的小说一样虚伪。事实上,硅谷的众多初创者根本就不是会冒险的类型,他们一直在初创阶段试水,因为初创是一条相对没有风险的登顶之路,能让他们更快地变得富有。如果他们失败了,资金亏损也主要由投资者承担,很少会牵扯到创始人的个人财富。没有人会无家可归。这场冒险将会是一个关于"百折不挠"的伟大励志故事,创业经历在个人履历上会显得异常亮眼,而这些人可以凭借常春藤联盟的学历去别处轻轻松松地找个好工作。甚至连希泽乌尔和阿加沃尔后来都在高盛集团(Goldman Sachs)和埃森哲(Accenture)申请好了下个暑假的带薪实习岗位,以防"谋划"无法成功。

"就算我们的履历受到影响也没有关系,"阿加沃尔承认,他和希泽乌尔在还是学生时启动"谋划",是风险相对较低的做法,"这甚至不是一个公平的竞技场。"在听到范莫琳告诉斯坦福那几百个未来创业者要跳出系统工作,做他们想做的事,不要遵从规则时,希泽乌尔怀疑地摇摇头说:"如果没有某些特权你是做不到的。"

"每一个风险投资人都说,'在你的朋友、家人中吸引种子轮

---

1 布克兄弟创立于1818年,是美国经典男装品牌。历来不少政界领袖名人都是其长期客户,如美国前总统肯尼迪、克林顿等。它从某种程度上象征着传统的精英形象。

融资'，"阿加沃尔说，"但，这里有一个前提是，你的朋友家人得是有钱人！"两人在搭建平台的过程中早已花掉了自己的4000美元（这些钱是他们通过教人辩论、做家庭教师、打暑期工赚来的）。当成本越花越多时，两人也越来越担心，第一笔收入好像已经是几个月前的事了。但无论如何，他们会好的。

还有一个问题是风险投资不成比例的影响力和被夸大的重要性。尽管与之相关的创业神话层出不穷，企业获得风投融资的现象始终是极其罕见的。比如2018年，美国风险投资人向企业的投资大约有9000次，这听起来似乎不少，但你最后会意识到这数字有多么微小。在美国历史上的任何一个时期，都有超过3000万家正在运营的企业，而美国风险投资（包括向早期初创公司和成熟公司的投资）的数额只占GDP的不到0.5%……仅仅是沧海一粟。在其他国家就更少了。

2017年，北卡罗来纳大学教堂山分校（UNC Chapel Hill）的社会学家霍华德·奥尔德里奇（Howard Aldrich）教授和杜克大学（Duke University）的马丁·吕夫（Martin Ruef）发表了一篇论文，论文称，尽管事实上美国只有那么一小撮公司获得了风投资金，而且运用资金在证券市场上市的公司更少，但自20世纪90年代至今，有关这两个话题的创业文章一直在显著增加……在某些情况下，这类文章在某些创业刊物上占了近一半的版面。

奥尔德里奇和吕夫写道："在学术界，时间与资金都是有限资源，但是人们投入了太多的努力去了解那少数几家高增长或上市的创业公司；而对与他们并肩奋斗的数百万初创公司的了解却太少了。"这种失衡的情况已经严重与现实脱节。

奥尔德里奇将这种普遍的情况与生物学领域做了类比，他问道，如果每年发表的半数生物论文都在讨论大象，而不是组成行星物种多样性的其他99.9%的物种（从蚂蚁和跳蚤到浮游生物和细菌），那会发生什么？"将这少数高盈利案例作为一种创业范式，实在是愚蠢得令人难以置信。"他说。

考夫曼基金会（Kauffman Foundation）是一家非营利性组织，在美国，它在支持创业教育、游说和风投上所做的努力无人能比。2013年，考夫曼基金会公布了一份报告，指出在人们教授及推广的创业精神（即创业神话）和真实现状之间，存在失衡的危险。报告写道："教育工作者担心，这一学科的使命和个性可能已经被缩减，其缩减程度超出了必要或可取的程度。因为它定义成功的框架是创业和风投，而不是改善生活。"从根本上说，这份报告是在呼唤创业灵魂的回归。

我花了一年多时间与科技初创企业和创业研究领域的人士交谈，听到越来越多的一致意见，资深创始人、教授，甚至著名的风险投资人，他们也开始质疑硅谷创业神话，质疑它坚持的模式，以及这一模式所产生的问题。其中一些人在忙着实验不同的企业创办方式，包括与风投不同的融资形式，这能给具有包容性和多样性的创业者留出空间。

"商业模式是一种信息，"玛拉·塞佩达（Mara Zepeda）说，她运营着社区软件平台Switchboard，并在2017年和其他女性及少数族裔的科技公司创立者一起，发起了一个名为"斑马联合"（Zebras Unite）的社区，鼓励推动与经典硅谷创业神话不同的创业模式，"如果创业文化将高速增长、利润和创业公司退出方式看得比一切都重要，那这个领域就会产生一些特性，如英雄崇拜、零和博弈、对民主规范的侵蚀等，而这些特性将形成一种文化，它不断地成倍扩散，就像癌细胞一样。"

在与塞佩达建立联系的公司创始人眼中，创业精神绝不是如此狭隘的文化所能代表的。对他们来说，创业精神始终是个性化的，并且拥有更加广泛的多样性，对创业者的背景来说是如此，对他们踏上创业道路后的旅程来说也是如此。而这也正是我所承认的创业精神，同时也是我在硅谷之外开展余下研究的过程中所追寻的创业精神。

我在阿加沃尔和希泽乌尔身上也发现了这种精神，它存在于两人建立"谋划"的经历中，存在于他们因平台更多问题产生的烦恼中。整个暑假，他们都在旧金山和硅谷附近跟风险投资人开没完没了的推介会，这个过程中，两人越来越质疑硅谷神话所承诺的未来。他们接触过的风险投资人都非常善变。与他们会面的某位投资人可能会当场认定"谋划"毫无前途，但6个月之后，这位投资人又会联系他们，问进展如何，接着再连着几个月杳无音信。看起来这些风险投资人都是在随意地、凭着一时的兴致追踪信息，并没有真正地去理解"谋划"平台的目标。

某天下午课间休息时，我和他们在一家咖啡厅碰面。希泽乌尔说："我觉得对于已经开始创业的人来说，这很影响心态。资金代表着认可，但它认可的并不是你的产品，只是证明了某人对你的印象是积极的。我们意识到，投资人会犹豫是否要把钱投在没有得到验证的产品上，这也是应该的。"

　　"这让我们回到了原来的出发点，"阿加沃尔说，"我们基本决定了，在产品发布之前不会筹集资金。我们要专注于切实地赢得客户。"

　　以挫折为开端的旅程催生了一个理念，这个理念成长为一家企业，将两个刚刚步入成年的人引入创业者的世界。在这数月的旅程中，他们学到了很多，比如如何建立数据库、如何写商业规划、如何游说投资人、如何调研市场、如何与陌生人及朋友们合作。他们减少了睡眠时间、拒绝参加派对，牺牲了年轻岁月中可以真正自由的最后几年，开始追寻某种比自身更宏大的东西，不是为了辛苦后赚一大笔钱（因为老实说，他们也不确定会不会创造财富），而是为了别的……为了共同创办"谋划"后加深的友谊、为了想为学生和顾客提供的价值，以及初创公司为人生带来的新的使命感。他们的经验阐明了创业精神的关键——为创业项目带来真正灵魂的，是那些启动项目的人，是他们建立的关系和他们经历的挣扎。创业神话的浪漫主义及其日食万金的氛围让人们很难看到真正的创业精神，至少很难长时间专注于它。但也总有一些瞬间，能让希泽乌尔和阿加沃尔这样的人发现其中的精髓。

　　在这个学年接近尾声时，两人从一位风险投资人那里接过了第一张支票。它迟早会来的。两人身处的文化环境推动着他们，而递到手边的钱也让人无法忽视。我们最终也很难确定，他们会后悔卖出了一小部分自己的产业吗？或者，他们会变成硅谷的两位新英雄吗？无论如何，"谋划"的启动让他们体会到了一部分创业精神，它是刺激的、有趣的、社会化的、全身心投入的。他们知道未来有何种挑战，但不会恐惧、退却。他们品尝到了创业的滋味。他们义无反顾，一路前行。

第二部分

创业起始

第二章

从头开始

　　2017年初夏，我在多伦多的家附近的街区散步时，看到了一个意料中会出现的亮黄色标识："即将开业——索菲餐厅（Soufi's），来自叙利亚的爱。"自从加拿大在2016年年初开始接收叙利亚难民以来，我就知道叙利亚食品行业的浪潮涌入我的家乡只是时间问题。索菲餐厅是新近出现的移民创业者群体的第一株新芽。

　　多伦多有超过半数的居民都是从其他城市迁移而来，在这样的城市里难免会有移民创业者，尤其在某些街道和街区的飞地[1]中就更是如此。艾格灵顿西边都是男子理发店和雷鬼音乐商店，还有烤鸡的香味熏染着街道；在布兰普顿，战后修建的街边商店已摇摇欲坠，其中塞着一间间旁遮普族（Punjabi）[2]特色的珠宝店、

1　飞地即孤立地区，指某国或某市境内具有不同宗教、文化或民族的领土。
2　属南亚民族。

甜点店和彩色布料批发店；米西索加市内毫无特点的建筑里藏着有水汽笼罩的俄罗斯澡堂；蓟镇某个角落里的零星几家东非肉店；还有马卡姆市超大的中国购物中心，从拉面和《毛泽东选集》，到公寓和高档轿车，商品应有尽有，而这样的中国城在马卡姆还有五六个。

我沿着家附近的街道前进，看到的第一家店是一个中国家庭开的水果店，旁边是一家韩国家庭开的寿司店。这个街区是官方认可的意大利移民区，但之前属于犹太人，现在住的大部分是葡萄牙人。每个社区都在商业领域里留下了自己的印迹，比如格拉斯肉店（Grace Meats），这家本地的肉店贩卖新鲜的意大利里科塔热奶酪、萨拉米猪颈肉香肠，以及土豆烙饼和哈拉面包。就在这天，我发现图书馆旁边的法国咖啡店变成了卖智利肉馅卷饼的委内瑞拉咖啡店。这些还只是能注意到的生意，更不必说为我们制作壁橱的波兰木匠、和我家隔着10座房子住着的阿姆斯特丹房产投资人，以及街角那家生意红火的软件公司的纽约老板了。

如果说硅谷的创业者是被推动着开办企业，那么移民创业者们就是坚决主动地从零开始。他们把家园和历史、家人和朋友、职业和声望、事业和资产都留在了过去，只为了在这里换一个重新开始的机会。

移民创业者有自己的英雄神话，在北美尤其如此。肯尼迪总统在离世前曾说："成为伟大共和国的公民是一种值得骄傲的特权，我们要认识到自己是4亿离乡背井之人的后裔，他们来到美国是想打造全新的人生，为他们自己和他们的子孙创造新的机遇。

这正是这个国家两百多年来一直坚持的事，这也是这个国家将会继续坚持的事。"

这些浪漫的情怀随着不同政治家的上台而起起落落，在数十年里，美国和加拿大对一部分移民（信仰基督教的欧洲人）敞开大门，也拒绝过另一部分移民（犹太人、棕色皮肤人种、亚洲人）。最近，在美国和大部分西方世界，排外主义又昂起了它丑陋的头颅，加拿大在这方面的趋势也日益明显，但是，围绕着移民创业者展开的核心神话仍然保持着它强盛的势头。

和其他发达国家一样，在美国，移民比本土出生的人更有创业精神。萨里·佩卡拉·克尔（Sari Pekkala Kerr）是芬兰的一位劳动经济学家，她的丈夫威廉·克尔（William Kerr）是商学院的教授，两人于2016年在美国国家经济研究局（NBER）发表了一篇论文，试图量化这种现象。他们发现，虽然移民只占美国人数的15%，但是他们在创业者人数上的比例却在显著增长，已从1995年的17%增长到了2012年的28%。在加拿大，从统计数据上来看，移民创业者和本土出生的创业者人数相当。其创业成功或失败的比率也一样在平均线上浮动，业务形式也多种多样，从保洁或园丁，到经营多种业务的复杂大型集团，有的拥有自己的自动倾卸卡车车队，有的管理着数亿美元的投资资金。去年，加拿大统计署（Statistics Canada）的研究表明，由移民创业者创办的公司包揽了1/4的净新增私营部门岗位，但其公司数目只占全国公司总数的17%。

不过，虽然人们对移民创业者的讨论往往限制在经济产量上，但我对他们感兴趣的原因却和钱没多大关系，也不在乎他们比本土出生的创业者所创造的岗位数量多多少。对我来说，无论移民创业者有什么样的过往，他们代表的是所有创业者都拥有的最根本的希望，它深植在灵魂中，是让自己能通过一种商业形式建立的新的人生与身份。也正是因为如此，他们总能够重新开始。

2011年春天，自巴沙尔·阿萨德（Bashar al-Assad）[1]政权遭到第一波抗议开始，叙利亚就迅速陷入了一场错综复杂的血腥内战，城市被破坏，成了碎石瓦砾，五十多万人死亡，伤者无数，超过500万的叙利亚人流亡海外。2015年9月，一艘载着叙利亚难民的小船在爱琴海倾覆，溺亡的3岁男孩阿兰·库尔迪（Alan Kurdi）被冲上了土耳其的一处海滩，一位摄影师将这一景象拍了下来，这张照片鲜明地呈现了难民的困境。这促使多个政府接纳他们为移民，如德国与其他欧洲国家。

2015年秋季，加拿大自由党领袖及总理贾斯廷·特鲁多（Justin Trudeau）换届执政，并很快开始履行自己的竞选承诺——从难民营接收大量的叙利亚难民。加拿大派人前往难民营对申请人进行审查，拟订程序让加拿大的个人和社团能私下里赞助叙利亚人（我所在的犹太教会赞助了一个家庭，有些朋友也参与了），并承诺于年底前让2.5万名叙利亚人在加拿大定居。2016年年初，第一批难民乘飞机抵达加拿大，特鲁多亲自到机场欢迎他们来到

---

1 巴沙尔·阿萨德（1965— ），2000年7月当选叙利亚总统，并于2007年5月、2014年6月、2021年5月连任。叙利亚总统一届任期为7年。

新家。难民的到来很快便造成轰动，几周以来，叙利亚儿童尝试滑冰的视频强制占据了晚间新闻数周。

几个月后，唐纳德·特朗普（Donald Trump）的美国总统竞选之旅从离奇的余兴节目变成了白宫大秀，而加拿大对叙利亚难民的接纳也被赋予了新的含义。特朗普曾许诺完全关闭穆斯林进入美国的通道，并立即停止任何形式的移民进程。美国的难民安置率从世界最高之一暴跌成了世界最低之一，2019年的难民安置人数仅仅只有一万八千多人，是自1977年以来的最低数量。这其中只有极少数叙利亚人，因为特朗普禁止穆斯林人口占多数的国家向美国移民。

至2019年年初，六万多叙利亚人在加拿大安置下来。很快，其中很多人不可避免地成了创业者。对于这些叙利亚移民来说，创业不仅仅是个经济问题。它是一块跃入新生活的踏板，使之成为可能的，是文化、技能、资源，以及最重要的希望。

2017年8月，索菲餐厅开业。这家餐厅小而明亮，卷帘窗面向皇后大街熙熙攘攘的人行道，店内的装饰特别适合人们拍照分享。这里有白色的地铁砖、呈现着色彩明亮的叙利亚集市的老照片、黑板菜单、一系列小摆件；还有乐器、红色的土耳其毡帽、植物、土耳其咖啡壶，以及家人的合照。夏末的空气中弥漫着酵母、漆树和中东比萨饼的味道。餐厅还没开业时我就已经在窗户上看到了它的标语："来自叙利亚的爱。"现在它以大写字母写在菜单板上，写在大门、外卖菜单以及员工亮黄色的T恤上，后面还加上了一颗爱心。

索菲餐厅是个很简单的餐厅：菜单上菜品很少，适合外带，没有侍应服务，只有一些随意放置的餐桌。一个年轻男人胡子拉碴，头发蓬乱，戴着一顶多伦多蓝鸟棒球队（Blue Jays）的帽子，在一台咖啡机后面神情恍惚地盯着远处。一个小姑娘笑容满面地来迎接我（后来我知道她是那人的妹妹）。"嗨，"她说，"欢迎来到索菲餐厅，我是雅拉。"

雅拉·阿勒索菲（Jala Alsoufi）才23岁，一年前以建筑学和心理学双学位从多伦多大学（University of Toronto）毕业。她是在2012年凭留学签证抵达加拿大的，她的父母和两个兄弟3年后随她而来。阿勒索菲家不是难民，他们的家乡是叙利亚的大马士革和霍姆斯，不过1995年后就搬到了沙特阿拉伯的吉达居住。雅拉的父亲胡萨姆（Husam Alsoufi）是一位土木工程师，他曾在红海边经营一个海滩度假村，拥有其中一部分股份。他的妻子沙赫纳兹·贝雷克达（Shahnaz Beirekdar Alsoufi）曾经是一位平面设计师兼社工，但已经有10年没工作了，部分是因为沙特阿拉伯对女性的保守态度，部分是因为她轻易就能过上富足的生活（因为她家有豪车、佣人、私人会所，还有一艘游艇）。雅拉的哥哥阿拉（Alaa Alsoufi）此刻还在咖啡机后面放空，雅拉的弟弟在上中学，兄弟俩基本是在沙特阿拉伯长大的，不过暑假时会回大马士革和霍姆斯去走亲戚。

自战争开始后，阿勒索菲家就没人再回叙利亚了，但各方冲突让他们在沙特阿拉伯的生活也不那么安稳。虽然胡萨姆在那里工作了20年，但这一家人根本无法获得沙特阿拉伯的公民身份，这就意味着，从理论上来说，他们随时可能会被遣返叙利亚。胡萨姆作为技术移民来到加拿大，当家人都抵达多伦多时，他就立刻开始提及要进入房地产（这是多伦多的热门产业）市场的事，负责买卖及修缮房屋。他只是在等吉达的合伙人把他认为自己拥有的企业股份寄过来，但他的期待落空了。

"当我爸爸搬来这里时，他的合伙人在背后捅刀，"雅拉说，"他们拒绝把他的公司股份给他。"因为外国人在沙特阿拉伯没有多少权利，胡萨姆对此无能为力。

阿勒索菲一家的选择在加拿大也受到了限制。胡萨姆的叙利亚工程师学历在加拿大并不受认可，而沙赫纳兹还在学习英语。雅拉看着父亲对合伙人的失望与日俱增，而家里的储蓄日益缩减。本来她早已被录取攻读硕士学位，但现在却开始和父母讨论起开餐厅的事。多伦多有成百上千家黎巴嫩沙拉三明治店、以色列餐馆、阿富汗面包店，以及其他中东餐饮店，但是没有叙利亚餐馆。叙利亚移民的涌入不仅给多伦多带来了更丰富的叙利亚文化，还催生出越来越多的市场潜在顾客。这些移民难道不会怀念家乡的美食吗？他们偶尔也会找到曼拉伊什烤饼和库纳法甜干酪，那不地道的干巴巴的味道难道不会让他们失望吗？

"我们发现这里缺少叙利亚餐馆的特色食品，"雅拉说，"我们想要强调叙利亚特色，因为它被掩盖在了一种泛'中东'风味下。我们将是一家严格意义上的叙利亚餐馆。"他们一家可以一起经营！沙赫纳兹很会做菜，可以负责开发食谱；胡萨姆了解服务行业，并且一直想要开一家餐厅；阿拉风度翩翩，可以招待顾客；

雅拉则对营销很感兴趣。经营餐厅可以让他们走出家门，还可以发展成连锁店，这一切都会很有趣！

"干吗不呢？"胡萨姆耸了耸肩说，此时他在餐厅屋后的露台上抽了一支又一支的烟，"至少要做到我能从沙特阿拉伯拿回我的钱之前。"

阿勒索菲一家联系了一位房产经纪人（巧合的是，他是我内弟），准备在很潮的三一贝尔伍德区找开店的地方。这里租金很高，但雅拉不想把餐馆开在市中心以外的沿街商业区，也不想开在其他阿拉伯移民商业区。"我们不想只面对叙利亚人或中东人，"她说，"我们想开在闹市区，和世界各地的人分享叙利亚的文化和氛围。"

在筹备开业的几个月里，胡萨姆会在早晨7点绕着房子走一圈，喊着："醒醒，索菲家！起来工作了！"雅拉请大学里的朋友帮忙做内部装修设计，把家里的所有人都动员了起来，在那几个月里她每天工作15个小时。这让人筋疲力尽，但同时也令人兴奋。"这可不容易。"沙赫纳兹说，尤其是相比于之前在沙特阿拉伯的闲适生活，但她对家人们目前一起完成的事业感到非常自豪，"我在这里参与了所有事，"她微笑着说，雅拉在一边为她翻译，"但我很快乐。"

索菲餐厅的菜单主推两种经典的叙利亚小吃：一个是现烤的曼拉伊什烤饼，饼上铺着各种食材，比如苏珠（辣牛肉碎）、哈罗米芝士碎配炖盐肤木果柠檬菠菜；另一个是库纳法，它是一种粘奶酪酥皮点心，以玫瑰花水和糖浆调味。沙赫纳兹根据自家传承下来的烹饪笔记的食谱以及从油管（YouTube）视频上学到的东西制作了餐厅的菜单。雅拉甚至研发了一种素食库纳法，称为"香蕉纳法"。它是用椰子焦糖、香蕉和芝麻酱做的，灵感来自她最爱的香蕉太妃派，后者是一种20世纪70年代的甜品，英文名banoffee是由"香蕉（banana）"和"太妃糖（toffee）"两个词组合而成。此外，阿勒索菲家还聘用了年轻的叙利亚难民做厨师。

多伦多市内也有一直期待叙利亚餐饮浪潮的美食爱好者，他们关注的是皇冠甜点店（Crown Pastries），这是近年来首批开业的叙利亚餐饮店之一，人们饶有兴致地想看看它会如何发展。这家小小的甜点店开在士嘉堡区东郊的沿街商区，夹在赛百味（Subway）和一家清真奶酪牛肉三明治店中间，它于2015年开业，一直都被视为多伦多最好的叙利亚甜点店。漂亮的酥皮点心吸引着进入店里的所有人，并使店铺显得更加立体。成堆的果仁蜜饼有不同的形状和大小，有的像雪茄一样被堆成小屋，有的呈三角形，垒成金字塔的样子；盘旋的细丝组成鸟巢的形状，中央放着鸟蛋般大的开心果；名为"哈拉薇吉本"的点心是一种蛋奶包心甜酪卷；"马弗洛卡巧克力"则是一种浓巧克力糕饼，上面盖着厚厚的一层开心果、杏仁和腰果。

皇冠甜点店的店主是拉苏尔·阿勒萨哈（Rasoul Alsalha）和伊斯梅尔·阿勒萨哈（Ismail Alsalha），两兄弟来自叙利亚的阿勒颇市，当我第一次遇见他们时，正逢叙利亚战争最激烈的时段，阿勒颇正一点点地崩塌成废墟。两兄弟的祖父自1980年起就经营着自己的面包店，店名为贾迈勒（Jamal）。拉苏尔在那里工作，学习如何擀面以及平衡黄油和坚果甜度的精湛技艺。"这是制作叙利亚果仁蜜饼的关键，"他告诉我，"你应该会尝到黄油和坚果的味道。它和黎巴嫩或希腊甜点用的糖浆和糖不一样。"2008年，他们的祖父去世了，叔叔接管了家族面包店，而拉苏尔决定自己开店。

"我想要属于自己的东西，"小店里只有几张桌子，拉苏尔坐在其中一张边上，像往常一样交叉双臂，"开一家面包店，这是我的梦想。"他的眉毛短粗浓黑，发型几近平头，天天揉面所以胳膊粗壮，整个人带着一种冷漠寡言的气场。2008年夏天，拉苏尔和一位朋友在叙利亚开了最早的皇冠甜点店，店址在阿勒颇的老城中心，两人投入了2万美元，那时候他只有21岁。甜点店的生意还不错，但它只是阿勒颇众多果仁蜜饼店中的一家，因此很难获得关注。

伊斯梅尔那时19岁，正在伦敦留学，恰巧家中发生了两兄弟都不愿意提及的一场变故。离战争发生还有两年，但这场变故足够可怕，以至于全家人在两周后便登上飞机，飞到了多伦多，在加拿大申请了难民身份。"我们只是想去个安全的地方。"伊斯梅尔说。他笑容灿烂，比他哥哥高一点儿，两侧的头发剪得很短。他们抵达多伦多时，除了衣物外，只有拉苏尔口袋里的20美元。甜点店留给了阿勒颇的那位合伙人。我问他们，连夜舍弃甜点店是什么感觉。拉苏尔说："很残忍，因为那是你正在搭建的梦想。"在那之后，伊斯梅尔很快入学，在一家社区大学学习服务管理，而拉苏尔在一家黎巴嫩面包店找到了工作，赚钱养家糊口。

"不到一周我就有一种感觉。"拉苏尔说。他知道他将在多伦多重开皇冠甜点店，只是时间问题。整整一年他都没有谈及此事，甚至也没和伊斯梅尔说。他只是每天打工，埋头苦干，早晨5点起床，搭乘公交往返4个小时，一张一张地擀出薄生面饼，涂油，卷叠，一整天都为微薄的薪水做着烘焙，然后回家，快速吃饭，最后在筋疲力尽和沉闷中倒头睡去。"我清楚我的手艺，"他说，"而且我很认真地工作，但是给我的薪水并不公平。"

人们对拉苏尔说，他要花很多年，甚至几十年，才能存够钱去开一家店、买一栋房子安顿下来，他也只能把自己的梦想往后推迟。战争摧毁了拉苏尔的过往。他对我说："我们认识的所有人要么被杀了，要么搬走了。"阿勒颇的皇冠甜点店被遗弃在了瓦砾中。他别无选择，只能重新培育自己的梦想。2015年，他存了2.5万美元，又用信用卡借了2.5万美元，和伊斯梅尔一起在多伦多重开了皇冠甜点店。新店几乎完全复原了之前那家店的模样，包括容器摆放的位置、入口的镶嵌地砖以及金色的皇冠标识。

我问两兄弟，拿多伦多不稳定的生活来打赌重新开店，是什么感觉。"感觉太棒了，"拉苏尔说，"感觉自己的梦想开始一点点实现了。"伊斯梅尔用训斥般的眼神看着他哥哥，提醒他要记得最初开店时的压力。那会儿他们每晚只睡3个小时，每天都在办理执照、施工、处理无穷无尽的开销和麻烦。"当你要开一家店时，你就是把你所有的过往、未来、存款和信用都押到了一个点上，"拉苏尔张开双手比画着整家小店，"你押上你所有的人生。那感觉很可怕。所有的一切都在这儿了。"

"这个生意就像我们的孩子，"伊斯梅尔说着，拍了拍兄长的肩，"它就像是家庭的一员。"

皇冠甜点店不是唯一一家在加拿大重生的叙利亚餐饮店。1986年，伊桑·哈德哈德（Isam Hadhad）在大马士革的自家厨房里开创了哈德哈德巧克力店（Hadhad Chocolates），而后慢慢把公司发展成了中东最大的巧克力生产商之一。2002年，伊桑开了一家大规模的制造工厂，以满足日益增长的向国外市场（包括欧洲）出口的需求。但是工厂在2012年9月突然迎来了自己的结局，叙利亚政府的突袭炸掉了工厂。当时工人们恰好下班了，因此没有人在爆炸中死伤，但生意却完全被毁了。

伊桑的儿子塔里克·哈德哈德（Tareq Hadhad）是一位训练有素的医生，他说："战争会摧毁一切，它不在乎你的立场。"爆炸之后，这家人在大马士革又待了6个月，感觉自己就像海里的鱼，不知道应该去哪里，也不知道该做什么。他们的一切都在叙利亚：过往、亲朋、投资、生活。"那是我们的家乡，我们的祖国，我们觉得战争会很快结束，"他说，"我们竭尽全力想留在叙利亚。"一天，塔里克和自己的兄长走在回家的路上，一枚火箭弹落在了他们旁边。两人都没有受伤，但周围却变成了一片瓦砾。他们跑回家，召集家人，说："现在不是做生意的时候……是生死存亡的时候。"生意完了，但他们能活下去。他们越过边境，逃到了黎巴嫩。

2015年，个人资助者将他们带到了加拿大新斯科舍省的安蒂戈尼什，一个居民不足五千人的小镇。哈德哈德家原本认为他们最后会迁到多伦多，或者至少搬到哈利法克斯市，但安蒂戈尼什的社区热情地欢迎他们，给他们找了住的地方，甚至还给孩子们送了冬衣，这份温暖让他们想要回馈。而他们能做的就是制作巧克力，于是就这么做了。"我们被带到这里是为了创造些什么，就这样离开他们去别处，是一件很可耻的事。这个城镇需要医生，但同时也需要现有的岗位，"塔里克在和我通话时说，"我们来这里并不想夺走别人的工作，我们也不需要政府的支持。我们带着手艺和经验来到这里，我们可以自己创造。我们只需要一扇敞开的门。"

2016年，哈德哈德家在自家厨房开始了这项副业，并迅速扩展成了小镇中心的一家小工厂。他们把店命名为"巧克力和平"（Peace by Chocolate），因为他们最珍爱的就是和平。塔里克说："没有和平就不可能做生意。我们知道那种滋味，我们知道用整个人生建设的一切被瞬间毁于一旦的滋味。真的，和平就是这么脆弱，所以它是珍宝。"2018年，巧克力和平在加拿大全境迅速扩大销路，每年生产300万块巧克力，工厂中安蒂戈尼什的本地雇员有35人。2018年的头两个月，他们卖出的巧克力是2017年销售量的总和，并且开始把产品出口到了美国。一位加拿大宇航员甚至把他们的一块巧克力带到了国际空间站上。

无论是定居在加拿大的哪里，叙利亚的创业者们似乎都在烹饪并贩售食物。卡尔加里的沙赫巴烤肉快餐车、纽芬兰圣约翰市的中东咖啡屋、温哥华的开心果餐馆、安大略省小城彼得伯勒的绿洲地中海烧烤、北部矿业城市萨德伯里的大马士革咖啡面包屋，这些都只是其中的几家。2017年夏天，我很惊讶地在安大略省小镇米福德的一个农贸市场上找到了一家叙利亚人，他们在用一个折叠桌卖餐点。阿勒谢伊尔餐饮店（Al Sheayer Catering）由两兄弟及两人的妻子经营，他们烹饪叙利亚的经典小吃，包括葡萄叶卷辣米饭和中东熏茄子泥。我遇见他们的第一个夏天，只有其中一位女士能讲简单的英文，而且英文手写字也是匆忙照谷歌翻译抄下来的。第二个夏天，他们提供的餐盘更多了，并且有了自己的包装风格，另外菜单也更丰富了。兄弟俩中的一位解释说，他们现在每周在好几个农贸市场和餐饮店打工，而且很快就能离开岗位，开一家餐馆了。

无论叙利亚移民在何处安家，都有相同的故事在上演。在世界的每个角落，从辛辛那提到斯德哥尔摩，从圣保罗到加沙，这些城市都有叙利亚的餐馆、杂货店、宴席公司和招牌食品店，它们如雨后春笋般涌现。自战争伊始，有超过100万的叙利亚难民抵达德国，他们开办了你能想到的每一种食品生意，包括简单的沙瓦玛烤肉和沙拉三明治摊位，以及由前大马士革名厨经营的高档饭店。甚至有一位叙利亚厨师开了一个施食处，为德国的流浪者提供服务。

这类创业者主要聚集在叙利亚邻国，这些国家及其城市收容了最多的战争难民。在安曼、伊斯坦布尔、安卡拉、贝鲁特，甚至巴格达，叙利亚创业者们在这些地方向难民同胞及本地人贩售食物。这一点在约旦马弗拉克省的扎塔里难民营尤为明显，这个难民营最多时曾容纳超15万名叙利亚难民，使扎塔里成为约旦的第四大城市。满是灰尘的临时帐篷和棚屋在一片荒芜的沙漠上蔓延，一般难民营里存在的问题在这里也无法避免：人口密度大、环境不卫生、频发的犯罪事件和无法褪去的绝望氛围……但创业精神却依然俯拾皆是。扎塔里以自己的商业街为荣，它的昵称叫"叙榭丽舍"，在巴黎著名的购物街名字上加入阿拉伯语的"叙利亚"的发音。人们几乎可以在这里买到他们想要的一切——电视、卫星天线、电脑、手机、衣服和美妆用品。但大多数供应商卖的都是食物，从披萨和烤羊肉串，到温室里种植的新鲜农产品。这些温室是营里的难民拼凑搭建起来的。

2016年到2017年是土耳其难民危机最严重的时期，联合国管理人员奥赞·恰克马克（Ozan Cakmak）对此回应称："鉴于危机初期的本质问题，我们将这种创业称为'幸存者创业'。你被迫离开叙利亚，没有时间拿到身份证明文件，没人知道你在自己的国家曾是做什么的。每个国家对移民和难民都有自己的评判。你需要收入，而你有技能。人们的品位都大同小异，因此你可以竭尽所能从中创造出生意。"

这种创业并不是计划性的，从法律层面上讲，也往往没有得到批准。尽管联合国援助项目和非政府组织会在难民营里帮助人们启动生意，但大多数生意都是一夜之间突然冒出来的。"你会看到布告板上用阿拉伯语宣传果仁蜜饼之类的食物，"恰克马克说，"凭借这种方式，你可以轻而易举地进入市场。"人们做这些生意既不是为了变富，也不是因为得到了投资。他们纯粹只是为了生存，因为只要能够离开难民营，他们绝不会想多待一分钟，而且这些生意大部分都会被卖给下一批代替自己的难民。

对于许多难民而言，进入创业模式主要是为了获得某种形式的经济生活，这也被称为"推动因素"。一般来说，许多创业者是被一个令人无法抗拒的诱人理念吸引（这也是创业神话的浪漫核心）来创业的，和这些人不同，被推着向前的创业是由需求驱动的，这样的创业通常是因为别无选择，移民就深受这个问题的困扰。在迁移到加拿大的头十年，移民中超过一半的人处于失业状态。2013年的一份政府报告表明，新近的加拿大移民中有超过1/3的人处于贫困状态，在多伦多和温哥华这样的移民密集城市更是如此，在这些城市里，半数居民都来自海外。哪怕移民们都是大学毕业，而那些本土加拿大人只有高中学历，失业情况也一样存在。在有固定岗位的移民中，只有25%的人是在自己的专业领域内工作，而本土市民的这一比例是60%。移民的知识及才能的浪费现象渐趋严重，以至于决策者专门为此创造了一个名词，"人才浪费"。

移民在加拿大就业如此困难的原因有很多。他们缺少本地求职者拥有的专业社交网，而且他们对本地市场和工作实践的认识有限，这很好理解，何况还有语言上的障碍。许多职业受工会和行会保护，它们会设立严格的准入屏障。我有两个朋友，他们在墨西哥和以色列分别都是很成功的律师，但在他们搬到加拿大后，先前的经验在本地法律从业者眼中却变得毫无价值。两人都不得不在四十多岁的时候付高价重返法学院学习，同时还要抚养年幼的孩子，最后还得和25岁的年轻人竞争同一个初级岗位。加拿大的农村社区正因医疗工作者的短缺而困扰，但同时，该国也有超过半数的移民医生没有在医疗行业从业，塔里克·哈德哈德就是其中之一。虽然有些资深的专业人士能够在相关领域找到工作，但你也会常常遇见工程师、建筑师甚至急诊室医生在开出租车，或者在经营自家的餐馆，因为他们发现其他就业的大门对他们都是关闭的。最令人沮丧的是，许多移民被允许在加拿大定居的原因是他们在故土的专业工作经验和教育背景，可事实证明，一旦他们进入加拿大，像胡萨姆·阿勒索菲这样的土木工程专业学历和25年的度假村服务业经验就变得一文不值。

因此，移民被推向了创业领域，因为这是重新开始的最优选择。我的家庭也是如此，19至20世纪，祖辈们离开分化已久的奥匈帝国[1]一个偏远的犹太小村，来到蒙特利尔。他们在这里贩卖烟草，裁剪衣物，在这个城市迅速发展的犹太旧农业中勉强挣一口饭吃。我妻子的外祖父母从大屠杀中幸存下来后，就一直在做这些事。塞夫克和马里莎（后来改名叫山姆和马莉）在多伦多买下一家街角的商铺，卖各种能卖的东西，后来卖掉了商铺，买下一家文具店。接着，山姆买了一辆小货车，驾驶它去各个农场收购家禽羽毛，包括鹅毛和鸭毛，最后他们又转行开始处理废金属。

这些生意里没有一项符合我们赞美的硅谷创业神话的标准，也没有人因为这些生意而变得非常富有。"只是为了谋生。"马莉曾经这样告诉我，她的耸肩动作里还能看到一些犹太人的影子。创业让他们买上了房子，能给两个孩子买衣服和食物，能去佛罗里达州度假，把6个孙辈宠坏。最后逝世时，他们没有一分钱债务，也没有一分钱存款。创业让这两个在波兰奥斯维辛集中营失

---

1 1868年后，匈牙利获得了自治权，奥匈帝国内部分化为由原属奥地利人统治的内莱塔尼亚，和由匈牙利贵族统治的外莱塔尼亚。

去家人的人实现了梦想——过上能改善社会地位的中产阶级生活，而这几乎是每个远渡重洋而来的移民的愿望。

移民创业者们开办了各种各样你能想象出来的生意，不过食品在他们的创业之旅中占据了非常庞大的比例，关键原因有以下几点。每个人都需要吃饭，如果你能做出更美味的餐点，那你至少就有了成功的基础。如果还有来自同一文化背景的其他移民，那这个市场就有了一个明确的起点。土耳其出生的穆斯塔法·科奇（Mustafa Koç）是多伦多瑞尔森大学（Ryerson University）的社会学教授，研究食物与移民的交集，他说："食品生意相当便利。来到加拿大的许多移民都会想，移民们需要什么样的服务……他们会寻找自己生活中缺失的东西，以及什么更容易获得。有什么生意不需要百万投资，只需要付出很多劳动就能做呢？正是因此，他们才进入食品行业。他们知道有很多像他们一样的移民在寻找熟悉的故乡食物。'我为什么不开一家叙利亚食杂店呢？'他们就是从这样一个想法开始的……一旦上了轨道，别人就会说，'这个行业有钱赚！'于是移民们就一个接一个地开始做起了食品生意。"

就如阿拉·阿勒索菲渴望做出正宗的叙利亚曼拉伊什烤饼，又或是拉苏尔·阿勒萨哈对当地卖的果仁蜜饼感到失望，这些个人的期望，就是一个"小叙利亚"的起点。科奇在多伦多各处都能看到这样的事：20世纪40年代，整条士巴丹拿道上都是欧洲犹太人开的熟食店、面包店和犹太餐厅；50年代是安尼克斯区的匈牙利人；70年代是丹佛斯大街的希腊人；80年代则是搬进唐人街的越南人。一代又一代。"在发生规模较大的难民潮时,这一现象尤其显著。"他说,"他们很可能大量涌入,而后构建一个市场。把2万叙利亚人带到多伦多,便创造了一个市场!仅仅是接待这群人,便能创造出一种新生活。这需要基本的人类技能、细致入微的态度、以及许多苦功夫……而这些因素,难民们拥有很多。所以门槛其实很低。"

在某个国家的第一批移民到达之后的几年里,你会看到一个社区里出现了由移民创业者组建的经济网,它可以满足彼此产业所有的合理需求,这使得移民的下一代更有可能也成为创业者。新饭馆需要特定的产品,因此会有人经营进口和分销的生意;有人必须搭建餐馆和店铺,于是社区里就有其他移民开办了一个建筑公司;这又促进人们建立不动产企业来销售和租赁商用地产,但这需要资金;而由于本地银行不会给新来的移民贷款,所以移民们又组建了贷款资金池,帮助其他移民创业者获得运营资本。正如索菲餐厅和皇冠甜点店雇用了其他叙利亚人,这些产业又为新来者提供了岗位,而这些雇员中又有许多人最终会决定自己创业,可能就在这条街的另一头,或在这个城市的其他区,又或是这个国家的另一个地方。

"早期开拓者为其他创业者建立了整个经济生态系统。"杰弗里·皮尔彻(Jeffrey Pilcher)说。他是多伦多大学的食品史教授,此时正和我一起在苏比斯卡餐馆(Subiska Foods)里对着一块巨大的酥皮多莎饼聊天。这是士嘉堡区的一家南印度餐馆,离皇冠甜点店不远。皮尔彻指出,这不是什么浪漫的历程或仁善之举。

剥削无处不在。定居更久的移民更会充分利用天真的新来者。有时候，这些经济网就像充分润滑的机器，它们会发展成熟直至每个人都能受益。"这些离散的网络寻找机会，不停地移动。这一复杂生态系统的首要问题是，'作为一个社会单元或大家庭，我们如何才能做到最好？'"

这些由创业者组成的网络在地域上不断延伸、经济规模不断扩大，一代比一代强大，直至他们在许多行业都成为不可忽视的重要经济角色，直至他们融入。从外来者变成归属者的社区神话体系得以建构。想一想东非的黎巴嫩商人和伊斯玛仪派店主，伦敦的希腊餐厅老板，全美各地的古吉拉特汽车旅馆老板，还有多伦多各地的意大利房产开发商，便能够理解了。

在多伦多一次关于叙利亚移民的活动中，我有幸就移民创业者对加拿大的价值问题询问了加拿大移民及难民部部长阿马尔·哈桑（Amar Hassen，他十几岁时作为难民从索马里来到加拿大）。"他们真的很重要，"他说，"特别是要看到移民在这里创建的大小企业数量。研究报告会告诉我们，移民们承担着风险，满腔热忱，企盼着能在加拿大创办企业。"接着，哈桑发表了流利的鼓动性演说，向移民们推荐了政府的科创公司计划，并鼓励其参与进来。

主张技术移民的人尤其喜欢这样的故事，这些人还特别喜欢提及硅谷近一半的公司里都至少有一位移民创始人，比如谷歌的谢尔盖·布林（Sergey Brin）和特斯拉的埃隆·马斯克都是移民。在种族民族主义横行西方的时代，人们喜欢围绕"钱"对移民展开争论。比如我们应该准入移民，因为他们开办企业，创造岗位，能有效地为我们赚钱，其数额远远大过他们为了融入我们的社会所支付的开销。但也存在一些毫无同情心的愚蠢论点。那些想把移民排除在外的人，这么想可不是因为考虑了与劳动力市场供应有关的理性经济因素，而是因为他们不喜欢**某些**移民群体，通常这些人样貌和他们不同，信奉的神不同，讲的语言也不同。这就是大多数人说的"种族歧视"。

移民不只是经济产出的一个单位，我们不应该根据创造岗位的能力来评判移民创业者，因为我们对本土出生的创业者没有这么高的要求；我们也不应该把他们看作解决发达国家人口老龄化问题的手段。从根本上说，移民创业是人类变革及赋权的一种途径，我们可以从中学到许多关于创业精神的知识，这远远超过赚钱的知识。而开启这一途径的，是创业者改造自身的能力，这种改造能力超过了生存环境逼迫其产生的变化。

维韦克·瓦德瓦（Vivek Wadhwa）是一位成功的软件公司创业者及学者，作为卡内基梅隆大学（CMU）的杰出人物，他的演讲与著作的主题都是关于硅谷的移民创业。他说："移民创业不仅是一项经济需求，同时也是社会需求。"20世纪70年代末，又穷又饿的瓦德瓦从印度来到克利夫兰，那时他睡在基督教青年会里。虽然最后取得了巨大的成就，但一开始的窘迫始终令他难以忘怀。"总有些东西需要你去证明，"他说，"你会觉得自己是低下的。人们总是问你，'你从哪里来？'这个问题让人厌烦透了。"无论你去的地方是美国还是加拿大，是日本还是坦桑尼亚，只要你是个外国人，是个移民，别人在某种程度上就会觉得你是个下等人。"你说话和他们不一样，样貌也不一样。于是你的心底会产生强烈的意愿，想要奋起，超越这一切。风险因素算什么，你有奋起的动力。"

在索菲餐厅开业的8个月后，一次我顺便到店里拜访，一边享用咖啡和库纳法，一边和雅拉聊天。她和我夏天遇到时一样，还是那个活泼的女孩，但是在谈话时能明显感觉到她心绪不宁。她告诉我，自己一直睡不好，生意上的压力越来越大。"我爸爸会叫我放松一点，但我脑子里总绷着一根弦，在提醒自己必须成功，"她说，"对我来说，这个生意对我们一家人而言都是个新开始。我爸爸还活在过去，纠结于他在沙特阿拉伯的公司股份。所以对我而言，让这项生意走上正轨，走向成功，就可以弥补我们之前所蒙受的损失。"

"推动我向前的是紧迫感，"雅拉的声音一向柔和，所以强调这个词的语调尖锐得让人吃惊，"让这项生意成功是唯一的选择。我们有一个全新的开始，移民和本地人的区别是，我们来到一个新国家，有着新的想法，认为只要努力工作，步履不停，我们就能成功。但同时，失落感让我们想要重新抓住些什么。我想，如果我的父母只是搬到这里，我们也只往店里投入一部分而不是全部的积蓄，那生活可能就没那么紧张了。但环境把我们推到了这个境地，创业开餐馆不是一份业余项目。如果它不起作用，我们就无能为力了。正是这一点在不断地推动着我们。"

事实上，这强烈的意愿存在于每一个与我交谈的叙利亚创业者身上，存在于我多年来在各地采访的数十位移民饭店老板的身上，他们把从前的人生抛在身后，来到加拿大，重新开始。移民们开店不仅仅是为了赚钱，他们有一些作为创业者需要证明的东西，而这种证明需要他们永远不能放弃，无论获得了多大的成功。这一点对穆罕默德·法基（Mohamad Fakih）来说也一样，他可以说是加拿大最出名的阿拉伯商人，将一家破败的沙瓦玛烤肉摊变成了全球商业帝国，旗下有超过50家派拉蒙饭店、食品商店以及其他生意，业务遍及加拿大、美国、英国、黎巴嫩和巴基斯坦。

法基刚从黎巴嫩抵达加拿大时，只能发着抖住在一间没有暖气的地下室公寓里，白天他在一家珠宝店工作，晚上又去甜甜圈店打工。15年后的他，穿着定制西装，戴着劳力士手表，外面还停着一辆奔驰S级豪华轿车。他坐在这里回忆着："那时我冻哭了，因为实在太冷了，我也没有厚外套。"尽管如此成功，或者正因为如此成功，法基依然觉得需要证明自己。"你得不断地让世界认可你的地位。哪怕20年过去了，手下的员工超过2000人，我也依然觉得要证明自己是合理地取得了自己现在的地位，证明它是值得的，"他说，"一旦移民，你就会失去一些东西。比如家的感觉和归属感。我必须去弥补这些。"

某天早晨，我拜访了一家名为"泽扎芬"（Zezafoun）的小店，这是一家刚开业一个月的叙利亚餐馆，离我在多伦多市中心上小学的学校很近。我随着阿拉伯流行乐下楼走进地下室，看到老板之一，31岁的迪亚拉·阿勒艾德（Diala Aleid），她穿着闪亮的凉鞋、短裤和背心，正在切洋葱碎。餐馆另外两个老板是她的妹妹玛塞勒（Marcelle Aleid）和母亲约拉（Yolla Aleid）。战争爆发时，迪亚拉的父母在大马士革当老师，姐妹们在伦敦和阿联酋的电影和电视公司里工作。其中一个姐姐很早就已经在多伦多生活了，因此2014年全家都搬到了这里，并申请避难。

在那之后，迪亚拉在蒙特利尔的几家电视节目中担任过助理，给汽车经销商做过会计，后来的几个月"坐在家里花着自己的存款"。迪亚拉的母亲本来是叙利亚的一名美术教师，来加拿大后接受培训做了一名美发师，但她讨厌这份工作。迪亚拉在求职过程中接连遭到拒绝，连令她大材小用的最简单的零售工作机会都没能获得，这最终令她患上了抑郁症。"我最后说，'这样下去不行。我这个年纪了，却只能不停地换工作。'"迪亚拉想起了她青少年时期的梦想——开一家餐馆，为电影及文化爱好者提供聚集地。她意识到，这个梦想在多伦多也许会开花结果，"是时候亮出一些新鲜玩意儿了。"

于是，"泽扎芬"诞生了。这个小餐馆的名字取自一种椴科植物的花。迪亚拉姐妹和她们的母亲每天在这里工作，切欧芹，烘皮塔面饼做黎巴嫩沙拉；炒洋葱，加入小扁豆和米饭煮成穆贾达拉饭；用小茴香、姜黄和其他香料腌制鸡腿，做沙瓦玛烤肉，这些已经变成了他们店最畅销的食物。在这小小的、炙热的空间里工作十分辛苦，她们用对讲机在大厅和地下厨房之间交流，而她们住的地方离这儿有近2个小时的车程。钱总是不够用，未来也不确定，但这一家人在这里创造了这种大马士革风味的生活，以创业者的身份重生，并重拾自尊。

"创业者就是并不满足于仅仅活着的人。"迪亚拉一边说着，一边从一个塑料容器中取水。创业者必须热爱分享，因为当你开办一家企业，尤其是作为移民在一个始终追寻新奇美味的城市开办一家餐馆时，你便是为城市添加"新的灵魂"。移民创业者正是因此而变得独特，因为这个"新的灵魂"与他们的境遇紧密相连。在多伦多，迪亚拉到处都能看到全新的餐馆，有由投资人的巨额资金支持的，有花费数百万美元做装修的，也有提供毫无灵魂的Ins风食物的。而阿勒艾德家的泽扎芬只用了自家的存款、辛劳的汗水以及自己的身份。

"我们几乎是白手起家，自己来干，这让我重建了信念，我们可以凭借天赋、激情和愿景来做到一些事，"迪亚拉说着，用一只手把一盘塞满碎小麦、洋葱、松子和香料的番茄快速放进了小烤箱，同时用另一只胳膊擦了擦前额的汗，"从一无所有开始，自力更生——这对我来说是真正的创业精神。"在店铺开张之前，迪亚拉曾崩溃、抑郁，只想奔回阿布扎比，重归她在媒体公司的旧生活。她失去了勇气。但现在呢？"感觉就好像是复活了……重获新生。我在做我自己热爱的事。我不想去其他地方了！我想把这事做得更好。现在我终于觉得安定下来了，这感觉已经丧失了很多年，对我来说它非常宝贵。"

在楼上，妹妹玛塞勒用智慧、魅力和独特风情为一大批午餐顾客服务。她欢迎着来到她们的"餐馆"及"小叙利亚"的每个人，为客人解释她们所做的菜以及为什么她们的扁豆汤世界第一，还有柜台上的夹馅腌茄子叫什么（马克杜斯油酿茄子）。"你想来一点碎羊肉饼吗？"她睫毛闪动着问着穿西装的客人，"我们有非常好吃的羊肉饼！"当店里稍微不那么忙时，我把问她姐姐的问题又对她问了一遍。成为一个创业者是什么感觉，尤其是作为一个移民？

"现在我觉得有归属感了，"她说，"到了一个新地方，还要证明你自己，这会耗尽你的自尊。但我现在创造了自己的家。"她打包好一个沙拉三明治，跑进雨中去把它送到附近的店铺，一边回头向我喊："这是我的王国，现在由我制定规则！"

每一家商铺，每一个小店，每一个摊位，我在多伦多遇见的叙利亚创业者一步一步地按自己的模式重建曾失去的故乡。创业的过程涵盖了不同的个人与集体，他们曾因宗教、种族和宗派的不同而被割裂，但这个过程令他们以顾客和合作者的身份重新聚集在一起。在那些厨房里，基督徒与穆斯林一起工作，德鲁兹派和雅兹迪派与什叶派和逊尼派一起工作，富裕的大马士革城里人和贫穷的文盲乡下人一起工作。有一个叙利亚女性烹饪团队经营着名为"新来者厨房"（Newcomer Kitchen）的餐厅，其中一位女士告诉我，她曾看着自己的兄弟被ISIS射杀，在这里和其他女性一起烹饪美食能够抚慰她心中的创伤。

叙利亚创业者正在这些餐馆、面包店和小吃摊上修复自己破碎的世界。对于像皇冠甜点店的拉苏尔和伊斯梅尔这样的人来说，能够疗愈他们的，就是在离家乡万里之外的地方，努力创造真正的、最高等级的叙利亚风味。他们坚守严格的标准，只使用最好的材料，甚至付给走私者数百美元，让他们能得到从叙利亚带回的鲜红玫瑰花水和小豆蔻风味的咖啡豆。他们在此所做的一切，都是为了搭建一座桥梁，连接破碎的世界，任何不够格的行为都将有辱他们对抛在身后的那个世界的回忆。只是，哪怕战争结束了，他们可能也永远不会再回去了。

也正是因为这样，雅拉·阿勒索菲和她的家人才对索菲餐厅如此自豪，让索菲餐厅始终带着挑衅意味的叙利亚风格，而他们本可以很容易地成为另一家"中东"餐馆，提供某些顾客可能期待的西式主食，如沙拉三明治和沙瓦玛烤鸡肉。这曾是一种乐观的信息，也是一种重新获得被暴力夺走的东西的方式。一个秋季的温暖午后，我和雅拉的家人们坐在餐馆后的露台上聊天。雅拉说："你问大多数人关于叙利亚的印象，他们都会提到'战争'和'流亡'。一般人对叙利亚的态度都是消极的，因此我们有意识地打出了叙利亚风格的招牌，并且它是明亮又轻快的。我们想要告诉人们，哪怕叙利亚的境况非常悲惨，以一种积极的态度去展现它的文化、音乐、艺术和食物，也是非常重要的。"

"告诉人们我们不只是受害者，这一点很重要。"雅拉的妈妈沙赫纳兹说。现在她的英文已经说得非常好了。

经营了一年后，索菲餐厅一直在成长，不过仍未盈利。胡萨姆耸耸肩，弹了弹香烟说："每个人都说餐饮业很难做，我应该被吓跑……他们说得对。"事实上，斋戒月在开业的第一个夏天就开始了，着实影响了销售额。[1]总的一算，他估计他们已经投资了近

---

1 伊斯兰教的宗教礼仪中回历9月是为期30天的斋戒月。在斋戒月中，日出后教徒不能吃饭、喝水，日落后才可以自由吃喝。

32.5万美元。但他们的计划是要把连锁店扩张到不同地区，通过增加商业体量实现发展，所以胡萨姆并没有气馁。他有一些东西要证明……向那些赖账的沙特阿拉伯合伙人证明，向他的家人证明，向新的国家证明，向他自己证明。他开玩笑说，如果失败了，那他们就买一辆房车，全家人开车环游加拿大，一路烹饪一路野营（这是他的新爱好）。当我建议说他们也可以找工作时，胡萨姆大笑起来。

"找工作？"他一边说一边拍桌子，把烟灰都震了起来，"我来到这里就没有一次想过要找工作！"

"那是后退变回雇员。"阿拉跟着说。这是事实。

"除非我实在没办法了，否则我不会这么干的。"胡萨姆说。

我听过许多叙利亚创业者表达这样的想法，只是说法不同。阿米尔·法塔勒（Amir Fattal）和妻子努尔（Nour Fattal）一起经营着一家名为"贝罗厨房"（Beroea Kitchen）的小餐饮店。自从离开叙利亚，阿米尔就立志要白手起家，他先是在伊斯坦布尔为其他难民开饭店和语言学校，现在又开了贝罗厨房。他把创业看作他们在加拿大展开新生活的条件，没有商量余地。"我们来这里不是为任何人工作的，"他说，"我们是来这里发展自己的。我也这么教导孩子们，要有自己的理念和事业，这样你就能自负盈亏。"

这很有道理。创业比任何其他事物都更能代表一定程度的自由，这种自由和移民经历错综复杂地联系在一起。当你离开旧世界时，你会失去很多东西：家人、朋友、资产、事业、过往。而你的收获也基本上是不确定的。从经济角度上说，移民创业者的成功程度胜过所有其他自力更生者。他们大多数人起步时的资源更少，对当地商业文化与环境的认识和联结也更少。尤其在最初的几年里，机遇总是不关照他们。而且，由于一切都与事业绑定，一旦事业失败，生活也容易垮塌。

赵莉莉（Lily Cho）是多伦多约克大学（York University）的教授，曾撰写过加拿大中餐馆家庭的经历。"如果移民的创业不成功，就会加重他们的异化，"她说，"如果你觉得自己没有立足之地，那么曾经拥有而后失去的感觉会糟糕得多。"赵莉莉有这样的亲身体验。她父亲一生都在追寻商业冒险，但都没有成功。他们在育空地区开过饭馆，在卡尔加里开过珠宝店，还有在车库里养南美栗鼠的注定失败的创业计划。每一次失败都会带来消沉和沮丧，并使他们回归创业精神本应拒绝的低薪工作，赵莉莉的母亲甚至在七十多岁时还在工业自助洗衣店打工，既危险又辛苦。

但对于大多数移民创业者来说，冒险还是值得的，因为全新的开始能带来比经济收入更深刻的东西。某天下午，我对此有了一点领悟。在米西索加郊区的一个小仓库里，我受到了盛大的欢迎，一张桌子上高高地堆着新鲜的五香牛肉饼、草药碎奶酪、泡菜橄榄香肠炖菜和浓缩酸奶等其他各种美味的食物，它们都是凯文·达希（Kevin Dahi）准备的。

达希是在霍姆斯的一个基督教社区中出生的，过去十年一直生活在多伦多，在广告行业工作。但是去年，他放弃了高薪的工作，创办了精品酿酒厂"白色佳酿"（White Spirits），用加拿大原

料制作中东烈酒。他最擅长制作中东亚力酒，地中海地区的人都
用这种茴香风味的白兰地搭配食用上述的小食，他深深怀念这种
饮食习俗。我们吃吃喝喝，简直停不下来，达希一边向我解释了
他为什么放弃稳定的工作和安定的未来，要去做一名创业者。

"我想为我的孩子在这个国家创造点什么，好让他们能把这里
当作自己的家，"他说，"这样他们就不会想着要离开这个国家，
他们会觉得待在这里舒适，并且有安全感。"达希观察那些比他更
早来加拿大的移民，包括意大利人、牙买加人、中国人、埃塞俄
比亚人，他看到了深深扎在本地土壤中的根。这些根将儿孙辈绑
在了这片土地上。"我不想让我的孩子还有返回叙利亚的选择，"
他说，"我想待在这里。也许我能在死前把酒厂变成一个成功的企
业，或者是我的孩子们能实现这一目标，总归他们能有所收获。"

达希的孩子这时才刚刚小学毕业，但他非常坚定。"这是要扎
根的问题！房子、学校，它们都不重要，最重要的是收入来源。
你要从哪里赚钱。如果你的生活来源在此，你就不会想着离开。"
他从以前叙利亚的朋友、家人身上看到了这一点。那些在故乡当
地有企业的人通常是最后离开的，而且只有在工厂被炸或是被接
管的情况下才会离开，有些不幸的人还活不到那个时候。"我并不
想把我的孩子们锁在这里，但这是我让他们扎根的方式。"

不管企业规模如何、抱负大小如何，叙利亚创业者在世界各
地扎根。有妇女在周末的农贸市场摆小摊卖饼干，也有人意图创
造能与穆罕默德·法基抗衡的商业帝国。2018年9月，伊斯梅尔
和拉苏尔在机场附近开了第二家皇冠甜点店。它又大又漂亮，就

像一座豪华宫殿，有二十多个座位，甜点品类也更丰富了。在它开业数周后，我去店里见伊斯梅尔，他的笑容灿烂，脸上洋溢着自豪感。兄弟二人终于说服他们的未婚妻从土耳其来到这里，两对新人最近一起举办了婚礼，穿的是相似的深蓝色无尾礼服。9个多月后，伊斯梅尔的女儿和拉苏尔的儿子双双出生，出生时间相差不过12个小时。

现在，叙利亚社群和整个城市都把他们俩看作"果仁蜜饼之王"。人们在清真寺和他们打招呼，常常有人询问他们如何创办自己的企业。在一个渐渐壮大的叙利亚创业者群体中，他们是中坚力量。我问伊斯梅尔他是否已经有了家的感觉，他说："我想是的。"未来将有更多的店、更多的机会，不过自第一家甜点店开业至此才3年的时间（"漫长的3年"），他们终于感受到了安居乐业。"我们结婚了，我们有了一家新店，"他羞涩地笑着说，"现在，我们安顿下来了。"

阿勒索菲家也有同样的感觉。2019年夏季，他们开始寻找第二个店址，以便为发展中的送货业务提供更好的服务，并且他们还在准备发展一条包装食品线（来卖有包装的食用油及香料），以销售食品到全国的超市中。胡萨姆开玩笑说，他甚至都不再想念自己沙特阿拉伯的那艘游艇了，他的新欢是哈雷机车。他一人在着手开办一家可持续家居设计店，可以用上他的工程师经验。沙赫纳兹满怀骄傲地说起自己人到中年又开始工作的事，她重新训练自己成为一名厨师，兼一名创业者。她把餐厅称为自己的孩子。

"我们盈利了，我们有了常客。餐厅的创业真的开始变成了一件快乐的事。我们终于开始好好生活了，"胡萨姆一边对我说，一边深吸了一口烟，"一切都在好转。"

2019年10月，加拿大大选期间，人们在一个极端保守主义且反移民的政党竞选场地外围举行了抗议活动，阿拉参加了这次活动。而该政党的支持者和暴民团体在视频中认出了阿拉，开始威胁他和他的家人，以及索菲餐厅。在网上、电话里、邮件中，甚至在餐馆里，这些威胁以惊人的速度袭来。无以复加的憎恨和语言暴力无休无止。"对我来说，最容易想到的词就是'噩梦'，"胡萨姆回忆着，"它彻底改变了我们的生活。"他们变成了种族主义者和反种族主义者战斗的焦点，被死亡威胁信件轰炸。这样过了一周后，胡萨姆担心家人的生命和员工的安全，便宣布索菲餐厅永久关闭并即刻停业。他糊上窗户，锁了门，离开了。

抗议接踵而至。当地媒体、国家媒体，甚至国际媒体都报道了这件事，支持者的呼声压倒性地将憎恨淹没，源源不断流向阿勒索菲家。数百封电邮和信件从全国乃至世界各地发来，恳求他们重新开业，恳求他们坚持住，不要让种族主义得逞。鲜花、手工标牌和玩具堆在停业的店门口，使这里变成了纪念会场一般。接着，在自行关闭两天后，索菲餐厅又发出了一个惊人的声明：餐厅将重新开业，穆罕默德·法基和他的派拉蒙团队将为其提供管理支持，在阿勒索菲家平抚持续性创伤的过程中，法基一行人将帮助他们运营餐馆，而阿勒索菲家保留对餐馆的完整所有权，并从这一合作过程中获取所有利润。在一次匆忙召开的新闻发布会上，法基对聚集在餐馆里的媒体称，他觉得自己必须做这件事，这是为了对抗恐伊斯兰的种族主义，他作为一名创业者也曾经历过这样的事，这曾让他觉得无法在加拿大扎根。

在发布会后，胡萨姆·阿勒索菲站在屋后露台上，他的双手还在颤抖，他承认他依然不确定重新开业是不是正确的。威胁仍然存在，阿拉正在考虑为了安全休学半年，而胡萨姆对家人重回聚光灯下感到担心。不过，这个噩梦同时让他意识到了自己作为创业者而不仅仅是老板的身份。"开业时，我们告诉人们，这个餐馆里有家乡的影子，"他说，"同时，它也让我们有了家的感觉。它让许多加拿大人认识了我们。这里压力很大，工作繁重，但我们都爱它。为什么？因为我们要活在这个社会。在开餐馆之前，我觉得自己是个异乡人，我们都是边缘人物。但开业以后，我们开始在这个原本不相容的社会里交到了真正的朋友。这种感觉真的非常非常好。这个餐馆带来的最美的事，就是它让我们在多伦多、在加拿大有了一个家。"他停下来，又深吸了一口烟。家的感觉是很明显的，它体现在墙上贴的关于爱和支持的词句中；体现在排队的顾客身上——现在门外的人排成了长龙；体现在陌生人的慷慨中——有位邻居太太为阿拉举办了一次宴席，只为了表示她对他的支持。"我会为此抗争的。我不会躲起来，"胡萨姆说，"但老实说，可真是跌宕起伏。"这话让我想起一年前我和雅拉的一次对话，当时我问她，成为一名创业者感觉如何。她说："在这整个过程里，我其实完全没把自己看作一名创业者。"在她的概念里，创业者会提出宏大的理念，比如做一个新软件或新产品。她用硅谷"三圣"，也就是扎克伯格、马斯克和乔布斯举例，说把创业者这个头衔放到自己身上感觉很怪异，因为她只是帮助家人启动了一个生意。"但回头看，我现在意识到了，我们是一个创业家庭，"她说，"我们给多伦多引进了新的东西——叙利亚的菜肴和文化。"对她来说，成为一名创业者就是重塑精神的过程，这也是所有移民创业者都有的经历——搬迁，从头做起，重新开始，日复一日。

"创业是一个过程，这个过程没有尽头，"她说，"它取得成绩的方式就是不断前进。"

第三章

生活是一片海滩

清晨4点半，特蕾西·奥博尔斯基（Tracy Obolsky）枕边的闹钟响起，把她从睡梦中轻轻唤醒。她的丈夫亚历克斯·舍尼茨基（Alex Shenitsky）和家里的哈巴狗彭妮还在睡着。奥博尔斯基穿上泳衣，套上潜水服，在次卧里迅速抽完一支烟（名副其实的"烟室"），抓起冲浪板，走出了门。过了半个街区后，她赤脚踩上沙滩。细碎的波浪正沿着海岸线在百米外翻腾，日光从紫色的地平线下方隐隐透了出来。

奥博尔斯基划着桨游过沙滩浪，与海豹和海豚一起浮沉，直至充满希望的影子从海岸中出现。她将冲浪板掉头对准海岸，用强有力的胳膊猛划了几下……当大海在她面前舒展开时，她双脚踏上冲浪板站了起来，碧绿色的海水此刻染上了朝阳的粉红。

6点半，阳光破开了海面，奥博尔斯基也上了岸，脱掉了潜水服。她回家迅速冲澡，吃了一碗麦片，吻了吻还在睡的狗狗和丈夫。是时候再次走下两段楼梯，跨上她的海滩自行车了。她沿着可以眺望海浪的水泥栈道向前骑行，慢悠悠地在波涛边骑了10分钟（如果用滑板就要13分钟），最后停在了洛克威海滩面包店（Rockaway Beach Bakery）门前。

一进店，奥博尔斯基就换上了洞洞鞋，在毛边牛仔短裤和吊带背心外面套上一条围裙，开始工作。她加热烤箱，研磨咖啡豆，从原料箱和冰箱里拿出食材。接着她播放音乐，开始不知辛苦地、揉面、擀面、涂油，再一次滚动擀面棍，并一次又一次地在可颂面团上涂上黄油（除了冲浪外，这些琐碎的揉面工作也解释了她为什么会拥有笼兽格斗士般强壮的胳膊）。音乐从嵌在一块旧冲浪板中的扬声器中传出来——鲍勃·马利（Bob Marley）、霍尔与奥兹双人组合（Hall and Oates），还有更多的摩城音乐（Motown），皆是快乐的曲调。奥博尔斯基从一个塑料罐子里倒了一杯冷泡咖啡，一边喝着，一边准备几十种烘焙食品，有胡萝卜麦麸松饼和各种各样的烤饼、肉桂面包、水果派、乳蛋饼、酵母面包和佛卡夏面包、番石榴芝士丹麦甜糕……还有蛋糕和纸杯蛋糕、曲奇饼干，以及这个夏日的周六她想要烘焙的其他一切美味。

7点半，她最好的朋友以及"临时工"梅雷迪思·萨顿（Meredith Sutton）敲响了门。一时间，音乐更大声了，各种关于海浪、关于喝水的滑稽动作，以及一切打发时间的趣闻也层出不穷。她们给面团做造型，切水果，做饮料，准备营业。7点50分，特蕾西走到阳光下，拉起金属卷帘门，把一个广告牌放到了步行道旁，"天气不错"几个大字下面列着营业信息。她甚至还没来得及回到店里，第一批顾客就已经在等待了。又是如天堂般的一天。

对奥博尔斯基来说，天堂就是洛克威海滩，这是纽约市临海边缘的一个400米宽、1.7万米长的半岛，夹在大西洋和牙买加湾的湿地之间。如果你曾乘机抵达肯尼迪机场，这就是你会看到的第一片陆地，这里每隔60秒就有喷气机轰鸣着掠过上空。洛克威海滩理论上属于皇后区，不过它基本上是一个岛，通过多架桥梁和内陆连接。

我第一次发现这片海滩是在2008年，那时我住在纽约，从布鲁克林的公寓乘火车一路到底，终点站就是海滩90号街。走过两个街区就到了"滑板人"（Boarders）冲浪器材店，声音沙哑的老板史蒂夫·斯塔西斯（Steve Stathis）租给了我一块冲浪板。我再走过两个街区到达海滩，走过栈道，钻入巨浪中，浪拍碎在一块岩堤上，又往左侧退去。我一年来好几次，在夏季的人潮间冲浪，甚至圣诞节也会来，在冬日的节日里，于落雪中划行。

在那些日子里，冲浪后唯一能吃到的点心就是街角酒店的一片披萨或一块不怎么对味的三明治。不过，自我第一次在洛克威海滩冲浪后的10年里，尤其是在2011年11月超级风暴桑迪肆虐过这里后，一大波创业活动彻底地改变了这个地方。2018年夏天我回到这里，惊讶地发现海滩林荫大道边多出了许多新店。有餐馆和酒吧、小啤酒厂、咖啡店、冲浪器材店、精品服装店，除此之外，还混着美甲店、支票兑现摊点、担保公司等各种小店，它们定义了纽约市外围的创业街景。

一群新的创业者重新建设了洛克威海滩，但他们并不试图建造大型的企业，也不试图改变世界，又或去影响什么行业。大多数创业者并不富裕，他们也并不以发展成果或规模来衡量成功。相反，这些创业者之所以在这里做生意，是因为这能让他们在海滩之上开启新的人生。他们追寻着海浪，而不是退休。洛克威海滩的创业者们开创了生活方式型企业，因为生活方式就是他们的终极目标。

生活方式型企业这一概念存在许多矛盾，但本质上，这种企业的运营是为了给经营者提供生活费，并满足他们对生活方式的憧憬。这个词是由威廉·韦策尔（William Wetzel）在1987年创造的，他是新罕布什尔大学（University of New Hampshire）的创业教授，用这个词来描述无法产生足够多的经济回报以吸引外部投资的企业。韦策尔曾对一位采访者说："生活方式型企业通常由喜欢自己当家做主的人经营，当然他们创业也是为了获取收入。但事实上，生活方式创业者对成功的看法……不同于那些主要追求财富累积的创业者。"

从兼职收入来源到拥有数十名员工的正式法人企业，这一概念涵盖了相当多种类的创业活动。生活方式型企业及其创业者的范围广泛，比如我家街尾的水果店，有自己房子的包租人、楼上的瑜伽工作室、给店铺供应水果蔬菜的公司、把产品从大陆另一端拉来的货车运输公司、经纪人、托运人、农场主、包装工，等等，一直可以列举到我们说遍世界上绝大多数的实质创业活动。

生活方式型企业体现了创业者最本质的希望——做自己的老板；在合适的时候运用自己的天赋；每天醒来做自己决定做的事；自己耕种自己收获。无论梦想大小，围绕它建造自己的生活。

这一理念一直遭到硅谷、创业研究领域专家群体，以及更广泛文化群体的攻击，他们宣称生活方式型企业及其创业者没有足够大的抱负和对成长的关注，生产力低下，并且妨碍经济体的真正需求。在硅谷的创业神话中，"生活方式型企业"是一个贬义词，是被用来排除不值得投资的创业理念，因为它缺乏可扩张的企业的宏大愿景。对于一位向风险投资人推销理念的创业者而言，几乎没什么回应比"这听上去像一家生活方式型企业"更糟糕的了。这句话就像是死亡之吻，通常还带着轻蔑的语气，并且"生活方式"几个字前面通常有隐含的形容词——"小得不行"。

在采访风险投资人和创业研究学者时，我多次听到这样的论调。我之前提过，在每一次采访前，我都会请对方给创业者下一个定义，而他们全都会使用相当宏大的词汇。可当谈话渐渐深入时，他们总是会排除掉整个小型企业主群体，认为这些人配不上创业者这个头衔。有人说，创业者可绝对不是一个干洗店老板，另一个人说，也不能是面包店店主，或者哪怕是开办了"无聊的包装盒工厂"的人（这是跟一个有趣的包装盒工厂比较后得出的判断？），这些人不是**真正**的创业者。他们拥有的是生活方式型企业，或小型企业，或无聊的老企业。把他们和天才般、英雄般的企业创始人混为一谈，是对创业者这个名号的侮辱。他们的价值是什么？他们有价值吗？

然而，特蕾西·奥博尔斯基和其他创业者在洛克威海滩创造了一个小小的冲浪天堂，它就存在于这世界上竞争最激烈、物价最高的城市里，这一事实向上述人等的概念发起反抗。混凝土丛林与海滩相遇，熙熙攘攘的街头与匆匆而来的下一个浪头碰撞，洛克威的企业老板们向人们呈现了生活方式型企业在创业体验中被埋没的价值，并探索着每一位创业者灵魂深处的自由。

"嘿，特蕾西！"一个深古铜色皮肤的中年妇女喊着，把自行车推进了店里。

"你好，玛莎。"奥博尔斯基露出灿烂的笑容，"这周过得怎么样？"

玛莎给她看自己腿上一排因手术缝合留下的痕迹，这是某天早晨被冲浪板的鳍割伤的。

"哦，这可够糟的！"奥博尔斯基说着，一边揉着未完成的牛角面包。玛莎点了店里的招牌火腿芝士牛角面包，洒上全味百吉饼香料，又要了一杯咖啡。

"最近冲浪了吗？"玛莎问。

"这5天每天都冲浪，"奥博尔斯基说，"这是我这个夏天到目前为止的纪录。"

冲浪小镇的冲浪者通常都在无休止地谈论冲浪。什么时候冲浪，在哪里冲浪，冲浪时什么感觉，下次什么时候冲浪，诸如此类。对于常常光顾洛克威海滩面包店的冲浪者来说，店内的冲浪话题也只是冲浪体验的一部分。不过，来到这里的不只有冲浪者。奥博尔斯基是洛克威海滩上这一小片领地的领主，她几乎是以一种不可抗拒的快乐与热情统治着这里，用灿烂的笑容迎接每一个走进店里的人，不管是友善的本地人和一样喜欢冲浪的创业者还是他们的孩子们。奥博尔斯基认得每个孩子，会用福滋熊（Fozzie

Bear）的"Wocka Wocka！"[1]欢迎他们，逗得他们咯咯直笑。还有城里来的大量访客，他们被友善地称为DFD，意思是"堕落分子"（Down for the Days），这些人走进来时总是略显茫然，身上穿的是布鲁克林精品店买的昂贵的冲浪衣。

坐在桌前的顾客都会点咖啡、培根鸡蛋芝士三明治搭配自制烤饼，再对着店里著名的牛角面包拍几张照片上传到Instagram上。奥博尔斯基亲手设计并建造了面包店，用本地女性冲浪的照片、随意淘选的旧货、她丈夫的唱机转盘和唱盘装饰店内，宽敞的后院露台上还有一张吊床。整个店面都漆成了明快的蓝绿色，店铺标志的图案是一位戴着厨师帽在牛角面包上冲浪的女性，它完美地体现了一家企业的有趣与快活，并让人们看到了其背后的那位创业者，她的人生就是"起床+烘焙+冲浪"的一场狂欢。

我们初见时，奥博尔斯基37岁。她在新泽西长大，有一位当全职主妇的母亲和一位当卡车司机的父亲，父母潜移默化地给她灌输了一套强大的工作伦理体系。奥博尔斯基初尝创业滋味是在7岁的时候，她开了一个柠檬汁小摊，但很快就偏离主题，开始向学校的孩子们卖母亲从开市客超市（Costco）买的糖果，赚个差价。她甚至还卖过披萨片，这些披萨片是她朋友们的父母订购来送给过路人的。十几岁时她也做过固定的工作，曾有一小段时间还制作过冰淇淋。

---

1 福滋熊是一个布偶角色，是一只橙色的熊，首次出现在《布偶秀》（*The Muppet Show*）上，最出名的是它无效的单口喜剧技巧。会用口头语"Wocka Wocka！"来表示他已经讲完了一个笑话。

奥博尔斯基在大学主修的专业是美术，理想是成为童书插画家，不过她尝试成为自由设计师的计划完全失败了。她没有去追求固定薪水，反而选择在曼哈顿不同的烈酒酒吧卖酒水。在这类地方，卖酒的侍应穿着暴露，有时把酒直接倒在男主顾的嘴里，还要在吧台上跳舞。"这种行为让人恶心，"她说，"但我1小时能赚70美元，现金。"大学毕业后，奥博尔斯基对美术失去了兴趣，于是继续在酒吧工作，休息时就喜欢看电视上的烘焙大赛节目。"我就想，'我可以做这个！'"她说。于是她去烹饪学校学习，成了一名糕点师。

那一年她遇到了丈夫舍尼茨基，后来两人在拉斯维加斯的一个小教堂里举行了婚礼，婚礼由打扮成猫王的主婚人主持。再后来她进入了曼哈顿的上层餐饮圈，在多家高档餐厅间辗转，制作面包和甜点，但这些店薪水少、信用差。"我一直都没有赚到足够的钱，"她一边说，一边往一块杏子馅饼上刷浆汁，"那几年我都拒付支票，几乎没什么钱。为了钱，我一直都感觉自己在被利用，但却没有意识到。"

她最后在北坎顿餐厅（North End Grille）稳定了下来，那是曼哈顿金融区一处受欢迎的午餐地点。她说："我在北坎顿过得非常开心。"她创作的新品大受好评，比如爆米花圣代，这些餐点使她获得了各种厨师奖项的提名，并被邀请去各地为名流烹饪。但是，当餐馆的主厨离职，一位名叫埃里克·科尔什（Eric Korsh）的知名行政主厨接任后，情况开始发生了变化。奥博尔斯基说："事情变得很诡异。"她说科尔什谩骂员工，还曾看到他在不同的场合对女性服务员实施性骚扰。后来科尔什离开了北坎顿，几年后都恶行不改。食客网（Eater）上登载了人们对他的指控。科尔什立即辞掉了当时的工作，并发表了一份类似道歉的声明，说抱歉让同事们"感觉不好"。然而那段时期的经历让奥博尔斯基对工作的热情渐渐幻灭，最终来到了海滩。

9点半左右，她对萨顿喊道："现在我们摇摆起来吧！"萨顿正在给快速清空的面包柜补货，烤箱里什么好了就往外端什么。在这样一个夏日的周六，面包店能轻松地在午餐前卖出150个牛角面包。萨顿说："我们需要更多的牛角面包，更多的饮料，越多越好！"两人从前一起在北坎顿工作。某天，在餐厅的地下糕点厨房里，在加州长大的萨顿告诉奥博尔斯基，她早上去了洛克威海滩冲浪。奥博尔斯基恰好刚在哥斯达黎加度假时学了冲浪，她并不知道洛克威在哪里，但她立刻兴奋地告诉萨顿："哇，我想冲浪！"

"我们有一年半的时间只会扑腾，完全不知道自己在干什么，"奥博尔斯基回忆着，"我们休息日时去海上，有时甚至在早晨上班前去，只是把冲浪板划出浪区，试图弄清楚一道浪过来时要做什么。我们在栈道上洗头，然后去工作，在初级厨师洗鱼的水槽里洗潜水衣。然后我们把潜水衣挂在总经理的办公室里晾干，总经理问我们究竟在干吗。但我们热爱冲浪，为它痴迷。哪怕我们的技术非常糟糕，但我们能百分百投入其中。"

2015年，海滩的魅力越发强劲，奥博尔斯基和舍尼茨基从布鲁克林搬到了洛克威。"我就这样搬走了，"她说，"远离喧嚣，也不再让我家的狗吃鸡骨头。"她和丈夫租了一套崭新的联排别墅公寓，离海边只有600米远。每天乘火车单程通勤到北坎顿要花45分钟，不算太糟。那段时间她早晨冲浪，然后进城，烘焙一整天，在回家的地铁站上喝一杯内格罗尼酒，和科尔什的工作关系依然在恶化，科尔什嘲讽她为"纨绔子弟"。当她要求加薪时，餐厅却给了她一把主厨的刀。

我不想要一把见鬼的刀！奥博尔斯基开始思考，她第一次问自己，我真的还想再干下去吗？后来她在另一家餐馆找了一份工作，薪水更高，但工作时间也更长。她要在早晨7点离开洛克威，通常次日凌晨1点都还没回家。没有冲浪，永远看不见醒着的丈夫，没有阳光，没有海滩，没有任何她搬到洛克威想要享受的一切。工作一周后，她休了两天假去冲浪，被餐馆斥责对工作不够负责。"我没空吃饭，变得不健康，过得很痛苦，"她说，"我哭着回家。亚历克斯会问，'你这是怎么了？'我累得没法回答。"

转折点在一次暴雪中来临。餐馆信誓旦旦地对员工保证晚上停工，但是当员工们想着怎么回家怎么去接孩子时，老板突然来通知他们今晚要提供送货服务，每个人都必须加班到很晚。"这些王八蛋根本不在乎，"奥博尔斯基说，"他们只想赚钱。"当听说地铁停运时，她在厨房里失控了，尖叫道："该死的，现在我没法回家了！"抑制不住的怒火突破了她作为一个好人的极限。她在一个朋友家过了夜，第二天早晨又去工作，那天深夜才终于回了家。

"我受够了，"她说，"我想和我丈夫在一起，但我每天要悲惨地困在地铁里。我在干什么？"她琢磨着餐馆的工作，"钱也没有那么多，尤其对一个女性来说。"

但情况开始好转。舍尼茨基是干音乐行当的，负责物色乐队，洛克威海滩附近的许多酒吧与餐馆的老板都是他朋友，而他的妻子却在城里工作。惠特尼·艾科克（Whitney Aycock）是一家名为"无惠可想"（Whit's End）的披萨餐厅的老板，她告诉舍尼茨基在钓鱼码头有一家关门的零食铺。艾科克建议奥博尔斯基接管它，做烘焙食品卖给渔民。

"我拿不定主意，"奥博尔斯基因为对钱和健康保险的恐惧，条件反射般地说，"再说这样做甚至不是合法的。但亚历克斯对我说，'去他的！干吧！'"奥博尔斯基开始从餐具供应店里一点点地购买料理机、锅具和搅拌器，一次买一个，坐地铁把它们带回家。2016年6月26日，特蕾西·奥博尔斯基拥有了她需要的一切，她走进打工的那家餐馆，做了任何一位充满希望的创业者都梦想的事情——她辞职了。

无论是最拮据的还是资金最充足的创业者，无论是最有野心的初创者，还是最谦逊的兼职者，他们都有一个共同点，那就是确信自己不想为任何人工作。创业通常始于沮丧，而后发展成恼人的烦躁，等他们准备好踏上自己的道路时，这种感觉就怒放成一种宿命感。1964年发表的《创业之人》（*The Enterprising Man*）是与美国创业精神相关的第一批学术文本之一，文中称："简而言之，创业者的特征源于对'服从'权威的不情愿、在这种心情下工作的无力感，以及随之而来的想要逃离的需求。"创业的主要行动是一种解放。抖落雇用职业的枷锁，拥抱自力更生的自由。

"我活到这么大第一次为我自己做事，"奥博尔斯基说，"他们想让我留下来，我只说'不了不了'。他们就算给我10万美元，我的回答依然会是'不'。辞职创业让人害怕，但又感觉很棒……不过还是会让人害怕。"

奥博尔斯基这样形容自己在餐馆待的最后一天，那是她人生改变的时刻。她本来要待到晚餐结束，但舍尼茨基给她发了条信息，说邻居在开派对。于是她就解下围裙，把它递给主厨，对他说："我觉得我该走了。"

"就这样？"主厨问她，目瞪口呆地盯着她的围裙。

"'对！'我就这么跟他说，然后我走出了门，"奥博尔斯基说，"回家的那趟车美得无与伦比。夕阳在一片灿烂的橙光中落进海湾，我想，'我再也不用做这事了！太美好了！'"

然而接下来的几个星期就远远称不上迷人了。奥博尔斯基和一个助手在35℃的高温下开始工作，她们在码头垃圾四散的脏土上挖了一个1.2米深的坑做化粪池。当棚屋里的厨房终于建起来时，电又连不上了，于是她被迫在家烘焙。不过渔民们还是买她的牛角面包，奠定这份生意基础的功臣当属火腿、芝士以及全味百吉饼香料。

在没有窗户的地下室里，穿着厨师服工作了五六年后，"现在我穿着比基尼，抽着烟，在一间棚屋里揉面团。"她骑着自行车到处走，不过除了每周去进一次食材和原料外，她完全不离开半岛。中午时，一位绰号为"大鱼弗兰克"的满身咸味的老渔民会带着收获的鱼归来，然后带奥博尔斯基乘船去兜风。从棚屋能看到日出，她能看到一列列车越过海湾，驶进城里，那上面没有她。"我没有赚很多钱，但我也不用付租金，亚历克斯有自己的工作，一切都很有趣。"事实证明，创业胜过奥博尔斯基的所有想象。

美国的劳动节[1]到了，码头迅速变得清冷安静。奥博尔斯基意识到，如果她还想继续做生意，就要往海滩内移动。她找到一处地方，建造店面的费用是她预算的3倍，再加上贷款和融资、租金、营业执照费用、其余建造费用和市政批准费用，几乎花掉了她所有积蓄——超过12万美元。与此同时，奥博尔斯基还在洛克威海滩四处打游击一般地卖牛角面包和其他食品，一般是在招待冲浪者群体的酒吧或啤酒厂，她还在Instagram上给自己的产品打广告。2017年3月的某天，她的面包店开张了，当时并不算旺季，但到了下午1点，店里所有的食物都卖光了，钱箱（这个塑料盒子现在还在用着）里装满了共1500美元的现金。

10点半左右，周末源源不断的客流量缓和了那么一会儿，奥博尔斯基说："我爱这个感觉。我在这里站了几个小时，做了所有的事。用双手工作，而不是坐在那里。我爱它创造性的一面，我爱我的大脑每天都要应对的挑战，我爱听到人们说他们喜欢这里和这里的食物。不过说实话，我得歇一会儿。"她走到门外，眯着眼看了一下太阳，朝熟人挥挥手，然后深吸了一口气。"新鲜的空气，"她呼出气，又回到了柜台后面，重新开始为午餐人流准备食品，"我都不记得我今天上没上过厕所了。"

---

1 为每年9月的第一个星期一，放假一天。现在更多被认为是最后的夏日，很多人举家出行，在郊外享受美好假期。

奥博尔斯基阳光、快乐的故事很吸引人，但是，在美国以及世界大部分地区，在一个创业应遍地开花的时代，生活方式型企业的现状却呈现出显著的衰退趋势。布鲁金斯研究院（Brookings Institute）一份2016年的报告指出，自1979年以来，几乎所有行业的初创企业比率（业内成立时间小于1年的公司数量比）都在全面萎缩。从农业和物流，到零售、金融和矿业，创业者减少了，每年新成立的公司也减少了。在如建筑这样的领域里，初创公司的数量几乎不到40年前的1/4。据联邦储备委员会（Federal Reserve Board）的报告称，美国所有行业中初创公司所占的市场份额已从1979年的14%下降到2016年的8%。

导致这一情况的原因有很多，不过没有任何一个能给出完整的解释。造成小型初创企业衰落的因素有多种，包括具备竞争力的中国和全球其他经济体的崛起、石油和其他商品价格的抬高、婴儿潮一代[1]的年龄和消费力、针对行业的某些税收政策和法规、人们在社群中的地位和生活方式的改变，等等。但其中最重要的因素可能是市场集中化的增强。戴维·伦哈特（David Leonhardt）在《纽约时报》（*The New York Times*）上发表的文章称，自1989年起，那些员工不超过4人的公司萎缩得最厉害；而超大型公司（超过1万名员工）增长最快。这些超大型公司包括美国电话电报公司（AT&T）、沃尔玛（Walmart）、亚马逊、脸书（Facebook）和埃克森美孚国际公司（ExxonMobil），它们无情地合并或收购竞

1　尤指第二次世界大战后生育高峰期（1946—1964）出生的人。

争对手，并在各自行业中建立了完全垄断。鉴于这些集团产生的网络效应、基础设施费用和规模经济，创办可独立生存的竞争者已渐渐成为不可能的事。

根据中小企业管理局的分类，员工少于500人的企业属于小型企业，它们代表了绝大多数的美国企业。而在美国，大多数支持小型企业的人都在不断对上述趋势发出警告，在过去的几十年里，他们在鼓励创业和创业教育上投入了很大一部分资金。这样的故事也在澳大利亚、英国和日本等许多其他国家上演。但现在有越来越多的人辩称，这种趋势也未必不好。在2018年出版的书籍《大就是美：揭穿小企业的神话》（*Big Is Beautiful: Debunking the Myth of Small Business*）中，经济学家罗伯特·阿特金森（Robert Atkinson）和迈克尔·林德（Michael Lind）声称，美国小型企业及企业主可能是"最神圣的"，但就他们的贡献而言，他们的价值被严重高估了。

杰弗逊式的理想民主[1]是由一群个体经营的勇敢公民组建的，而在两位作者笔下，这种过时的理念需要被消除。大多数小型公司都破产了，于是它们创造的岗位也消失了，那些存活下来的公司更倾向于保持小型规模，如果雇人就尽可能雇用得更少些，因为这些老板们想经营生活方式型企业，并且对扩张不感兴趣。林

---

1 托马斯·杰斐逊（Thomas Jefferson，1743—1826）是美利坚合众国第三任总统（1801—1809年任职）。其理想民主致力于美国的共和主义，反对贵族制度、反对腐败，坚持美德，优先考虑"自耕农""种植园主"和"平民"。反对商人、银行家和制造商的贵族精英主义等。

德和阿特金森呈现的数据表明，大型企业更可能输出产品和服务，能以更好的薪水福利雇用更多的人，能以其经济力量、创新和发明积极地改变社会。他们声称，大公司甚至能比小公司更好地促进如公民权利这样的民主措施的实现，因为它们有力量通过自己的行动影响政治并促成政策，比如为女性员工提供更多的育儿福利。

林德和阿特金森写道："推动生产力的最佳方式就是消除障碍，使更有活力的资本密集型科技企业可以代替小规模的、科技缺失的劳动密集型家庭经营公司，前者倾向于大而精。如果政府想要帮助小公司，那就应该关注那些有意愿有潜力扩张的创业公司，而不是鼓励普通人在本地去开一家披萨店。"他们进一步阐明，这样的普通人肯定不是创业者，因为他们并不符合约瑟夫·熊彼特关于"影响行业的创新者"的概念。美国人需要的是更多星巴克，而不是多开一家洛克威海滩面包店。

斯科特·沙恩（Scott Shane）也有类似的想法，他是凯斯西储大学（Case Western Reserve University）的创业教授，旗帜鲜明地支持硅谷创业模式，认为其效用胜过小型企业。在2018年出版的《创业精神死了吗？》（*Is Entrepreneurship Dead?*）一书中，沙恩写道："创业行为的影响力主要来源于潜能巨大的企业队伍，比如脸书、Instagram和借贷俱乐部（Lending Club），而非占领政府统计表的干洗店和服装店。"他还称，创造更多风险资本和天使投资公司，减少家庭经营零售店，也完全可以增加就业和推动GDP，因为"多一些脸书和谷歌可能比大街上多许多服装店更值，因为前者能产生更多岗位和更多经济产量。"

　　另一方面，有越来越多创业研究者发现，目前存在一种思潮，即在消耗小企业的基础上排他性地过度关注大型企业和硅谷模式创业公司（意图创造大企业），如果这种思潮被推广，会产生很大的问题。印第安纳大学（Indiana University）的教授戴维·奥德雷奇（David Audretsch）也是创业研究者之一，他对我说，这又要回归到创业者的概念。他解释说，在学术文献中有三个创业者的经典定义。第一个偏重组织性，即企业新不新，是否年轻，是不是个体经营的？这个定义的涵盖范围最广，包括生活方式型企业创业者、小企业主、独立工作人和自由职业者——比如我、我妻子以及我其他家人。第二个定义偏重行为，将创业者定义为一个寻求机会并为此付出行动的个体。这个定义包含企业创业者或内部创业者，比起一家企业的产品或所有权，它更看重创业行为（新理念、新发明等）。最后一个则以绩效来定义创业者，即创业者是否有所创新，这种创新是否促进了经济增长或产生了影响力？

　　奥德雷奇告诉我，从20世纪80年代末开始，后两种侧重的标准和绩效的定义开始占据主导优势，它们认同的创业模式过度关注创新、扩张潜力与规模扩大，但排斥一切其他模式。这种狭隘的创业者定义有一个主要问题，就是它与我们社会的创业现实严重割裂，在现实中，小型企业和生活方式型企业的数量远远超过了激进的创新型企业。

　　奥德雷奇说："我们变成了'成功'的牺牲品，因为我们认为这是创业的唯一样式，是唯一的企业和社会模式，并且变成了一种方针。由此衍生出一板一眼的东西来——任何一个问题，都能用创业/创新/发展来作为解决方案。"

这种对创业神话的痴迷导致一些超出研究领域的后果出现。当创业趋向于硅谷模式时，许多投向小企业和家庭企业的项目、计划及实际资源被截停了，它们转而投向只扶持科技初创公司的孵化器、创新园区和其他工程。政治家、大学学者和其他追求速效的人被最显眼、最充满魅惑的、高姿态的创业陷阱吸引，开始以消耗其他创业模式为代价，去捕捉不存在的独角兽。

2016年，奥德雷奇和他的三位同事发表了一篇论文，题为《日常创业——呼吁创业研究拥抱创业的多样性》（*Everyday Entrepreneurship—A Call for Entrepreneurship Research to Embrace Entrepreneurial Diversity*），文章声称应该从不同的科技企业上收回关注度，扩大研究领域：

"总的来说，大部分研究依然厚此薄彼地追求通过调查一小撮异常值群体来拓展我们对创业的理解，却往往忽略掉被我们称为'日常'创业的巨大体量和多样性，"论文中还称，"瞪羚企业[1]和独角兽公司可能没有我们预想的那么重要，而且，如果将日常创业定义为既不重要又无趣的，那么我们就无法理解其丰富的差异性和重要性。"

论文作者之一是德国教授弗里德里克·韦尔特（Friederike Welter），我问她"日常创业"的概念到底是什么（和我聊过的一

---

1 瞪羚企业指创业后跨过死亡谷，以科技创新或商业模式创新为支撑进入高成长期的中小企业。

位学界批评家称这个词为"废话")。"我们谈论的是广义创业，"她说，"如果我们尽可能广泛地拓展创业的概念范围……并切实承认有不同的创业方式，那事实就会很简单。"这种广义视角将涵盖大多数中小型企业，比如韦尔特重点研究的著名德国中小制造企业。这些企业倾向于保持小规模与地区性，它们制造一切产品，从铅笔和汽车零件，到医疗器械的高级电子元件。德国中小企业是德国经济的生命线，但是，由于它们并不集中在柏林和法兰克福，所以就显得没有科技公司那么极具诱惑力。

韦尔特还说："风险投资人会说'这只是一个生活方式型企业'，而'生活方式'这个词本身并没有'它们不想发展了'的意思。那么，它们发展的理由是什么？为了满足投资回报吗？可投资人为什么要规定回报？"她说，从根本上讲，创业是人们为自己人生负责的一种行为，是维护工作及相关一切事务上的经济与社交控制权的一种方式。几乎每一个创业者都想发展自己的业务，但是他们的发展方式、速度和理由都不同。韦尔特和奥德雷奇强调，创业者的志向并没有统一性，假定统一性是一种过度简单化的做法。企业可以是创新的，也可以是独立的，可以聚焦社群生活，也可以具备高增长性，或者是一家最终将发展为跨国公司的生活方式型企业。奥德雷奇回忆起1982年在佛蒙特州一座加油站遇到的两个年轻人，两人跟他说起他们在柏林顿开的一家小小的冰淇淋公司。这两位合伙人是班·科恩（Ben Cohen）和杰瑞·格林菲尔德（Jerry Greenfield）。10年后，班杰瑞冰淇淋（Ben & Jerry's）已世界闻名。2000年，他们以高达3.26亿美元的价格将公司出售给了联合利华（Unilever），在最初创办公司时，没有人能想象到这一结果。奥德雷奇说："苹果最初也是一个生活方式型企业，脸书最初也是一个生活方式型企业。"

所有创业者都梦想致富，许多人笃定地认为自己将会是第二个史蒂夫·乔布斯，但往往事与愿违，成功是无法被预知的。谁知道刚开的披萨店会不会成为下一家达美乐（Domino）呢？或者它会发展出一个拥有5家连锁店的地区披萨产业链？或者只是为洛克威海滩提供晚餐选择的一家大型披萨店？相同的企业以相同的方式启动，但根据其时机、运气和经济生态环境，它们会有无数不同的结局。最大型的企业显然能创造最多的就业机会，这是其规模的特征，而非其规模的起因。政治家们最喜欢做的事就是宣布一个大型工厂进驻了城镇，一举带来了成千上万的就业岗位。但与此同时，它也携带着另一种可能性——这些工作也会突然间完全消失。投资指南告诉我们，更多元化的投资组合才更稳定。对于地区性经济而言也是如此。

全球创业观察（Global Entrepreneurship Monitor）是一个分析全球创业相关数据的组织，其管理者迈克·赫林顿（Mike Herrington）说："我想，人们正在越来越清晰地认识到，大型公司现在已无法提供它们过去能提供的就业岗位了。"赫林顿主要在南非好望角工作，在成为学者之前，他先是一位创业者，至今开办过4家公司，其中包括一家连裤袜工厂，雇用了超3200人。"大公司的变化很迅速，会有更多的自动化设备，更多的科技手段，而这些东西会削减岗位数量。人们开始意识到自己将必须用尽一切方式为自己创造就业机会。"数据表明，拥有最多创业者的国家是最穷的（马达加斯加、喀麦隆、布基纳法索的个体经营者数量几乎是美国、日本及其他欧洲国家的4倍），但是认为"越大越好"的简单概念也是错误的。

经济合作与发展组织（OECD）是由世界最发达国家组成的一个团体，赫林顿引用该组织的数据，来说明企业的平均岗位创造率。一个微型企业会创造1.5个岗位，一家小型企业能创造最多50个岗位，一个高科技公司能创造最多250个岗位。"如果目标是创造1万个岗位，那么这个数据显然是在说，'让我们忘掉小的企业，把钱转到科技企业里去。'但这就太简单了，"他解释，"你需要组合所有的企业。你不能只把它概念化……如果你想发展第二家谷歌，呃，这可以让一个研究学者出名，但不能让世界运转。如果只存在一种创业活动，社会将无法负担。"在发展中国家，这一点尤为真实，小企业为GDP贡献了压倒性的份额，在赫林顿的祖国南非，这个比例是60%，在印度则是90%。如果你生活在约翰内斯堡的贫民窟，甚至是离洛克威海滩面包店一个街区远的阿凡内廉价公房区，只要某家企业能让你可以自由地支付账单、养家糊口、生活无忧，那无论这企业是什么类型，能够创建它的能力都是具有变革性的。对大多数人来说，生活方式型企业正是他们渴求的创业类型。

E. F. 舒马赫（E. F. Schumacher）在他1973年的经典著作《小的是美好的：一本把人当回事的经济学著作》（*Small Is Beautiful: Economics as if People Mattered*）中写道："许多理论家可能没怎么

密切接触过现实生活，这些人仍然在推行大规模的偶像崇拜，而真实世界的实践者们正在强烈的意愿下付出巨大的努力，尽己所能地从便利性、人道主义与小型实体的可管理性中汲取利润。"舒马赫发现工作和创业并不是一种创新及创造性破坏的过程，它们符合佛教的追求，是要追寻一种"正确的生活"，这种生活带来经济上的独立和回报，同时也带来愉悦感和使命感。这是人生的真谛。"工作和闲暇是同一生活过程的互补部分，除非摧毁工作的愉悦感和闲暇的幸福感，否则两者无法分割。"

创业者的动力很少会只来源于金钱，因为对他们而言，钱往往是靠不住的。莫拉·阿伦斯-梅莱（Morra Aarons-Mele）是一位自由咨询顾问，她的专业是解决创业相关问题，"创业者滤镜"这个词也是她创造的。她说："生活方式型企业是关于掌控自己的时间，掌控自己的边界，并很有希望掌控自己的钱，但总之它与掌控切实相关。我从根本上认为大多数人想要的绝不只是成为亿万富翁。大多数人希望他们的工作有目的，并且希望能掌控自己的时间。"

我妻子劳伦曾做过公司猎头，她反复从候选人那里听到各种版本的同一个故事，他们权衡着是否要接受新的工资达6位数的银行岗位，哪怕他们知道就算接受了，他们的状况也只会和目前这份工资6位数的岗位一样痛苦。他们真心想要的是有更多时间用在他们关心的事物上——商业构想、旅行、家人，或是未来能在郊区开一家提供早餐的民宿。这些想法同样也在劳伦的脑海中回荡。她会穿着她讨厌的不舒服的工作鞋，在前往办公室的泥泞道路上停下来，走进咖啡店，看看那里的人，他们在烘焙面包，或是在工作时间闲谈，然后她会疑惑自己为什么不能拥有这样的生活。人们通常会认为她的工作很好，每周工作5天，薪水优厚，同事都很友好，也从不需要在晚上或周末加班。但劳伦想要的某些东西是她的工作永远无法给予的——她想要掌控自己的生活。她想自己掌控在何时何地工作，做什么工作，和谁一起工作，甚至要穿什么样的衣服。她知道刚开始成为一名创业者时收入会明显下降，但同时，她将获得无尽的自由，她愿意接受这样的权衡。

财务数据是相对简单的，与之不同的是，追踪创业带来的非财务利益是复杂的。通常，研究者都会依赖对企业主的调查，询问他们一些能自我评估的问题，比如他们对工作的满意程度，或者对整体生活的满意程度，又或是健康状况（某位研究者将其称之为"精神收入"）。这些数据还远远无法生成理论，但是不同的研究成果的确显示出，比起受雇于他人的人，创业者对自己的工作更加满意，哪怕那些雇员赚的钱比自己多。

我在洛克威海滩跟各种各样的生活方式型创业者聊过这些问题，他们对工作和生活的满意度来源于不同的事物。比如对奥博尔斯基来说，她的满足来自冲浪、在海边生活，以及创立了一家能让她完全掌控的面包店。又如埃琳·西尔弗斯（Erin Silvers），这位美丽的波希米亚女士经营着一家名为Zingara Vintage的古着店，她作为创业者的满足主要来自她女儿，她独自抚养女儿长大。"我是我经历的建筑师，"她说，"我有完全的自由，并且在这个疯狂的世界里有一个安全又美丽的角落。"2014年搬到洛克威后，西尔弗斯就能每天接送女儿上下学，带她去海滩玩，尽可能地陪她一起度过飞逝的童年。"我朋友经常和我说，'埃琳，我认识的人没有哪一个能像你一样花那么多时间和女儿在一起'，"西尔弗斯突然哽住了，她安静了一会儿，"从经济角度讲，如果我在洛克威之外的地方开店，那会更成功，但这里的一切使它变得很值得。"

珍·波扬特（Jen Poyant）被奥博尔斯基称赞为"一个妖女"，她经营着播客工作室"稳定的天才之作"（Stable Genius Production），并推出了一个关于女性创业者的流行播客节目《急转弯》（ZigZag）。波扬特的合伙人和公司其他同事都在布鲁克林生活工作，但她本人却一直住在洛克威海滩，以便有时间陪儿子，带他去海滩、教他冲浪。"家人在我的生活中占了很重要的位置"，她经营事业的方式也是围绕家庭安排的。

我的妻子劳伦之所以成为一名创业者，也是因为这日常琐碎单调的养育过程带来的快乐胜过所有。她厌烦了不能去接送孩子，厌烦了必须在周末才能去购物。她也不想再请求别人允许自己休假或因女儿生病而请假。当4年前她怀上我们的儿子时，所有这些焦虑积累到了极限，让她决定开启自己的事业。

自从劳伦开始为自己工作后，在过去3年里，我们俩每年8月都会休假，带着孩子和父母去乡下野营、游泳、远足，真正地在一起消磨时光。昨天，我在写这一章时比计划早停笔了1个小时，因为外面下雪了，我想带孩子们去玩雪橇。如果我在上班，那我就没法这样做。两个孩子无节制地汲取着我们的时间和能量，无疑也影响了我们潜在的挣钱能力。但是，除非有必须要参加的会议，又或者我必须出差去调研或演讲，通常我和劳伦每天早晨都会把麦圈塞到他们正尖叫的嘴里，走路送他们上学，几个小时后再接他们放学，跟他们闹着玩让他们洗澡睡觉，再亲亲两个可爱的小脑袋道声晚安。

因为一直都在为自己工作，所以我真的不能理解无法完全掌控自己时间的想法。有一次我拍了一张照片，照片里是我做的装在塑料蚌壳里的沙拉，我发给朋友史蒂夫并邀请他来吃午餐，他开玩笑地回应说："你是法国人吗？"还有朋友让我有相似的惊诧，我每年都去滑雪，一起去的某些朋友已经40岁了，却还需要提前6个月请老板允许放两天的假。夏季我想和朋友乔希一起去玩桨板冲浪，他自己开了一家技术支持公司，我们俩总是想去就去。有时我们会在多伦多的市中心港口玩，我会指着天际线上的办公大厦，提醒乔希，当我们俩在阳光下玩耍时，朋友们正坐在桌子后面办公。"你们俩真的有工作吗？"我们的朋友丹发信息问我们。之前乔希给他发了一张我们俩冲浪的照片，那时是7月末的一个周二的早晨，而丹正在一个高速路停车点，坐在他的车前座上，一边啃着芝士汉堡，一边在电脑上编辑一个客户的合同。我们俩当然有工作……不过是以我们的方式。

这种自由的感觉也有实在的好处。其中一个就是健康。10年前，埃米·费宾格（Amy Febinger）还在曼哈顿工作，制作电视节目和商业广告。某天早晨，我们在洛克威栈道上闲聊，欣赏着浪花，啜饮着冰沙，她告诉我："那时我因为压力而得了胃溃疡。"之后费宾格以插花为业余爱好，并渐渐将它变成一项副业，于是她面临了一个选择。

"那么，"她对自己说，"现在就是决定性的时刻了，要么你朝这个方向去开启一项事业；要么回去工作，继续吃治胃溃疡的药。"费宾格离开了年薪14万美元的岗位，开始去花店洗水桶，一边学习这个技能，一边做一些鲜花相关的零工，一边接自由广告制作的生意。她开始在洛克威冲浪，并最终搬到了那里，不过那时她的鲜花生意依然在曼哈顿和布鲁克林，她发现这些花朵带来的压力和她住在城里时的压力别无二致。最后，费宾格决定专注于为洛克威和长岛的婚礼提供鲜花，在更少的活动承办中赚更多的钱，在家中办公，并且冬季休息两个月，用这段时间来冲浪，还要去墨西哥插花。费宾格的生活就此改变了。胃溃疡消失了，也不再焦虑了。

"事情是这样的：我没结婚，没孩子，就我一个人，"她说，"只要我能支付开销并且能出去度假，那就足够了。我不需要一年赚个30万。何必呢？我甚至没有时间花掉。"最近，她在纽约鲜花市场上偶遇了一位著名的花店店主，对方看上去糟透了，这让费宾格很震惊。那人告诉她，他的事业给他带来了巨大的压力，因为它正在发疯似地扩张。"哇哦！我们两个涉足这个行业的理由完全相反。我选择这项事业不仅仅是要谋生，更要享受生活！"她说着，停下来望着朝阳下的海面。而此时的她正穿着比基尼坐在纽约市的某处。"这可能是我人生中最快乐的时候。我很乐意在这个地方放松一会儿，"她看着一道波浪撞在岸上，"这是我的人生。"

对于生活方式型创业者来说，工作本身往往和它提供的自由一样，都是一种奖赏。奥博尔斯基热爱烘焙；西尔弗斯喜欢向人们销售古董衫让他们开心；费宾格热爱插花；而我喜欢采访人们，因为我可以想和谁交流就和谁交流。我讨厌用"激情"这个词来形容这一切，因为创业神话把它丢进了营销术语的汪洋中。不过不可否认的是，激情是创业精神的一个要素。与费宾格会面之后，我开车前往洛克威旁的贝尔港。在这个树林繁茂的郊区，乔·法尔科内（Joe Falcone）（人们也叫他"乔伊蛤蜊"）正赤膊，在他母亲房子后面的改装车库里忙碌着，把一片长方形的高密度泡沫板削成一块近2米长的鱼形冲浪板。法尔科内是土生土长的洛克威人，从小到大都在冲浪，他有意大利裔美国人那种十足的神气，长得还有点像斯科塞斯[1]。法尔科内从十几岁开始就以制作冲浪板为业余爱好，还在城里做各种各样的工作——厨师、泊车员、冲浪用品店销售员、美术设计师、时装摄影师。最后，他回到洛克威，开始全职制作冲浪板，其品牌名称是"法尔科内冲浪板"（Falcone Surfboards）。

"我想和社会重新建立连接，而且我真心觉得自己渐渐麻木的生活又复苏了，"他说，"我对摄影并不痴迷，而且在摄影时发生的交流也没什么'营养'。我是指，人们都在认真地谈论卡戴珊一家，而我只觉得无聊。"法尔科内把自己看作是一名手艺人，根据顾客和其冲浪方式量身定制冲浪板。"我的每块冲浪板收1000美元，我没必要和别人比收入，"他说，"我不会生产一大堆板子来

---

1 此处指的应是著名意大利裔美国导演马丁·斯科塞斯（Martin Scorsese, 1942— ）。

完成配额。在这个世界这个时代，重要的是做事要真诚。我做出来的东西能永远存留下去。就算我死了，我的板子也会一直被人珍爱。"法尔科内一副严肃的样子强调说，这份工作使他的人生有了目标。"没有什么比它更能让我的灵魂满足。我是一个玩具制造者，这就是我在做的事，我制作它们是为了让人们玩得开心。"

如果你为自己工作，工作就会变成你的一部分。你拥有的将不仅是企业资产和知识产权，你还会拥有名望、成就、失败，以及你一路走来学到的一切。作为一名始终都为自己工作的作者，我也很少公开阐述这样做的好处，但可能正是因为这些好处，我才一直写书。要知道这份工作能赚多少、什么时候赚到钱都是不确定的，畅销书的成功通道也是极其狭窄的，物质回报并不多，工作本身有时也非常折磨人。但一天结束后，所有的一切都是我的——无论利弊喜忧——绝不是钱或在某个角落看见自己的名字带来的兴奋所能比的，所有这些都是我从工作中得到的好处。

并不是所有创业者都能在生活方式型企业中体会到这些好处，它们并非始终存在。生活方式型企业的神话和硅谷创业神话一样有说服力，也一样让人盲目迷恋。博主、社交媒体网红，还有一大堆作家和专家总在叫人们辞掉自己的工作，追随自己的梦想，顺从自己的激情，把副业转变成全职，做自己一直想做的事……所有这些要付出的代价不过是一个月的众创空间的会员费。

有无数顾问、博主和作家在宣传如何拥有快乐工作的人生，这类秘诀有好多个名字，比如"自由创业者""自由快车道"和"笔记本电脑生活专家"，这些人的网页上满是幸运儿的照片，他们曾经是悲惨的雇员，但最后开启了充实又富足的人生，可以一边环游世界一边赚钱（但实际上这种网站往往是一种会员制营销模式）。生活方式型创业偶像化的巅峰产物是"房车生活"（Van Life）活动，同时也是Instagram上的一个活动标签——有魅力的年轻情侣们乘坐改装的大众露营车环游世界，晒出加州海岸日出的照片，男孩在给一块冲浪板打蜡（没穿上衣），女孩裹着一块彭德尔顿（Pendleton）品牌的毛毯在喝咖啡（也没穿上衣）。

我拿#vanlife标签的事和奥博尔斯基开玩笑，她红了脸，承认她和亚历克斯也曾短暂地拥有一辆名叫"韦尔玛"的大众房车。但她知道那种故事类型，而且看到一些女孩子会定期晒海滩自拍照，她们向人们宣传的是一种不需要付出任何实际工作就可以冲浪的人生——再也没有什么事比这个更让奥博尔斯基受不了的了。还有一些人被旺季吸引到洛克威来，他们愉快地开了酒吧、店铺、饭馆，却没有意识到这种投入的严肃性。

"冲啊！选个星期三开门，装车的卡车周五就到。"布兰登·德莱奥（Brandon D'Leo）开玩笑说。这位艺术家离开曼哈顿，和消防员布劳达奇·沃尔什（Bradach Walsh）一起开了洛克威海滩冲浪俱乐部，这是一家海滩酒吧。"1月份一到，大多数人的幻想都会破灭。"7月的某个周六，我在这里遇见他和沃尔什，当时酒吧里挤满了人。但是德莱奥承认，酒吧作为一家店所赚的钱还没有艺术家或消防员一年赚的多。

对于大多数生活方式型创业者来说，现实有好有坏，大部分时候非常世俗。数年前引领我走进洛克威海滩的是滑板人冲浪器材店，这家店的老板名叫史蒂夫·斯塔西斯，当我把创业形容成一种生活方式时，他大笑起来。他2004年开了"滑板人"，现在店面已经扩张了一倍，并且在五个街区外的栈道上开了一家分店，海滩上还有两个租赁点。斯塔西斯是从煤气公司退休后，在儿子们的请求下涉足这一行业的，他还在附近开了一家酒吧。

一天早晨，斯塔西斯匆匆走进洛克威海滩面包店，想缓解一下自己的感冒症状。他说："现在我每天都要跑来跑去处理5个生意。从阵亡将士纪念日到劳动节，每周工作7天。"斯塔西斯是洛克威最早的冲浪者之一，但是他已经10年没有碰过浪花了，甚至都没坐在海滩上过。他太忙了。"我们赚钱。虽然不到几百万，但我们能付账，还有一点收入，"他一边说一边咳嗽，我开玩笑说他仍然拥有荣耀，"没错……我洗厕所，扫地，真是非常荣耀！"

所有创业者都曾回顾他们为自己建造的低调的生活方式，感叹这就是一切。但是，当我问起他们时，无论是这本书中提及的还是我在生活中遇到过的每一位创业者，都没有谁把回归公司上班当作一个目标，甚至没有人认为自己会在走投无路时考虑这一选择。对大多数创业者而言，重新成为一名打工人的想法是令人痛苦的。最近，劳伦告诉我她做了一个梦，梦见她又回去上班了，她把这个梦和常做的那个毫无准备就参加高考的噩梦相提并论。

曼尼托巴省2013年对个体经营的一份调查报告显示，大多数调查对象承认，作为一名创业者，他们工作时间很长，也赚不到很多钱，一般的创业者所赚的钱常常少于一名普通的员工。但绝大多数人也说，他们不会接受为其他人工作。为什么呢？其中一个理由可能是，过了某一个临界点后，钱再也不能买到更多的快乐。关于这一点有无数研究，其中有一项里程碑式的研究成果，来自2010年诺贝尔经济学奖得主安格斯·迪顿（Angus Deaton）和心理学家丹尼尔·卡内曼（Daniel Kahneman），他们的研究发现，一旦美国家庭的收入超过7.5万美元（如今约9万美元），那么更多的钱带来的生活满足感就微不足道了。只要调整不同国家收入和开销的差异，那么这个理论放之四海而皆准。

创业者们创业的动机五花八门，根本无法轻易归纳，不过其中一个很重要的原因，可能是创业者们对自由的重视。2007年，加万·卡萨尔（Gavin Cassar）教授在一篇题为《钱，钱，钱？》（*Money, Money, Money?*）的文章中称，他发现新创业者选择创业生涯的最重要原因就是独立自主。这一论点并不让人惊讶，毕竟，无论成功与否，自由是创业所能保证的要素之一，并且，和人们赢得的一切形式的自由一样很难被放弃。

就在我第一本书出版之前，有那么一段时间，我有想过是不是要去一家杂志社或报社工作，去获得一些可靠的经验，建立人脉，赚稳定的薪水。如果我穿着旧卡其裤和衬衫通勤上班，坐在一个小隔间里和同事聊天，担心自己有没有给上司留下好印象，担心午饭或沐浴是不是用了太长时间，担心自己工作是太努力还是不够努力，那我现在的生活会是什么样子？做任何重要的事都要获得允许；数着休假的日子或病假的日子；不能滑雪；不能玩桨板冲浪；不能每天晚上接孩子，因为必须在办公室加班，因为有人真的在给我的工作时长计数？我愿意为了多少钱牺牲到这个程度？每年多2.5万美元？5万美元？统统见鬼去吧。

洛克威海滩上所有的生活方式型创业者都非常看重自由。当我和珍·波扬特在洛克威海滩冲浪俱乐部里边喝饮料边聊天时，她说："我们都非常明白这种价值观。"自由伴随着牺牲。当一个产业属于你时，它日夜都在，它不会休假。你不可能简单地辞掉它。波扬特提醒我，人们也不可能离开自己的产业或简单关闭它，再也没有人在你病假或休假时给你付钱。（奥博尔斯基说，去年冬天她去波多黎各冲浪了一星期，花掉了面包店工作一整个月的收入，但是很值得。）那退休了可怎么办？哈！最好现在就开始存钱。"你要理清楚，"波扬特说，创业者要清楚如何平衡经济债务和个人自由，"你要把优先次序理清，"然后再根据结论来完善自己的企业。

奥博尔斯基的优先次序很清晰：不要厨师服，不要短袜，要有音乐，食物很重要，除了一周去一次杂货店外不开车，工作时间根据冲浪小镇的冲浪时间表而灵活变化（事实上她们称之为"8到4点"）。上周二，奥博尔斯基在面包店的Instagram账号上发了一条动态，附上一张冲浪者踏在浪头上的照片，下面写着："今天下午2点关门……因为人只活一次。"在评论中，她详细解释了早早关门是为了参加一场洛克威举办的冬季关爱心理健康的有趣活动，并加上了#livealittle的标签（意为及时行乐）。不向谁请求，不需要道歉，也不需要经任何人允许。

在可以远眺牙买加湾的一家餐馆里，我和一位名叫加利茨·察迪克（Galit Tzadik）的本地创业女性一起吃午饭，她告诉我，奥博尔斯基是典型的洛克威生活方式型创业者，她以自己的方式生活，靠自己的手艺吃饭。察迪克有房地产金融行业背景，在2015年开了自己的咨询公司，帮助半岛周围的创业者们管理自己的业务，规划未来，并使业务变得更具可持续性。她同时还是本地商家联盟和一个洛克威海滩女性创业者团体的秘书。"钱不是这些人的最终目的，"察迪克说，"我问她们的最终目的是什么，具体一点说是她们想要什么样的生活，她们的愿景是什么？"她的客户包括小承包商和水管工、儿童摄影师和私人教练、家庭健康护理工作者、零售商和餐馆老板、冲浪教练、牙科医生、医生，以及瑜伽工作室老板，所有这些人追求的都是"自由地过自己想过的生活"，能照顾家人，并且不再一个月一个月地拿薪水。

察迪克说，相对于纽约市的其他地方，洛克威海滩的位置显得很孤立，因此这里的创业群体总是压倒性地由生活方式型创业者组成。每晚在这里和渔夫们一起喝酒的，有二手车经销商、酒窖主人和栈道小摊贩。在超级风暴桑迪摧毁这里之后，也是同一群创业者重建了这个区域，向彼此借出空间和资金，拿着铁铲挖出发霉的店铺，搭好帐篷组织救灾工作（洛克威海滩冲浪俱乐部的老板们参与了这项救灾任务），或者只是开车分发干燥的袜子（乔·法尔科内参与了这项任务）。这些家庭式企业的洛克威之魂把他们联系在一起，重新成为一个整体。

罗德尼·福克斯沃思（Rodney Foxworth）是本地生活经济商业联盟（BALLE）的负责人，这个国家非营利性组织鼓励小型本地企业发展，鼓励其为社区带来积极影响。他说："他们扎根在这个地方。老板们和员工的关系真实、亲近，他们互为邻居，在同一个地方工作，一起去教堂或学校。你很难用传统的方式去评估或衡量这一切。而且这些企业都忠于这里。"根据福克斯沃思引用的无数研究报告，一家本地化企业所创造的经济价值中，约有70%会存留在其所在社区；而一家所有权在外地的企业，它能存留在当地的经济价值只有30%。

在纽约市约有25万家小企业，受雇的纽约人达360万，纽约市小企业服务部（New York City Department of Small Business Services）主任格雷格·毕晓普（Gregg Bishop）自信地将这些企业称为"城市的经济引擎"。它们提供各种各样的服务，从自行车修理和儿童看护，到7道菜试吃套餐，为城市创造了无以计数的经济利益。"这些企业主之所以在经商，纯粹是因为他们喜欢经商，"毕晓普说，"如果问人们为什么去经商，的确有一些人是为了把公司卖掉……但在我们这个小企业主群体里没有这种人。"他说，这些小企业主想要为自己所在的社区创造些什么东西，不管他们在卖什么，他们都是想为自己那城市的一角提供服务。然而不止如此，正是这些人才创造了纽约……是的……是他们成就了纽约。

我问毕晓普，纽约的租金、许可证费用和其他开销的增长使生活方式型创业者迅速被挤出市里的许多区域，如果没有这些人，那这个城市会如何。他回答："那纽约的特色将不复存在。如果把我们所有的生活方式型企业都剔除出去，最后还能剩下什么？它将会是个毫无激情的城市，它将成为美国的一个无名城镇，一个完全不能体现市民多样性的城市，一个没人真心愿意入驻的城市。纽约之所以是纽约，正因为隔壁的干洗店已经在那里开了30年。他们认识12楼的家庭，看着那家孩子出生长大。"他又说："没错，纽约有经济目标和大型连锁店，但你得明白，我们的家庭式企业有其竞争优势，不仅仅在于能够灵活地随客户行为迅速调整，还在于它们与周边的邻里有最真实的联系。"

听着他的话，我想到了阿特金森和林德在《大就是美》中虚构的披萨店店主阿什利和贾斯廷，他们被视为"真正创业精神"的反面例子，从很多方面来看，都是生活方式型企业经济无用论的典型代表。当我还生活在纽约时，我最爱这个城市的一点就是那里有许多阿什利和贾斯廷（或者更多的萨尔和乔），他们每天在这个被切片披萨完全浸润的城市各处经营披萨店，因此让我十分怀念。在这个巨大的城市里，随便走进任何一个街区，都可以享用到创业者们烘焙的各类披萨片，这些美味的东西使纽约得以成为纽约。你能想象一个只能在达美乐或必胜客（Pizza Hut）之间做选择的纽约吗？

到了下午2点半，奥博尔斯基口头盘点了还没被卖出的面包：3个佛卡夏面包小切片、3条酵母面包、2个普通牛角面包、1个加蜂蜜和马尔顿天然盐的牛角面包（我的最爱）。明天她休息，面包店关门，她开始为后天的牛角面包揉面。她把明天称为"周日"，但实际上它是周一。奥博尔斯基准备睡个懒觉、冲浪、躺在沙滩上、和朋友们出去闲逛。我问了她一些问题，自从我到达洛克威海滩，这些问题就一直困扰着我。我问她为什么不像许多冲浪爱好者一样，搬去加州、墨西哥或夏威夷，在那里开一家面包店？
要知道这个城市每天都在发通知说，要在之后的两个月里为了换
水管拆了她的栈道，这会让夏末的生意陷入危险，为什么她还坚
持待在这个磨人的、物价昂贵的纽约市？为什么不搬到海浪更好、
房价更低、气候更暖、水更干净、压力远远比这里更小的地方
去？为什么要在一个以"内卷"为生活方式的城市里创办一家生
活方式型企业？

"我的老家在这里，"奥博尔斯基回答着，一边依靠强大的臂
力将黄油棒揉进面团，"家人们每过几周就会出城到这里来。我弟
弟会来这里帮我的忙。再说，纽约的食品领域……我是说……这
可是纽约啊！"《纽约时报》一类的刊物还发表过文章赞美她的牛
角面包等烘焙食物，这不仅为她带来了更多顾客，还点燃了她心
中更大的创业热情。面包店是一个开始，她想要使它扩张成一个
不错的生产厨房，烘焙并贩售更多的产品，并最终再次制作冰淇
淋。有那么一天，她想要开一个老式冷饮小卖部，卖冰淇淋、奶
昔和圣代……对于一个海滨城市来说真的是太完美了。

"我想做得更大吗？是的，我想。但我现在真的很快乐，"她
说，"当周围平静下来时，我就可能会想，'好吧，接下来我要干
什么？'我随时准备改变自我，挑战自我。"

四个青年走进店来，清空了店里剩下的牛角面包，剩下最后一
条面包棍。奥博尔斯基把它放进背包里准备带回家。她一边走出门
一边和我说："现在还是挺艰难的，开这家面包店是我一生中做的
最难的事。有时我早上醒来，会说，'呃，我不想干了。'然后我会

对自己说，'不行，你必须骑自行车上栈道，一边看着海豚，一边到属于你的阳光明媚的面包店去……哇，想到这肯定要去了。'"

"又一周过去了。"舍尼茨基说着，拉下金属卷帘门，把它们锁在栈道上。

"耶！周末啦！"奥博尔斯基朝街外喊了一声，便走进隔壁卖酒的店，那是她房东菲尔·奇恰（Phil Cicia）开的。奥博尔斯基拿了一份6罐装的Twisted Tea——她喜欢在海滩上喝这种硬冰茶。奇恰和她聊起生意的事，说到他和税务部门没完没了的争斗，以及他在担心的马上要开始的街道整修。"哎，"他耸耸肩，"这就是生活。"

有些人认为，一个努力谋生的创业者代表了某种更差劲的创业精神，这些人如果不能在尽可能短的时间内把公司发展到更大，那就是一种失败，是在消耗经济资源——但这样的想法是完全错误的。无论是为自己工作还是为他人工作，我们大多数人都想过好的生活，或者更贪心一些，过更好的生活。我们因为自己创办的业务做出了选择和牺牲，这一切的基础是我们目前的生活，是我们想过的生活，是我们手头拥有的选择。有时候这种选择意味着增加，有时候它意味着减少。

奥博尔斯基打开一罐Twisted Tea，把它放在自行车的杯托里，一边在栈道上骑着车，一边啜着茶。她望着波涛，踩着踏板向家骑去。到家后不过5分钟，她又出门了（接着强制性地抽了一支烟）。她穿着潜水服，胳膊下夹着冲浪板，就这样走向海滩。奥博尔斯基划进起伏不定的小波浪里，但她冲浪的样子仿佛它们就是夏威夷那光滑明亮的管浪[1]，每次短暂乘浪后她都咧嘴笑着挥舞拳头。她的朋友们从列队中游出来，和她闲聊面包店的事。

奥博尔斯基在水里待了两个小时，直到夕阳落到公寓大楼后面，给从肯尼迪机场起飞的喷气机镀上一层粉色的光晕。"很好，我今天在冲浪板上看到了日出和日落，睡了5个小时，在间隙中工作，"她说着，把冲浪板掉头划向另一道波浪，"这一天过得还不错，没什么可抱怨的。"她又一次那样在板上站了起来，喊道："一点都不糟糕！"然后回到我旁边，以免我漏掉刚才动作的重点。

---

1 海浪盖过来时形成的通道像管道一样，冲浪者从中穿出，对冲浪者来说管浪是最好和最刺激的浪。

第四章

让大家进步

热斯卡·迪帕尔（Jesseca Dupart）的耐性几乎被耗光了。她的制造商口中的"增长的痛苦"正在使她筋疲力尽。产品Miracle Drops根本没有送达芝加哥的美容用品店；愤怒的奥克兰店主收到了两份毛躁发质护理产品而不是一份；快递过程中损坏的造型啫喱全额退回到"万花筒护发产品店"（Kaleidoscope Hair Products）；多箱洗发水的味道都非常刺鼻，化学味道让她的员工头疼不已。

早在2012年，万花筒还是新奥尔良东北区的一家小发廊，当时名叫"小森林"，那时的热斯卡·迪帕尔30岁。6年后我拜访她时，万花筒已是非裔美国人美妆市场中的一个快速成长的品牌，其美发产品在各州，乃至加拿大、英国和加勒比地区的众多美发沙龙和美容用品店里贩售。这一切成果都源于迪帕尔在社交媒体上坚持不懈的营销，尤其是在Instagram上，她的账号@DArealBBJUDY目前已经拥有200万粉丝。

迪帕尔只有一米五多一点的身高，有一双大眼睛，笑容灿烂，身材丰满以至于当穿上突显身材的衣着时都显得过于拘束。@DArealBBJUDY中的"BB"意思是丰满的胸部，迪帕尔并不羞于在视频或照片中展示这一天生的"资产"，她在工作时间以外快速地制作大量视频、拍照片，然后在网上定期发布。当聊到@DArealBBJUDY这个账号时，迪帕尔笑着说："如果我知道我要做的是关于头发的工作，我可能会改变一下运营账号的策略。"这天早晨，她穿着阿迪达斯的运动紧身裤和Yeezy的运动鞋，镶着珠宝的T恤上写着"祈祷吧女孩，祈祷"的字样。今天她的头发又直又黑（她每周都做一次接发，这只是其中一种），指甲有7厘米长，金色、紫色和黑色的美甲装饰着宝石，闪闪发亮。

万花筒最近呈爆炸式发展态势，其销售额从2018年年初的每月10万美元，增长到了3月底的100万美元。位于休斯敦的公司分部负责生产并分销万花筒产品，但因为公司跟不上销售速度和销售规模的暴涨，所以出现的各种问题令迪帕尔十分恼火。迪帕尔的办公室面积已经是原本小发廊的好几倍，她坐在办公桌后对我说："我们没有犯错的空间。现在的混乱会导致数千美元的损失，几个月前这个数额还是几百美元。2天的周转时间也延长到了12天。"她一边在她的两部手机和一台电脑间切换，一边说："该死的，不好用！"

迪帕尔正处于两难境地，因为造成这些混乱的男人正是她的事业导师。当她还是个发型师时，这个男人说服她开始销售产品，让她从新奥尔良一家发廊里的普普通通非裔美国女性，变成了一个在全国黑人美发社群中的知名人物，并且还拥有了一家资产以百万美元为单位迅速增长的企业。但是现在这个男人正在非洲长途旅行，没人能帮迪帕尔处理售后日渐增多的麻烦事。她说："我必须自己做所有的事，给发货人打电话，给包装公司打电话，然后我发现我并不需要他。"

万花筒公司产品需求的增长速度超出了公司的管控能力。人们每天打电话来，甚至来到公司门口，想要购买已售罄的商品，其中包括最受欢迎的Miracle Drops，这一系列产品宣称能治疗秃斑、脱发和其他发质受损问题。"我不想售罄！"迪帕尔怒气冲冲地说，"售罄意味着损失钱财！！！我下周要飞到休斯敦解决这件事。"

在这期间，她的经销商从肯尼亚的旅馆发来一条信息。迪帕尔立刻打电话给他。"有一大堆差错让我们这边的状况变得糟糕，"她描述了日渐增多的业务问题，"在极短的时间里出现了非常多的问题。"

"嗯，现在只是有太多流程在同时进行，"对方回答着，解释说与亚特兰大一家大型经销商的新合作让流程更复杂了，"我们自己干时没有这些烂摊子。"

"但我们现在的工作量是之前的3倍！"迪帕尔反驳道。通话的音调迅速飙升，直到迪帕尔基本是在朝话筒大喊大叫的时候，双方同时挂断了电话。

"现在我的关注点是，他能不能接受一份小批量的订单。我是个忠实的人，但是如果我把这些搞砸了，这对在这里工作的所有人来说都是种伤害……"她摇摇头，停下来深吸了一口气，合掌摆出祈祷的姿势，闭上了眼。几秒后她睁开眼，"这是我的公司，我不能为了别人牺牲我的公司。有太多人都在指望着我……太多人。"

她说的那些人里有她的家人、朋友、以不同方式支持她的同行，还有几十名员工。其中还有一对从尼日利亚移民来美国的夫妇，他们的3个孩子正在她办公桌后面打游戏，因为学校在放春假。但她最重要的支持者是新奥尔良以及其他城市的广大社群，他们将迪帕尔看作一个可以追随的创业榜样。

当我们走向迪帕尔的凯迪拉克凯雷德（这车车身粘满了万花筒的贴纸，还配有写了"BB Judy"的牌照）时，一辆小轿车开进广场，并开始疯狂朝她按喇叭。4个年轻的黑人女孩跳下车，奔向迪帕尔，高兴地尖叫着拥抱她。这些女孩掏出手机来自拍，叽叽喳喳地解释说她们刚刚在巴吞鲁日的学校结束了大一的课，在打包好行李后，她们就直接开车到这里来见迪帕尔了。对于她们来说，@DArealBBJUDY不仅仅是一个通过在社交媒体发布名人搞笑短视频来销售美发产品的传奇人物。她还是一位来自新奥尔良的成功的黑人女性创业者，她告诉其他和她一样的年轻黑人女性，她们也可以成为创业者。

过去20年来，少数族裔女性成为美国增长最快的创业者群体，包括非裔美国人、拉丁裔、亚裔和原住民。根据美国运通公司（American Express）委托调研的一份报告可知，从2007年至2018年，白人女性创办的企业数量增长了58%，而少数族裔女性创办的企业数量增长率是前者的近3倍，达到163%。截至2018

年，美国所有女性创业者中，有近一半是有色人种女性，人数将近600万，其创造的年收入超过3000亿美元。黑人女性在这些创业者中占了20%，并且其数量平均每年增长9%，成为仅次于白人女性的最大女性创业者群体。据估计，黑人女性在美国每天创办约550家新企业，而白人女性创业的数量为近650家。黑人创业者群体也是美国唯一一个其女性创业率超过其男性创业率的群体。如果说美国有一个创业群体的繁荣与创业兴趣增长的神话相匹配，那么这个群体的形象看上去一定很像热斯卡·迪帕尔。

少数族裔创业者的发展部分归功于美国的人口结构变化，移民潮改变了劳动力和国民的面貌。不过，非裔美国人的人口变化与亚裔和拉丁裔通过移民改变人口的方式不同，前者的数量在美国人口总数中的比例是相对稳定的。黑人女性创业群体非常突出，她们的创业抱负源自她们将理念付诸实施，并切实参与企业事务的意愿。

这些是好的情况。更复杂的情况是，与所有的女性一样，在成为创业者并取得长期创业成功的道路上，非裔女性和其他少数族裔女性要面对更多的障碍。2016年考夫曼基金会的一份关于性别与创业的报告称，女性创办新企业的概率是男性的一半，而且女性创办的公司通常比男性创办的更小，投资率更低，利润更低，发展更慢，并且更可能以家庭为基础，集中于以女性为中心的行业，如美容。对于少数族裔而言，这种差距更加明显。黑人女性创办的公司平均年收益只有2.47万美元，而白人男性创办的公司平均年收益则有21.23万美元，呈现出财富与机会的巨大差距，直击美国系统性不平等的核心。

这显然不仅是一个经济问题，也是一个文化问题。除了少数案例外，少数族裔创业者和女性创业者一直被遗弃在现代美国创业英雄故事之外。

朱莉安娜·齐默尔曼（Julianne Zimmerman）是Reinventure Capital的常务董事，这是一家总部位于波士顿的具有影响力的投资公司，以少数族裔运营的公司为目标客户。朱莉安娜说："行业内有明确的阶级歧视、性别歧视和种族歧视……每位创业者都经历过。""我让房间里每个人都闭上眼，想象一位成功的创业者。然后我说，'谁想到了特里斯坦·沃克（Tristan Walker）[1]、萨拉·布莱克利（Sarah Blakely）[2]、黎塞留·丹尼斯（Richelieu Dennis）[3]或罗宾·蔡斯（Robin Chase）[4]？'屋里一片寂静。因为每个人想到的都是相同的偶像——乔布斯、马斯克、扎克伯格、盖茨，"齐默尔曼说，"流行的单纯故事会被一遍又一遍地重述，形成了无意识偏见。没有任何人会有意把一些故事排除在思考范围之外，但是当我们遇见或想到创业者时，我们只会着眼于我们期望看到的那些。

---

1 非裔男性。曾为健康及美容护理公司Walker & Company的创始人兼CEO，后公司被宝洁（P&G）收购，沃克成为宝洁旗下第一位非裔男性CEO。

2 白人女性。Shapewar品牌Spanx的创始人和所有者，于2012年曾入选《时代周刊》（*Time*）的"年度百大影响力人物"名单。2014年，被《福布斯》评为全球第93位最有权势的女性。

3 非裔男性。20世纪90年代初期，黎塞留与他人共同创立了Sundial Brands，目标是为有色人种消费者打造天然美发和美容产品。

4 白人女性，美国交通企业家。她是互联网汽车共享平台Zipcar的联合创始人和前CEO。她还是被Drivy收购的点对点汽车共享服务Buzzcar的创始人和前CEO。

而当发现有某些东西与故事不相符时，我们就会产生许多疑问。"

当女性和少数族裔创业者寻求投资时，无论是帕罗奥图的风险投资人，还是新奥尔良某家银行的信贷主管，都会因为偏见而向这些人寻求更多的回答、细节和数据，以克服这些偏见，而对白人男性创业者则不需要。在一项研究中，哈佛的劳拉·黄（Laura Huang）教授及其同事发现，女性创业者会被投资人问及更多关于潜在风险和损失的问题，相比之下，男性创业者则会被问及更多关于潜在收益的问题。更经常发生的情况是，投资人只是觉得某位CEO更符合他们对一位成功创业者的想象，正因为如此，男性才持续获得绝大多数的风险投资资金，从而形成了恶性循环，使女性丧失了很多机会。硅谷的初创模式产生了更多的硅谷式初创公司，加剧了创业的不平等。

"我们在创业的世界里正面临文化单一化的危险，"齐默尔曼说，"单一的执行者，单一的投资者，单一的投资品类，单一的文化总是要出问题的。"

这在经济层面上表现为对机会的浪费。齐默尔曼说："可以肯定的是，更有可能创办企业并坚持下去的是女性、有色人种和移民，而不是风险投资人锁定的那些目标人群。"

这些创业者也比其他创业者更愿意关注社群。他们创办企业为自己的社区服务，促进社区中人际关系的发展，运用创业来增强社区实力。对于像热斯卡·迪帕尔这样的新奥尔良美发美容行业的黑人女性来说，社区不仅仅是自己创办企业的地方，它也是创业精神的根基。

新奥尔良是一个充满音乐和奶油食品的有历史的魔力城市。豪宅与富丽堂皇的餐馆展现了其经济上的富足，但与此同时，新奥尔良也是美国最穷的城市之一，贫穷主要体现在黑人街区里。奥尔良县（包括都市圈在内的地区）的失业率比全国平均水平还高出一点，城中黑人男性有半数都处于失业状态。鉴于非裔人群占城市总人口的比例超过60%，这些事实几乎影响着当地创业生态系统的方方面面，以及创业与社区的关系。

这也使黑人女性成为新奥尔良最具潜力的创业力量，她们中的许多人选择了美容美发的创业之路。这并不令人惊讶，美容美发行业是全国黑人社群中所有权最清晰的企业之一，比起其他更广泛的行业，有更多黑人女性创业者选择创办美容沙龙、化妆品企业或其他相关企业。

这一现象的历史根源可回溯至美国南北战争时期，当时，一些没有被迫从事残忍种植劳动的奴隶，往往会在如新奥尔良等城市做些维持生计的工作。黑人男性会选择去给人擦鞋、剃须、理发，而黑人女性则在市场和码头出售食物和其他商品。有些奴隶常常被要求为自己的主人梳妆打扮，还有些奴隶在新奥尔良被拍卖。这些收入通常来说都会直接进奴隶主的口袋，但偶尔也有一些钱被用来为某个奴隶及其家人赎身。

"对于奴隶而言，成为理发师能从主人的封闭管理中短暂抽身，也朝自由迈进了一步，"昆西·T.米尔斯（Quincy T.Mills）在他的《以色分割》（*Cutting Along the Color Line*）一书中写道，"对于自由的黑人来说，理发是一种既没有行业门槛也没有限制条件的工作，许多人便抓住机会成了创业者……"

　　在奴隶解放之后，自由的前景很快被"吉米·克劳法"[1]的隔离和限制迅速取代。黑人被禁止从事许多职业，银行业务对他们来说实际上是关闭的，而全国上下大多数白人群体也都拒绝和黑人创业者做生意。由于黑人群体代表了巨大市场，但白人企业却有意回避这类市场，于是，像W.E.B.杜波依斯（W.E.B.Du Bois）这样的黑人政治领袖便开始强调创业的重要性，帮助黑人群体获得经济力量，取得政治独立，领袖们还鼓励黑人创业者在自家成立业务。其中一个明显有利可图的合适行业就是美发美容，这是一个白人毫无兴趣的服务型市场。

　　确立现代黑人美容行业地位的创业先驱是C.J.沃克女士（Madam C.J.Walker）。她于1867年生于路易斯安那州的一座种植园，原名萨拉·布里德洛夫（Sarah Breedlove），是被解放的奴隶。20岁时，她成了寡妇，带着3岁大的女儿在圣路易斯做洗衣女工。这个工作非常辛苦，对此不满的沃克进入夜校，而后开始为当地一位名为安妮·马隆（Annie Malone）的女性销售美发产品。安妮在市场上出售能够修复因化学直发产品造成的发质干枯受损的发乳。等到沃克开始自立门户后，两人很快就成了竞争对手，她们在全美甚至美国之外建立了由美发产品、沙龙、技校与女售货员组成的竞争网。

---

1 吉米·克劳法指美国南部各州及其他边境各州在1876年至1965年间对有色人种实施的种族隔离制度的相关法律。

沃克迅速成为美国首位黑人百万富翁及明星企业家，她把经济独立的信条传播给了全世界的黑人女性。她的销售会议和在黑人报纸上刊登的广告中都有来自女售货员们的赞扬，诸如"你让一位有色人种女性在一天里得到的收入比在别人厨房里干一个月挣的还多"。沃克卖给她们的其实是自由。

阿莱利亚·本德勒斯（A'Lelia Bundles）是沃克的曾孙女及传记记者，她说："只有钱和成功还不够。想做一名创业者并获得成功，就需要其他目标，比如拥有政治权力，并为他人提供工作。"沃克的终极馈赠是将黑人创业者和为社区服务的需求联系起来。本德勒斯说："我认为护发产品只是达到目的的一种手段。"沃克用她的创业生涯为黑人，尤其是为女性取得了政治话语权，起初她的影响只产生在全国公民权利组织中（这些组织曾将女性边缘化），后来向外扩张，甚至还资助了一场游说伍德罗·威尔逊（Woodrow Wilson）总统禁止私刑的运动。"她被人们崇拜，经历也被神话。她不仅成功，还知道如何宣传自己的成功。大部分宣传内容都是关于独立，以及如何脱离白人老板的。"

自沃克女士崛起后的一个世纪里，美国的黑人美容产业蓬勃发展。根据市场调查公司敏特集团（Mintel）的一份估算报告，单单黑人女性每年都要在美发美容产品及服务上消费5000亿美元，比白人女性平均年消费金额还多3倍。这并不令人惊讶，只要你见过黑人女性最简单的理发造型过程，就知道它所需的工作量远远超过白人女性理发所需的。编发基本上就是一场要花费数小时的复杂手术，包括接假发、使用发胶、编辫，以及固定造型，有些人还像迪帕尔一样每周要换好几次编发。美发行业如今拥有许多家喻户晓的名字，从价值数十亿美元的品牌（比如现在属于联合利华的Sundial），到万花筒这样迅速发展的产品公司，还有数以万计的小企业，涵盖了美容院、美甲店、私人编发家庭作坊，甚至街边理发摊。

在黑人女性美容创业者中，尤其是在我访谈的那些新奥尔良创业者中，像热斯卡·迪帕尔这样跻身行业上层是一种非常典型的现象。她在新奥尔良第七区的一个中产家庭长大。敬爱的爸爸热斯在2011年去世，生前的他曾是壳牌公司（Shell）和当地一所大学的会计，同时也是一位创业者，拥有一家酒类商店和一些出租产业。迪帕尔的母亲埃弗兰在邮局工作，退休之后一直在帮女儿发货。

和我访谈过的其他许多女性一样，迪帕尔在每周前往发廊的路上产生了对美发的热爱。"我就是喜欢做发型、美甲和打扮自己，"迪帕尔一边回忆，一边驾驶着凯迪拉克飞驰在高速公路上，时不时摆弄着两部手机，"我和我妹妹每周六都去发廊，通常在那得花一整天时间。我们都有一头又长又蓬的头发，不好打理，小时候很讨厌烘干机。发廊总有人在，有人会端上菜盘……给我们吃小龙虾、秋葵、烤肉。我喜欢打理头发，我喜欢打理完后的样子。但我最喜欢的是发廊的气氛，对年轻时的我来说，那种气氛代表着正能量。"

7岁的迪帕尔已经会给她的洋娃娃修剪头发了。到了12岁，她开始在放学后给朋友们编头发。迪帕尔的父母对此很反对，他们对她抱有很高的期望，希望她成为律师或其他专业人士。"过去摆弄头发的概念和现在不同，"她说，"当时那就是一个业余爱好。"迪帕尔会偷偷把朋友们带到家里剪头发。有一次，当她母亲要用洗手间时，她把一个女孩藏到了浴帘后面。15岁时她怀孕了，父母让她开始为自己的剪发服务收钱，并让她转学到一座职业学校学习美发。尽管那学校比之前的中学糟糕得多（缉毒犬、枪击、帮派都是校园内日常所见），但她喜欢那里。"我对这学校有热情，"她说，她还尤其喜欢上会计课，"我喜欢看到数字增加。"

不在学校时，迪帕尔就在家里工作，为同学、亲戚、朋友和邻居做发型，最后拥有了一批忠实的客户。"我不只是发型做得好，"她说，"我还有很好的客户服务，顾客总是对的。我并不讨厌工作。我不去派对，不去夜店，不去Mardi Gras狂欢节跳舞……我就是那个给你弄头发的人。在Mardi Gras狂欢节期间我不停不歇地工作20个小时。"18岁时，迪帕尔有了两个孩子（现在有3个了），并且收入不菲，远远超出她可以找到的最低工资工作的薪水。很快，她就加入了一家美容院。

黑人美容行业的企业结构就像一个金字塔，许多美容师和理发师的起点都是"租位"，也就是一家美容院将一个座位出租给一位造型师。迪帕尔在编发沙龙、高级护发店，甚至男性理发店中都租过位。"你可以把我放在任何地方，"她说，"我能应付别人的嘲笑，然后继续我的事业。"

2005年，卡特里娜飓风袭击了新奥尔良，城中水灾最严重的就是黑人居住的低洼街区，许多居民都暂时搬到了别的城市，迪帕尔搬到了休斯敦。她工作积攒下来的钱有2万美元，但是无法获得联邦救急款，为了支付家人的生活费用，这笔钱很快就花完了。她在出租屋里开店，开始为其他离开新奥尔良的人做头发。她在金考快印店（Kinko's）打印她曾做过的发型照片，将它们贴在休斯敦各处。

"新奥尔良人想要新奥尔良式的发型，"迪帕尔解释道，"休斯敦没有地方能做这类发型。我们能做硬发型！"

我问，什么是硬发型？

"用了产品的发型，能自己立起来的，就叫硬发型。休斯敦没人做这种贫民式的玩意儿！"

在半年时间里，迪帕尔往返于两个城市。工作日时，她在新奥尔良重建生活和事业，到了周五晚上就开车去休斯敦，看望她的孩子们，剪两天头发，之后再开车回新奥尔良。"累死了，"她说，"我爱钱，我爱机会和发展，但这样真的累死了。"

2007年，迪帕尔存够了钱，和她的伴侣罗一起开了自己的店，店名叫"罗热斯"（RoJes），是一家在两个城市发展的理发美容店。自此，迪帕尔才首次开始涉足社交媒体营销，在脸书上发布照片和视频动态以招揽生意，接着聘请当地嘻哈文化名人、电台DJ和社交媒体网红来参加沙龙活动。但经济衰退期很快到来，迪帕尔意识到把个人生活和职业工作混在一起不是个好主意，因为这影响到了她和罗的关系。从第一次离家开始，她就想自己一个人创业，于是她在2012年年末注册了万花筒这个商标，因为她热爱色彩。

"我决定要走自己的路，"迪帕尔在Instagram上宣布，"上帝在我心中安放了一个不同凡响的计划……我要执行它了。"万花筒沙龙在2013年8月开业，支付了1800美元的租赁保证金（来自她仅有的2000美元存款）。迪帕尔不知疲倦地忙活了好几个月，购置了椅子、水槽、烘干机和她需要的其他设施，美发师们理一次发便结一笔薪水，造型、编发也一样。没有投资人，没有贷款，没有债务。她甚至都没考虑过这些。她成为一名创业者的方式是她所说的"咬紧牙关"。

那年12月，因为一个造型师忘了给一根卷发棒断电，整间沙龙都被烧毁了。迪帕尔不得不在罗热斯店里租位，好留在这个行业里，要知道那时她和罗的关系正濒临崩溃。万花筒于2014年7月重新开业，迪帕尔很快就开始用这个商标贩卖美发产品。为了销售包括Sleek Edges（一款造型产品）和Miracle Drops（一款发质修护产品）在内的产品，迪帕尔在社交媒体上越来越活跃，尽情发挥创意。她和雷内尔·斯图尔德（Raynell Steward）合作，创作了搞笑短视频。斯图尔德是一位在沙龙里工作的化妆师，她在社交媒体上的名字是"Supa Cent"。

迪帕尔在Instagram上发布的动态一开始只是一些说话的短视频，拍摄地点有时在办公室，有时在车里，有时在一个活动上。但渐渐地，它的视频变成了精心制作的流行文化模仿短剧，其中一个短视频模仿N.W.A团体的说唱歌曲《冲出康普顿》（*Straight Outta Compton*），让万花筒的所有美容师上阵模仿，鼓吹"假发游戏"的力量。这些动态里有一系列名为"朱迪·斯普林格（Judy Springer）"的、模仿脱口秀主持人杰里·斯普林格（Jerry Springer）的视频，还有模仿歌手TLC的视频，甚至还有《欢乐糖果屋》(*Willy Wonka & the Chocolate Factory*)片尾曲[1]的魔性混音版，在这个视频里，迪帕尔戴着电影中的角色翁卡的高帽子，五六个小精灵围着她跳着电臀舞。随着万花筒护发产品公司的发展，迪帕尔开始发布自己"偶然撞上"黑人名人并向她们推荐Miracle Drops产品的视频。这其中不乏一些知名人士，比如歌手史努比狗狗（Snoop Dogg）、拳击手弗洛伊德·梅伟瑟（Floyd Mayweather）、喜剧演员迈克尔·布莱克森（Michael Blackson），以及一些Instagram红人，比如模特兼说唱歌手泰勒·欣（Taylor Hing，也叫Chinese Kitty）。除此之外，还有数千张迪帕尔在各种地方穿着各式各样服装的照片，比如早晨躺在床上，穿着巨大的舞会礼服或有绒毛的戏服，还有锻炼和减肥的视频，当然，也有宝宝、狗狗、家人，以及更多小狗的照片。@Supa Cent也常常出现在@DArealBBJUDY的动态里。

　　所有这一切看起来很有趣，但是迪帕尔的社交媒体形象是让万花筒得以成功的核心，同时社交媒体运营的成本也在不断增加。迪帕尔把大部分时间都用来在线推销自己和她的企业，她的电话几乎从不离开那闪闪发亮的指尖，生产成本也随着产值的上升而增加。名人们之所以出现在迪帕尔的视频里，是因为她付了钱给他们。本地网红大概要好几千，但如果是史努比狗狗这样的人，

1《欢乐糖果屋》为1971年上映的电影，片尾曲为《呜巴鲁巴》(*Oompa Loompa*)。

那费用就要达到五位数，还要以现金支付。当迪帕尔的会计因为最近发布的在亚特兰大拍摄的视频而问她会不会收到1099税表[1]时，她笑得差点从椅子上掉下去。

"这些收钱的都吝啬得很！"她告诉会计，"像杨·吉兹（Young Jeezy）这样的可不会签1099表！"

随着@DArealBBJUDY在网上崛起，真正让我受到冲击的，是她的社交媒体如何迅速从销售万花筒产品的账号进化成了一个范围更广的、激发年轻黑人女性创业精神的论坛。迪帕尔定期发布她的销售数据和部分纳税申报表、产品出货和业务扩张的照片，以及偿还债务或购买新房或豪车的故事。每一条动态中她都感谢上帝，但也会明确告诉女性要相信自己，依靠自己走出去。迪帕尔向其他黑人女性展示了创业的抱负，这些也体现在她网上炫耀的着装、旅行、汽车，以及其他财富标志中。

见过会计之后，我们驱车返回万花筒办公室。路上，迪帕尔说："我把成功定义为你能接触多少人。不幸的是，人们认为成功就是赚更多的钱。我买宾利车（一辆价值近20万美元的豪华轿车）并不是因为我喜欢车……我对车一点儿也不感兴趣……只是因为它能让人们尊重我，听我说话。我买它是为了它的用途。我赚的钱能产生很大的影响力，我喜欢这个事实。我和史努比狗狗演了一个短剧，它能让某个曾和我一起上学的人说，'那娘们儿做到

---

[1] 1099税表即美国各种杂项收入的年度总结。根据相关规定，任何个人或组织在纳税年度向纳税人付款等于或超过600美元就要向纳税人发放这张表。

了，所以我也能做到！'这就是新奥尔良。"她在一家银行的免下车窗口把一大叠支票交给出纳员存入，一边说："我告诉普通人怎么赚钱。我有影响力是因为我能鼓舞人心。"

当阅读她在 Instagram 动态下面的评论时，你会发现这种影响力是显而易见的：

"真正的人生目标！！！我来你的账号下面只是为了鼓励你……你真是令人振奋！！"这是迪帕尔的一条买房动态下 @shebarber89 网友的评论。

"没错啊啊啊！这就是我一直说的！ 🙌🦾🖤🖤🖤 我就是来这里看这种女老板范儿的！！！"这是迪帕尔发布的一张她的凯迪拉克照片下 @homes.pho.sale 网友的评论。

哪怕是她在分享国税局 178,812 美元的税金账单时，都有像 @branded_brashay18 这样的人评论说："即便我知道我的税收看起来不太行💰，但我已经做好了生意兴隆的准备！这是唯一的动力。🙌"

在这些女性眼中，@DArealBBJUDY 不是一个性感偶像或时尚标杆，而是一个克服艰辛、努力获得成功的杰出女性创业者。黑人女性是美国经济和社会层面上最弱势的群体之一，她们迫切地需要看到一些行为榜样能展示可行的、可取的、力所能及的创业途径。这榜样的力量来自 C.J. 沃克女士或奥普拉·温弗里（Oprah Winfrey）这样的商业女性获得的巨大经济成功，也来自像碧昂丝（Beyoncé）这样的文化偶像，她们让所有赚钱的甜心们都能举起双手，被大家注意到。

"当今女性正试图成为一股力量，"迪帕尔说，"这种独立比从前更重要。女性在依靠她们自己，不再白白等着男人然后什么都得不到！"

黑人女性有一个越来越重要的目标，就是意识到创业是她们的权利。伊莱恩·拉斯马森（Elaine Rasmussen）是社会影响策略集团（Social Impact Strategies Group）的CEO，她致力于为中西部的有色族裔和女性创业者推行投资与融资的民主化。她说："我们不被允许拥有权利和资本。一旦我们拥有，这些东西也会被剥夺得一干二净。应该把这种下意识的恐惧从你身上剥离掉。"要夺回经济权利，首先应该积极地将创业精神纳入社群的身份认同。"如果你走向一位有色族裔女性或跨性别者，问她们如何界定自己在做的事……他们许多人都不会把自己称为创业者，"拉斯马森指出，创业者被视为一个属于白人的词汇，"我问，'好吧，那你认为你是什么？'他们会回答，创业是我的副业，我只是在做着而已。我给她们的回应是'你有在卖一种产品或一种服务，并且以此赚钱吗？'有。'那你就是个商人，就是创业者。这是一件很美的事，很棒的事，你应该拥有这个身份。'"

不幸的是，在美国做一名黑人创业者永远都不像开业那么简单。拥有一定身份也许是战胜不平等的第一步，但仅仅拥有身份是不够的。黑人企业受到经济和政治壁垒的刻意限制，并且还有看不见的种族歧视在破坏他们的努力。在种族隔离时代，暴民摧毁了许多曾经蓬勃发展的黑人创业中心，比如俄克拉荷马州塔尔萨市的黑人华尔街，它在1921年的一次暴乱中被彻底夷平。即便到了今天，这些壁垒仍在增加。田纳西州最近通过了一项法案，对无证编发者（黑人独有的群体）处以数十万美元的罚款，这在年轻黑人女性刚开始尝试创业时就给了她们重重一击。

尽管黑人女性是美国创业者中增长最快的群体，但她们的创业失败率也远远高出其他人。根据全球决策中心（Center for Global Policy Solutions）2012年一份报告中的美国人口普查局（US Census Bureau）数据，黑人女性群体创办的企业是最不可能拥有员工的。在该群体创办的企业中，只有2.5%的企业有员工；相比之下，白人女性创办的企业中有员工的占11.9%，白人男性则是23.9%。甚至连黑人男性企业的员工数量都是黑人女性企业的2倍多，要知道在过去的十年里，黑人男性创业者的数量在下降，而黑人女性创业者的数量在上升。从2007年至2012年，也就是经济衰退最严重的时候，由黑人女性经营的企业年收入下降了30%，这个比率远远超过其他任何群体（白人女性企业年收入下降了5.7%，黑人男性企业年收入反而增加了3.9%）。2016年，企业机遇协会（Association for Enterprise Opportunity）发表了一份题为《美国黑人企业所有权织锦图》（*The Tapestry of Black Business Ownership in America*）的报告，报告称，黑人女性创办的美容店平均收入只有1.4万美元，而白人女性开的美容店平均收入超过5.6万美元。

马娅·罗基穆尔·卡明斯（Maya Rockeymore Cummings）是全球决策中心的总裁兼CEO，该中心是由她创立的一家华盛顿智库及咨询公司。她说："我不想给黑人女性创业者贴标签，但她们在追求抱负时最容易受挫。""缺乏资金渠道，以及黑人和女性的两种刻板印象，这两者对她们造成了双重打击。就产业规模、市场扩张和获取资金的能力而言，黑人与女性两个群体在通往商业成功的道路上会碰到更大的障碍。这并不意味着她们没有野心、希望和梦想，"罗基穆尔还说，"这只是意味着她们很受挫。她们最有可能创业这一事实意味着她们充满希望。她们拥有可能会实现市场化的技能、天赋或产品理念。她们非常愿意创业、挂起店铺招牌，却又是最不可能成功的群体。"

我在新奥尔良和十几位黑人女性创业者交谈过，无论在经济上是否取得了成功，她们没有一个人曾去银行贷款，又或寻求风险投资或任何类型的外部投资。获得投资是难以实现的，这个想法在她们脑海中是根深蒂固的，甚至连考虑去获得投资都显得很荒谬。从最基本的层面讲，这是一个被错失的经济机会。创业是让黑人创造财富的最具变革性的途径之一，它尤其能创造出可以影响几代人的财富，使整个家庭摆脱贫困，进入中产阶级。据《美国黑人企业所有权织锦图》称，企业主黑人群体的净资产中位数是非企业主黑人群体的12倍。在美国，白人家庭的家庭财富通常是黑人家庭的13倍，如果把后者换成黑人创业者的家庭，这个数字差就仅仅是3倍。罗基穆尔称，如果黑人群体和其他有色少数族裔的创业经历与他们在人口中所占的比例相当，那他们将多创造超过100万家企业，可以多雇用900万的美国人。

"我们有必要思考一下，我们允许某些创业群体成功，同时不允许另一些创业者成功，这种做法传达的是什么样的社会理念？"

罗基穆尔说。一般的概念认为，寻求风险投资是通往创业之路的门票，但她认为这种流行概念对黑人来说就是"胡扯"，他们通常接触不到这些与钱相关的人脉、关系网和群体。由于风险投资行业的交易和交易撮合者表现出来的多样性单一得可怜，黑人创业者就算得其门而入，也很少能够获得投资。没有投资，许多黑人创业者注定要处在一种边缘状态，无法充分地理解自己的梦想，因为他们缺少财富和特权来抵御更大的风险。这一切表象下的讽刺意味往往让罗基穆尔难以忍受。

"当我们刚来到这个国家时，工作都没有报酬，"她说着，这让我想起整个群体被戴上镣铐越洋而来的那段历史，那是因为有人想利用他们帮自己赚钱，"我们是唯一一类曾被视为资本的人。"

我在新奥尔良待了一周，和黑人女性创业者聊天时会反复听到同一个词——社群。我听到迪帕尔屡次使用这个词，访谈过程中其他沙龙店主也一样会提到它。社群源于创业的业务类型，这些业务类型反映了她们所属社群的需求。这些创业者创办企业，服务于市场，因为她们自己就是市场。尽管黑人女性拥有强大的消费能力和庞大的黑人美容市场，但是全球美容市场却严重地忽视了她们。大公司不愿生产能满足黑人女性需求的产品，她们的肤色和头发结构与从唇膏到洗发水等针对白人的一切产品都完全不相容。

受这些问题的困扰，克丽丝滕·琼斯·米勒（Kristen Jones Miller）与朋友阿曼达·约翰逊（Amanda Johnson）一起在2017年创办了品牌Mented，销售适合各种肤色的有机口红。米勒和约翰逊是在哈佛商学院认识的，两人都有美容和零售行业的经验，但当她们为筹集资金、向八十多位风险投资人推销Mented时，却面临着一场艰苦的战斗。这些风险投资人都对她们说品牌是不可能成功的。"因为我们是有色族裔女性，要解决的是有色族裔女性的问题，而我们面对的这些人无法用相同的方式看待这个理念，"米勒说，"我不是一个毕业于斯坦福、准备研发某种什么什么移动应用的白人。我是一个有色族裔女性创业者，我在服务有色族裔女性，我无法把这两个事实分开。这和创办一个服务于所有人的企业不同。"米勒对我说："我觉得，比起我那些追求与自己人种不同的市场的哈佛同学，我有极大的优势。我的那些同学从行业报告和调查数据中了解客户的一切；而我作为一个有色族裔女性非常清楚这个人群是什么样子的，也非常清楚服务于有色族裔女性的美容产业有多差。我每天都觉得自己处于优势地位，因为我很了解客户和问题所在。"

某天下午，我在新奥尔良和妮基·达容（Niki Da'Jon）一起喝咖啡，她正在发展她的在线接发业务LA Shop Hair Boutique。达容当时28岁，脖颈上挂着"女老板"样式的金吊坠，当时的她正在洛约拉大学（Loyola University）攻读MBA，主修创业。她告诉我一年前她是怎么遵循家族创业之路启动这项生意的（她父母有一家小小的裁缝店，为唱诗班制作长袍，不过在卡特里娜飓风之后转向了建筑业）。达容正在计划毕业后开一家新型的美容用品店。

之所以有这个想法，是因为她总是在美容用品店里遭遇怀疑和敌意，许多黑人女性都说这是很常见的事，尤其这些店铺还都是黑人社群以外的人开办运营的（比如韩国人，他们在这个行业的地位很强势）。"难道我在自己的社群里，用自己的人开自己的店还要觉得自己没价值吗？"她问，"难道不能有一家黑人开的美容店吗？这家店就不能反映我的需求吗？如果店里的常客和我是同一种族，还不能拥有属于她们自己的东西吗？"她的理想是开一家美容用品店，它不仅欢迎像她一样的女性，并且还能指引来到店里的年轻女性，向她们传播尊严和创业这类话题。

MBA的其他同学正在推销风险投资人喜欢的以科技为中心的企业理念，而达容正在把自己塑造成社群的榜样。"我想开这家店，让社群里的黑人小女孩也能拥有属于她自己的某种东西，这能反映她的社群现状，也能回馈社群，"她说，"在我的社群里，创业是前进之路。创业者是社群的希望，因为他们用自己的双手改善了社群的生活。这在一个有很多社会援助的城市里尤其重要。重要的不是要别人给你什么，而是赋予了你力量。"

对于新奥尔良黑人美发产业的女性创业者来说，为社群赋能有很多形式。它可以是她们制造出来提供给社群的产业和服务，也可以是产业的实体空间，它提供了社会学家们提出的"第三场所"，即工作与家庭之外的地点，能够满足一个社群聚集和建立人际关系的需要。对于黑人而言，理发店和美容店一直是第三场所。蒂法尼·吉尔（Tiffany Gill）是特拉华大学（University of Delaware）历史和非洲研究的教授，她的《美容院政治》（*Beauty Shop Politics*）一书记录了黑人美容院作为社群枢纽的演变过程。她说："美容院的部分意义在于，它是由黑人掌控的实体空间。"它们是让黑人女性感觉最自在的处所，这里没有过多的评判，人们可以自由讨论政治、钱、性和其他任何话题，所有坐在椅子上做头发的人都是平等的。

其中一个沙龙位于新奥尔良的东北部，名为"海湾美人"（Beauty on da Bayou）。它离庞恰特雷恩湖只有几个街区，是一座没有窗的小房子，手绘的商标表明它专营天然美发，这是黑人美容市场的一个分支，摒弃化学直发剂和其他意图"驯服"头发的产品，专注于头发健康，专注于卷发和个人尊严。德瓦娜·马凯巴（Dwana Makeba）于2007年开办了这个沙龙，她多年里换过不少工作，做过黑人研究教授、艺人哈里·贝拉方特（Harry Belafonte）和图帕克·沙库尔（Tupac Shakur）的巡演经理，以及房地产经纪人。但是马凯巴从大学开始就一直在给人做头发了，尽管她有硕士学位，她还是在这个贫困的角落里开了店，以延续祖母的传统，她祖母在新奥尔良第九区开了一家沙龙。

马凯巴把自己泛灰的长发绺挽成一个圆髻，她称自己为创业者兼"文化传承者"。她认为自己的主要工作就是为社区建立一个安全区，在卡特里娜飓风摧毁街区之后更是如此。"我想成为重建过程的一分子，"她说，"成为我的社群的一个锚点。"海湾美人沙龙欢迎所有人，无论她们是政客、警官、脱衣舞女、教师、牧师，还是这些人的母亲、女儿或姐妹，每一个顾客在这里都被平等对待。法官、律师和即将受审的人并排坐在店里的椅子上，在这儿也不是什么稀罕事。马凯巴想起在2016年大选过程中，她曾经为特朗普的一位支持者做过头发，这位支持者还在店里和其他女性争辩政治立场。"人们只是说，'哦，总得有人站在对立面，'"马凯巴回忆道，"这就是安全区的意义。那人在其他地方就不会敢当着其他黑人女性的面说这个。"

"这里有各种各样的言论，"阿瑞萨说，她是一位上了年纪的女性，大家都叫她"大红"，此时一位造型师正给她洗头发，"真的是各种各样！政治的、社会的、性的……"她个人喜欢讨论橄榄球，以及橄榄球队圣徒队进入超级碗大赛的那些故事。

在附近的让蒂伊区，塔尼娅·海恩斯（Tanya Haynes）认为，是卡特里娜飓风造成的混乱使她的知名沙龙店"老友"（Friends）明确了其在城市结构中的位置。她说："我意识到老友沙龙是女性社群的枢纽。"老友沙龙的客人都是中产阶级以上的黑人，这些专业人士倾向于保守的着装，其中包括拉托娅·坎特雷尔（LaToya Cantrell），在我来的数周前她已经当选新奥尔良的市长。和迪帕尔做的硬质发型不同，海恩斯做柔软的发型，店里放的音乐是舒缓的爵士乐、赞美诗和节奏蓝调，并且不允许儿童进入，这样女士们在这里可以完全地做自己。这些女性在店里会待很久，超出她们做发型的时间，她们在海恩斯营造的给予她们支持的环境里聊八卦、吃自己带的食物，甚至读小说或工作。对马凯巴来说，如果一个人付不起钱，她绝不会追问第二次。和马凯巴相似的是，海恩斯会在一位顾客或其亲属去世时，亲自为死者设计葬礼造型。

对海恩斯而言，做一名创业者就意味着你要在社群里建立某些"属于自己的"东西，并回馈社群曾给你的友爱。这样做无疑会带来金钱方面的意外收获，但情感层面上的回报更大。在老友沙龙开了几年后，海恩斯的儿子贾里德（Jared Haynes）在一次枪击案中被杀,新奥尔良的黑人群体常年受枪击事件的困扰。吊丧一个月后,海恩斯回到沙龙,很多顾客都来了,她们当然给她带来了生意,但其实都是来拥抱她的,让她可以在她们的怀里哭泣。"女性的爱,这真是一种令人惊奇的东西,"她在回忆时落泪,"她们不是你的祖母,但感觉像祖母;她们不是你的姨妈,但感觉像姨妈;她们不是你的姐妹,但感觉像姐妹。"生意和生活之间没有距离。这些女性不仅仅是顾客,她们是一个真正的社群集体。

"黑人创业者们有一种其他创业群体没有的责任感,"蒂法尼告诉我,"他们在某种程度上对社群负责。"为了写书,蒂法尼采访了美国各地的黑人沙龙店主,她无意中发现这些女性有一个共同的期望,她们想用自己的事业以及因此赚来的钱去支持她们所属的社群。从经济角度上讲,这意味着把钱留在社群内部,把钱花在本地创业者的生意上以支持她们,并建立一个真正的公共财富池,以购买的方式积累、互助。更进一步说,这些创业者提供当地人所需的商品及服务,以此支持社群,并同时竭尽所能地为周围的人提供更广泛的帮助——雇用当地人、支持社会事业、为政治发声,甚至还会赞助小联盟球队或狂欢节乐队。

热斯卡·迪帕尔与她的社群联系非常紧密,而且经常在网上为社群中做生意的人做宣传,比如 Supa Cent(她现在在迪帕尔公司所在的广场办了一家成功的化妆品公司,名为 Crayon Case),并为新奥尔良和建设它的黑人女性代言。迪帕尔从在这里长驻以建立自己的事业的时间点开始为我讲述:"我觉得自己对社群负有百分百的责任,要确保我们往正道走。这里可能有一小撮人在做一些令人厌恶的坏事。但我希望每个人都明白一点，我可以搬到洛杉矶或亚特兰大去，可我想待在这里，好减少一些坏事。"

我们刚刚走进一间名为"特里纳·布特美发生活工作室"（Trina Bout That Hair Life Studio）的沙龙，这里离迪帕尔的店有几公里远，迪帕尔每周来这里做几次造型，为她服务的是店长卡特里娜·哈里斯（Katrina Harris）。店面是长条形的，很明亮，墙漆成了艳粉色。五六个女顾客坐在椅子上或烘干器下，电视上正播放着真人秀。一位名叫戴维的年轻人正在吃一盘奶酪玉米片，头上还戴着卷发夹，还有不知道谁的女儿正在做作业。迪帕尔坐在一张椅子上，今晚晚些时候她要去参加一个活动，因此哈里斯要给她编新种类的头发……鸦黑色的头发中交织着紫色和蓝色的织带，整个过程需要两小时。迪帕尔原本的头发被编成了紧紧的发绺，哈里斯在发绺两侧和周围都涂了发胶，戴上丝网帽，等它们晾干。

"嘿，这假发套太小了，看上去像男人的假发！"迪帕尔说。这时哈里斯开始把假发沿着帽子给她接上。

"你的头太大了又不是我的问题！"哈里斯一边说一边继续编发。

迪帕尔也并不是真的在担心，毕竟哈里斯曾是她的下属，在万花筒工作了两年，迪帕尔让这位年轻的造型师在沙龙里有了第一份工作。2017年，迪帕尔关闭了沙龙，专注于美发产品，这时她鼓励哈里斯自己开店。在整个创业过程中，迪帕尔都在给哈里斯提供指导，在财政上帮助她，引导她的每一步。迪帕尔甚至通过社交媒体向客户宣传哈里斯，并鼓励着比她害羞得多的哈里斯，让她的业务更进一步实现在线品牌化。

哈里斯的野心没有迪帕尔那么大，对她而言，成功就是能够活得舒服，有时间和自由可以抚养10岁的女儿，每天起床都不用担心钱的事。成功是能掌控自己的命运，美发沙龙给了她这些。"每天拉起店门，在招牌上看到我的名字，这对我来说意义重大，"她一边说，一边给迪帕尔的头皮涂上更多黏合剂，胶水的热量时不时让迪帕尔难受，"这对我说意味着一切。"

戴维出去了一趟，回来时给每个人都带了雪球鸡尾酒，在这个闷热的城市里，这种甜得要命的冰冻饮料简直是漫长的沙龙聚会的命脉。当迪帕尔一边在烘干器下啜饮她的饮料，一边在两部手机上用社交媒体工作时，我问她，为什么要帮助哈里斯以及其他和她一样的人。况且，通常的概念都认为创业是一种赢家和输家的零和游戏，创业者之间的竞争非常激烈，根本没有帮助别人的空间，尤其是当对方的行业和市场都和你重叠的时候。这种做法对创业生活中的大英雄们来说都是一种挑衅——乔布斯、马斯克、扎克伯格——这些人无情地向统治地位攀升，不计后果地把那些残兵败将抛在身后。

"无论我生意做得多大，为了保护企业，最重要的还是保持相关性，"她说，"我不希望有谁会说，'哦，那娘们儿做到了，却把我们抛在后面！'在一个像新奥尔良这样被贫困所扰的城市里，不能这样做。"这意味着她不仅仅通过在网上激励别的女性创业，还牵起她们的手，像导师一样，教导她们除了喊口号外还要做些什么才能成功，甚至具体到税收政策、法律责任、营销预算的繁琐细节。迪帕尔称之为"让大家进步"，我在新奥尔良各处都能听到女性在说这个词。

阿迪亚·哈维·温菲尔德（Adia Harvey Wingfield）是华盛顿大学（Washington University）的一名社会学家，著有《与美的生意》（*Doing Business with Beauty*）一书，她指出，在黑人美容行业里，这种帮助别的女性成为创业者的意愿十分常见，在整个行业及其历史中都是如此。她把这种现象称为"助人意识形态"。她写道："简而言之，企业主认为，帮助其他黑人女性拥有开办沙龙的能力，比让她们做造型师带来经济收益的能力更有价值。""美国人强调竞争力、个人主义和性别种族主义，这些信息告诫黑人女性要把彼此当作竞争对手，有鉴于此，她们这种伦理观就显得相当非凡且极其高尚。"当我和温菲尔德通话时，她详细地阐述并指明，助人意识形态是非裔美国女性作为创业者面对歧视时的解毒剂，"它打开了一道缝隙，使她们能够越过"通常将她们拒之门外的"体系"。

在海湾美人沙龙，德瓦娜·马凯巴正在她的造型师"秀发精灵约妮"和"摩根·速美·迪伦"身上实践助人意识形态，即教她们创业，甚至付钱让她们去学金融知识。"她会带着你，"约妮说，"她是个能挖掘他人潜能的沙龙老板。你会以为在一个老板手下工作，那就是个生意，但事实上不仅如此。"来海湾美人沙龙工作之前，约妮在一个冰沙摊做着最低工资的工作。而现在她正计划开自己的店卖编发产品。她说："她激发了我身上的一些东西，这些东西我自己都没发现。"马凯巴正在建立一个面向年轻女孩的夏令营，以教导她们树立自尊心、护理美容、创业的基本原理，以及如何让她们的"黑女孩魔法"变现。当我问马凯巴为什么要做这种没有明显经济回报的事时，她说："我是个来自第九区的黑皮肤女孩。从统计学上看，社会系统的结构并不能让我成功。我有职责向那些肤色和我一样的人伸出手，比如约妮和摩根，我有义务帮助她们站起来，让她们进步。"

在整个新奥尔良，我一直在听到这样的话，一次又一次。朱莉娅·克拉沃（Julia Clavo）是一位模特，并且是服装、零售及化妆品领域的创业者，她销售的化妆品品牌为 Spicy Dark。她说："我来到这个世上就是为了帮助人们自立。我不追求金钱。我的野心在于我自己和我热爱的事物。我是马丁·路德·金和马娅·安杰卢（Maya Angelou）[1]。他们为我们铺平了道路，使我们能取得成就，建设这个世界，所以我也必须给这些女孩传授我的知识。我永远不会忙到无法帮助别人。这是我的座右铭，是一个重大的责任，因为如果我传播知识，我将得到更多回报。"妮基·达容也对我说，创业精神是"一座桥梁，将你与你想去的世界连接起来，将你与那些紧随你身后、却不知道如何去往那个世界的人连接起来。"她的使命就是成为创业者，以建造这座桥梁。

对迪帕尔来说，助人意识形态始于万花筒沙龙，她在那里帮助 Supa Cent 和员工哈里斯建立自己的事业。"Supa Cent 是个完美

---

1 马娅·安杰卢（1928—2014），美国传奇作家及黑人民权运动家。

的例子，"迪帕尔特别指明她朋友现在的名气和财富已经可以和自己媲美了，"这孩子之前对自己可以走到这个高度完全没有概念。当她成功时，我告诉她，'现在你到了这里，找 10 个人，去和她们接触。'看看哈里斯……如果我给她足够的推动力，她将成为下一个百万富翁。正是因此，我才开了自己的店，并推动她们去开她们自己的店。我希望每个人都有蛋糕吃。"

迪帕尔从不去想象自己一年是否能赚到几百万美元。她想要的，正是新奥尔良大多数年轻黑人女性想要的——一个她可以自己掌控的稳定生活，和一个属于她自己的地方。但当万花筒公司崛起时，她得到了钱和名望，也获得了带领更多黑人女性进入创业之路的最佳方式。数年前，当有女性在她的社交媒体里询问关于生意的问题时，这个过程就自然而然地开始了。于是她在一个聊天 App 上建立了一个私人群，群名叫"朱迪的房间"，她在那里给女性创业者提供建议。她开始在 Instagram 网站上举办比赛，胜者将赢得商业培训课程；她通过电话、邮件和视频向其他女性提供咨询服务，只收取象征性的费用，并且发布这些女性创业前后的发展报告，以及她们年复一年累积的收入。

这一切在 2018 年年初发展到了巅峰，当时迪帕尔开始在美国各地举办一系列免费讲座，名为"你最好加入这场免费知识之旅"。在纽约、亚特兰大、洛杉矶、芝加哥、休斯敦、巴吞鲁日和新奥尔良，成群的女性排队数小时来听迪帕尔演讲。在每场演讲中，都有超过五千人到场，每一个城市的会场都挤满了人。迪帕尔在每次活动中都会分享自己的故事和一路走来的经验教训，从

鼓舞人心的"为未来祈祷"到实用的"如何合法地组建公司"。"和
人们合照时的闪光灯闪花了我的眼睛。"迪帕尔说,但它的回报是
巨大的。她找出最后一场活动的视频给我看,那是在新奥尔良的
一座教堂里,她进场时穿着一件红色的军用防水衣,接了一头金
发,身后跟着铜管乐队,她坐上一个白色宝座,眼含热泪。

"当我赚到第一笔一百万时,我说,'我要赚更多',"迪帕尔说,
"但是没有什么比那一刻更令人满足的了——在这个城市里,当我走进
一个屋子,里面坐满了我的同胞,她们都想从我这里学到一些东西。"

一年后,迪帕尔将在10个城市追加巡回演讲。"我为你们开
这个课,把我所知的一切规则都告诉你们,就是为了培养出能
培养其他领导者的领导者,"迪帕尔在Instagram上这样写道,她
宣布了演讲的事,1.5万张票在5分钟内就被抢光了,"让我们在
2019年创造财富和伟大的事业。我希望我们所有人都能赢。"在下
面的评论中,有位粉丝写道:"她就是我们的C.J.沃克女士。"这句
话让迪帕尔立刻流下了眼泪(后来她在Instagram上发了一张和沃
克女士的镶框相片同框的照片,她戴着哈里斯做的假发,摆出和
偶像相同的姿势)。现在,帮助女性获得她自己作为创业者获得的
一切,便是她的使命。她每天都为这一点感谢上帝。"我很高兴能
够帮别人建立公司,"她说,"你的利润就是我的成功,哪怕我一
分钱也摸不到。那是一种真正的满足。"2019年2月,她出版了一
本关于社交媒体营销的书。

待在新奥尔良的最后一个早晨,我去了市政厅,迪帕尔正在那
里等着市议会为她对社群的贡献颁奖。她与母亲和女儿坐在一起,

指甲在手机上飞舞，那天她穿着一条彩虹露肩裙，脚上是橙色的古驰细跟靴，金色假发还是哈里斯给她接的。当市议员们向艺术家、环保主义者、餐车狂欢节组织者、伏都教牧师以及其他社群建设者颁奖时，我问迪帕尔的母亲埃弗兰，她女儿想要帮助他人的意愿从何而来？

"我想她很乐于看到别人也一样成功。"她说她们从未真正公开讨论过这个问题。迪帕尔总是很慷慨，但是她最近做的事表明，她对自己的好运有更深刻的感恩之情，这些事包括巡回演讲、圣诞节给孩子们送500辆自行车，又或是简单地为在线联系她的穷苦女性购买衣物。"她会跟我说，'我是谁？'"埃弗兰说，"她没有受过正式的教育或大学培训，但她建立了一个市值数百万美元的公司。她是沙漠里意外开出的花。"

在迪帕尔作为企业家及慈善家获得表彰后，当选市长的拉托娅·坎特雷尔找到了她，告诉她，她代表了新奥尔良真正的精神，并呈现了在社群中建立"可转换财富"的能力，这种能力缩小了不平等的差距。"当我们拥有像你这样能为经济带来脉动、并作为榜样对社群承担义务的女性时……真的很好，这能让创业精神不断向前迈进。"坎特雷尔说，并表示迪帕尔有任何需要都可以来找她。

之后和家人在门厅会合时，迪帕尔激动得满脸通红。她擦着眼泪说："这真是太棒了。"在前一晚，她看起来并不太在意这份褒奖——不过是又一场活动，又一份可以在社交媒体上发布的内容——但是来自市政府的认可突然间点燃了她心中的火焰，使她对社群负责的意愿上升到了新的高度。她和Supa Cent之前就在讨论圣诞节要举办一个更大的玩具慈善捐赠会，而现在她们有市长来参与了，干吗不玩票大的呢？比如超级穹顶体育馆加上军乐队加上圣徒队！而且不只是玩具，还可以送社群真正需要的东西，比如化妆用品、衣服和尿布！

你可以看到她8个月后在Instagram上发布的视频和照片。有数千个家庭、五彩纸屑和游行乐队、橄榄球队、成堆的玩具和家庭用品，迪帕尔和Supa Cent换了五六套服装亮相，当然其中一定有圣诞帽。她们一个小时内送出了5019份玩具，创造了吉尼斯世界纪录，并记录下了捐赠会的每一个瞬间，还发布在社交媒体上（绝不浪费任何一个营销机会）。迪帕尔发誓明年要举办更大的活动。她的平台不断扩大，业务已扩展到房地产投资领域，和分销商签订了更大的交易，如今正着眼于全国零售合同。《福布斯》曾就创业者的媒体营销采访她，最近她还出现在《今日秀》（Today）节目里，谈论帮助其他女性成为创业者的事。她举办的活动还让帐篷制造业再度兴盛，数千人从外地来排队倾听她关于创业的信条，并为自己的企业祈祷。

当一个年轻小伙子在市政厅外和她合照时，迪帕尔说："我得到的这些祝福不仅仅属于我一个人，作为一个成功者，你有责任把祝福和成功传播出去……一点一点传播出去！身为一个创业者，我必须告诉**每一个人**，你能做任何你想做的事。"迪帕尔不打算放缓脚步，在到达可以到达的最高处之前，她也不会将就。她能影响到的社群一直在壮大，其中有许多像她一样的女性，这些潜在的创业者甚至不知道，现在已是她们崛起的时代。

第三部分

创业者的成长

第五章

服务与领导

在宾夕法尼亚州索德顿的加略山教会入口处的会议室里，十几个人围着折叠桌坐着，就着咖啡吃着从 Wawa 买来的百吉饼和甜甜圈（Wawa 是一家广受欢迎的连锁加油站）。这些人都是 NCC 自动化系统公司的员工，公司就在教会附近，主营业务是设计和组装传送带。坐在中间的是 46 岁的凯文·梅杰（Kevin Mauger），NCC 的老板兼董事长。他穿着蓝色的衬衫和牛仔裤，身材瘦削，中等高度，头发略有些卷，留着一点儿几乎看不出来的山羊胡子。当时针指向 9 点时，梅杰端着咖啡杯站起来，向其他人致意。

"早上好，"梅杰一边说，一边与每个人对视，"我真心地认为，企业的一切都从文化开始。"他停下来再次环视众人。"建立企业文化的重点在于创造一个真正让员工有归属感的环境……这样他们才可以有所作为……把更多的时间和激情投入到工作中……而对所有人来说，工作也将变得更美好，但前提是我们得让员工相信他们能做伟大的事。因为大多数职场人都没有这种心态……做不到投入。"

NCC公司选出一个委员会，负责为新实行的公司职工持股计划（ESOP）创造文化氛围，梅杰于一年前正式宣布了这个计划，该计划最终将把NCC的所有权从梅杰这里转移到75名员工手中。委员会的工作将完全由员工领导，这些领导都是不同团体的代表，既有穿着工作靴绑着印花方巾的流水作业线技师，也有穿着乐福鞋和休闲裤的高管。

"我相信，当你自己在创造某个事物时，你才会相信它，并会努力让它成真。由你们来决定企业的智慧，由你们来把文化塑造成你们想要的样子，"梅杰又轻声重复了一遍，"由你们决定。"

这段讲话可能会被误认为是那种最常见的企业演讲，但我相信它的内涵不止于此。事实上，那天早上一起床，我就从费城市中心驱车一个小时来到会议室旁听，因为我想窥视创业者的灵魂中特别私密及个人的一部分，那就是他们的价值观。

因为创业者对其企业的各项决策都拥有最终控制权，所以他们个人的价值观几乎影响着工作的方方面面，其影响方式与任何一家要对风险投资人或股东负责的公司都完全不同，它影响着最终建立和经营的业务、销售的产品和服务、构建企业的方式、与谁合作及如何与之合作、如何使用资金，以及企业长远的命运。

热斯卡·迪帕尔的社群价值观，让她得以用万花筒的收益来帮助其他女性；奥博尔斯基的生活方式型价值观，塑造了关于她面包店的一切，包括牛角面包的口味和面包店的营业时间；阿勒索菲家则有意以叙利亚的文化传承为核心创办餐馆，因为他们认为这一点比吸引更多的顾客更重要；尼基尔·阿加沃尔和安德鲁·希泽乌尔创建"谋划"，是因为他们深深相信这一平台能帮助那些处境艰难的学生。

近年来，硅谷的创业神话扭曲了人们对创业者价值观的认知。一方面，创业群体中涌现出一批高知名度的社会创业者，他们有明确的使命，其生产出的产品实质上是在销售价值观。另一方面，越来越多的正统理念认为价值观应该服从于增长——或者更糟，服从于意图实现增长的营销术语——唯一真正重要的价值观就是盈利。我之所以来到费城郊区，就是为了寻找介于上述两者之间的、缺失的那部分，为了有机会见证普通创业者是如何通过企业来实现他们的个人价值观的，以及这一点对于他们的灵魂来说意味着什么。

NCC自动化系统公司位于一条乡村公路边，占用了1.5万米长的低洼工业用地，公司旁边有农田、屠宰场和一家火鸡熏肉加工厂。NCC公司大楼有两部分，一边是一排狭窄拥挤的办公室，另一边是一个巨大的仓库兼车间，里面摆满了工作台、巨大的水力切割机、焊接台、成桶的小元件和成片的钢材和铝材，屋椽上还挂着几面美国国旗。

当我们戴着安全帽沿着这些设备绕行时，凯文·梅杰说："我们在这里做的事很简单——获取金属和塑料原料，然后切割、弄弯，最后制成传送系统。"在参观过程中，梅杰纠正过我好几次，他说，传送系统不只是传送带，它是一整套装备，可以将产品从装配线的一端传送到另一端，一般采用大胆的环形结构，一层一层，或从低到高、或从高到低输送，以适应装配设施，好似巨型鲁布·戈德堡机械[1]。而传送带只是整个传送系统的一部分，是一种橡胶带或金属面，能让产品在其上方移动。

如果你需要在工厂或仓库里用自动化方式转移一些东西，如冷冻快餐、拉面、验孕棒、处方镜片，NCC都能为你搭建移动它们的传送系统。梅杰说："这一系统包括所有涉及的东西，从传送带本身，到执行特定任务的小机器，比如通过旋转里斯（Reese's）牌花生牛奶巧克力杯来给它裹上包装的设备。"公司的主营业务就是为食品和光学部件提供生产线及自动化设备。

NCC的创始人不是梅杰，是鲍勃·瑞安（Bob Ryan）。鲍勃·瑞安原本在一家传送带公司做销售员，后来于1986年创办了NCC公司。梅杰的家就在NCC公司附近，在上大学时，他敲开瑞安家的门并认识了他。当时20岁的机械工程学生梅杰刚刚知道女朋友怀孕了，于是开始打零工赚钱。"大三时，我和40个男生住在兄弟会宿舍里，到了大四，我和一个婴儿一起住在校外。"梅杰说。此时我和他坐在他的办公室里，屋里有好几张他妻子丹妮尔和三个成年孩子的照片，（照片里的孩子们穿着费城老鹰队的队服），还有常见的员工激励海报（"规则1：如果我们不关心顾客，就会有其他竞争者来关心……"）、行业奖项，以及味美牌（Tasty Cakes）蛋糕在NCC传送带上移动的照片。

---

1 鲁布·戈德堡机械（Rube Goldberg machine）出自漫画家鲁布·戈德堡的系列漫画，指为了一些很简单的工作而设计出的过于复杂的机械。它们往往繁复而精密，任何一个部件出错，就可能令原定任务无法达成。

梅杰在瑞安家干了一夏天的活，之后，瑞安告诉梅杰，如果毕业后想找工作可以打电话来找他。梅杰说："我周五刚毕业，下个周一就去那上班了。"那是1994年，他在NCC一直待到现在。彼时的NCC还是一家比较小的公司，只有15名员工，年销售额是300万美元。梅杰称瑞安是一位有远见的创始人，具有天才销售员的魄力以及先行后闻的管理风格。根据梅杰的形容，瑞安的核心价值观是"总有办法"。他拒绝对客户说"不"，这导致NCC的员工经常通宵加班以实现他许下的崇高承诺。"我们始终在艰苦奋斗，"梅杰回忆道，"我们总是能满足客户的要求，但这过程并不容易。"在公司的前15年，梅杰常常加班到半夜，周六也来加班。NCC员工的职业倦怠程度非常高，导致了频繁的离职。"我觉得，如果你做出了承诺，那么'没有什么能够阻挡我'的态度是很令人钦佩的，"梅杰说，"但这并不是实现长远成功的方式。"梅杰很爱瑞安，并且在瑞安去世后和他家人的关系依然很好，但是梅杰不想"继承"他的价值观。

梅杰在NCC一直是一名忠诚、出色且基本安于现状的员工，他从未有过成为创业者的野心。但是1999年，瑞安把公司卖给了一位竞争对手，梅杰称之为一次"不成功的并购"。2006年，NCC破产，还欠了数百万美元的债务。梅杰通过住宅股权贷款买下了NCC，他担心这一举措如果失败可能会带来的后果，但同时又感受到这也是一次扭转局面的机会。

突然间，梅杰从一位没有下属的普通员工，变成了他唯一工作过的地方的唯一老板。我问他成为一名创业者是什么感觉，"我为自己骄傲，"他说，"我既不忧虑，也不畏缩，可能还对我要承担的一切风险和挑战一无所知。但我对公司未来的可能性以及我将对它带来的影响力感到兴奋。还让我感到兴奋的是，我能够改变公司的文化，让它变得值得信赖，但当时我甚至不知道文化这个词的意义，我只知道我不喜欢它。"

梅杰把公司的17名员工召集到车间，做了一个简短的讲话，宣布自己购买了公司。他含糊其辞地谈了当前的财务状况，告诫每个人今后工作必须谨慎。这对NCC来说是个新开始。"新的开始既不会太深刻，也不会太空洞，"他说，"就让我们开始做事吧。老实说，我不清楚领导力是什么意思。"

梅杰将NCC的转型视为一个工程项目，只要将合适的系统、步骤和程序设置到位，便可以解决问题。"我专注于做事的方法，专注于技术过程，"他说，"如果NCC延续这种风格，它就会成为由我和其他50个人协助的被众人所知的公司。"价值观是他完全没有考虑过的东西。他埋头苦干，偿还NCC的债务，使之重新盈利，销售额从2006年的500万美元增长到了2018年的近3000万美元。但是，当资产负债表的数字改善时，梅杰却感觉缺少了些什么。"我意识到我和领导者的身份有如此遥远的距离，这一点儿也不好笑。"他说着。凯文·梅杰逐渐认识到，作为一名创业者，他根本不知道自己代表着什么。

想想那些著名的创业者，以及他们所展现出的价值观。托马斯·爱迪生（Thomas Edison）重视发明，亨利·福特（Henry Ford）重视效率，史蒂夫·乔布斯重视美学。许多成功的创业者都有多重价值观，这与他们的经营方式和慈善方式形成了鲜明对比。安德鲁·卡内基（Andrew Carnegie）和约翰·D.洛克菲勒算是有史以来最恶毒的商业巨擘，他们在残酷地压榨工人的同时，却又拿出数百万美元在世界各地建立图书馆和公园等重要公共基础设施。沃伦·巴菲特（Warren Buffett）崇尚市场原教旨主义[1]，在代表伯克希尔·哈撒韦公司（Berkshire Hathaway）投资时几乎不理会道德约束，但他同时又是个人捐献的典范，比尔·盖茨和马克·扎克伯格等人受他启发，也以慈善名义捐出了大笔财富。就连科赫兄弟（Koch brothers）都拿出数百万美元来支持艺术，要知道他们的钱是靠摒弃环境保护条例、扼杀公共交通项目赚来的。

不过，有一些创业者，如美发大亨C.J.沃克女士，这些人用自己的公司来推动那些他们认可的社会事业。这些创业者中大部分人的价值观来源于其宗教信仰。比如W. K. 凯洛格（W.K.Kellogg），这位基督复临安息日会的素食主义教友发明了玉米片，从而促进了全谷物饮食的发展。然而，今天我们对创业价值观的许多看法大多源自婴儿潮一代，以及他们在20世纪60年代末反主流文化运动后所创立的企业，当时这些企业试图将资本主义与一种更无私的使命感结合起来。

户外服装公司巴塔哥尼亚的创始人伊冯·乔伊纳德（Yvon Chouinard）是这个时代的象征性领袖，其回忆录《冲浪板上的公

---

1 市场原教旨主义指市场不需要政府用任何方式干预便可自己恢复平静。该理论本质上没有任何理论与经验依据。

做自己的老板
The Soul of an Entrepreneur

司》（*Let My People Go Surfing*）已经成为以价值观为中心的创业者的圣经。乔伊纳德是加州的一名流浪攀岩者及冲浪者，他的创业生涯始于20世纪60年代中期，当时他在约塞米蒂国家公园制作手工锻造的攀岩工具，每次都会在巨石下露宿几个星期，卖出足够多的工具来购买食物、啤酒和攀岩用品。最后，他的公司业务扩展到了服装领域，直到其生产的羊毛背心变成滑雪者和各地风险资本家的必备穿搭。

从巴塔哥尼亚公司建立开始，乔伊纳德追求的就是比产品更宏大的东西。"我已经当了近60年的商人，"他写道，"我从未尊重过这个职业。商业在极大程度上是自然的敌人，它摧毁本土文化、压榨穷人养肥富人、用工厂的污水毒害地球。但是商业也能生产食物、治愈疾病、控制人口、提供岗位并丰富我们的生活。它可以在不失去灵魂的状况下提供这些益处并同时盈利。"

乔伊纳德以自己的个人价值观为核心塑造了巴塔哥尼亚，这一价值观包括对乐趣的渴望（与商务杂志上的"白面"商人相反）；让员工幸福的承诺（工资高，补贴日托和保健食品，并且工时灵活，让员工可以去冲浪、滑雪或照顾家人）；以及改善公司供应链的工作条件（如公平工资、安全工厂）。乔伊纳德的环保主义渗透到了巴塔哥尼亚所做的每件事中——开发由再生塑料制成的羊毛、改用有机棉、启动产品维修及回购计划、向各种环保事业进行慈善捐助。我在费城的那一周，报纸刊登了一则报道，称时任总统特朗普的减税计划有可能向巴塔哥尼亚返还1000万美元，巴塔哥尼亚将把这笔钱捐给环保组织。巴塔哥尼亚这个品牌不仅仅代表着其产品的剪裁和颜色、或锯齿状山峰的商标，它还代表了其创始人的价值观。

象征着婴儿潮一代进取型创业价值观的公司还包括早期的本杰瑞冰淇淋、美体小铺（the Body Shop）和全食超市（Whole Foods），但也有无数创业者将公司作为实现个人价值观的途径。其中在费城最有名的一位是朱迪·威克斯（Judy Wicks），我坐在她那幢历史悠久的连排砖砌别墅里和她喝茶聊天，别墅里摆满了艺术品和收藏品，家里还有两条友好的狗。威克斯是全国知名的地方企业支持者，也是非营利组织BALLE的创始人（第三章里我们提过它的负责人罗德尼·福克斯沃思）。她从1970年开始走上以价值观为导向的创业之路，在那之前，她和因纽特人一起生活在阿拉斯加。

那一年，威克斯和当时的丈夫理查德·海恩（Richard Hayne）刚搬到费城，开了一家"自由人民商店"（Free People's Store），专门出售嬉皮士相关的产品，如鲍勃·迪伦（Bob Dylan）的唱片、编篮绿植、古着、卷烟纸等。店里有供人们交换物品的免费箱，还有组织反战抗议和艺术集会的公告板，整个商店都与"和平运动"紧密相连。"我们的反商业价值观从一开始就浸透其中，"威克斯告诉我，"你看，我们的商标是一只鸽子。"夫妻二人都曾发誓只赚取维持生计所需的最低利润。

然而没过几年，威克斯和海恩就分道扬镳了，海恩把店铺带向了更商业化的方向，并把威克斯从事业与婚姻中赶了出去。最后把自由人民商店变成了全球零售公司Urban Outfitters，它保留了年轻文化的标志（卷烟纸、唱片），但放弃了反商业的价值观。而威克斯后来开了"白狗咖啡馆"（White Dog Café），这家咖啡馆成为本地可持续食品运动的先驱，也是一个供威克斯通过餐饮业务实现价值观的实验室。

"从那时起，用工作反映我作为一个人的立场就成了我职业生涯的核心，"她在自己的回忆录《早安，美丽事业》（*Good Morning, Beautiful Business*）中写道，"你可以找到一种方法，使商业交易变成最令人满足、最有意义和最可爱的人类互动方式之一。"员工们有定期加薪，福利也不断增加，公司的生意也变成了威克斯所关切的事业的凝聚点，从与为咖啡店供应咖啡豆的墨西哥咖啡农促成的公平贸易，到本地街区保护运动（活动包括阻止拆除历史建筑）。早在可再生能源流行之前，她就已经在购买这种能源，用环保墨水印制菜单，并将餐馆的最高工资和最低工资比固定在5∶1。

"创业归根结底就是怎么做决策，"威克斯说着，把茶匙伸进一罐未经高温消毒的天然蜂蜜中，蜂蜜是她熟识的一位本地农场主送来的，"决策的重点不仅仅在于'它能否提高利润'，你的决策会影响顾客、员工、邻居和环境。我一直都在思考这些问题，"这些问题也是她作为创业者的生活重心。"对我来说，我的事业就是我表达对世界的爱的方式，"她说，"当一家企业让人看起来美丽的时候，就是其创业者在表达自己对生活的爱的时候。"

在过去20年左右的时间里，这种有社会意识的资本主义已经被浪漫化了，因为拥有强大价值观的一代人开始把创业视为获得改变的工具，他们采用的方式是把企业的活力和广泛的发展目标结合在一起，而发展目标从前是政府和跨国组织负责的。当如创业组织 Ashoka 和穆罕默德·尤努斯（Muhammad Yunus）[1] 创办的孟加拉乡村银行（Grameen Bank）等组织开始鼓励、教育及资助个人创办企业和组织，以致力解决紧迫的社会问题（如绿色能源技术或巴西亚马逊流域的孕妇保健问题）时，"社会创业者"这个词开始被这些企业广泛使用。到了21世纪初，几乎每一所大学都开设了关于社会创业精神的课程、专业和学位。

玛丽娜·金（Marina Kim）开办了斯坦福大学的社会创业精神项目，如今正在运营 Ashoka 的大学校园项目，她说："就和传宗接代一样，散播价值观也是人类的天性。"在过去10年中，金发现学生、学校和企业都对以价值观为导向的创业方式兴趣大增。"在创建组织或开展运动的过程中，存在着一种能呈现出创始人个人特质的强大力量。这就如同给予组织或运动以生命，因为你会觉得你在以自己喜欢的方式创造一个小世界。"

谢里尔·亚费·凯泽（Cheryl Yaffe Kiser）是巴布森学院的社会创新实验室的负责人，她的父母都是天然食品领域的创业者，以价值观为驱动力。在嬉皮士远未出现之前，她的父母就在销售 Kefir 和 Kamut 了 [2]，不过如今的情势有所不同。"我们现在正面临着众多困扰世界的问题，"她说，"很难像往常一样做着生意而不去思考这些问题。这些问题会一直存在，不会消失，只会不断增

1　穆罕默德·尤努斯（1940—），孟加拉国经济学家，诺贝尔和平奖获得者。
2　Kefir 是一种发酵乳饮料，就像加了类固醇的酸奶，含有大量有益肠道的益生菌；Kamut 是一种谷物，比传统小麦含有更多的蛋白质。

加。"医疗保障、收入不平等、气候变化——种种系统性问题时刻困扰着她的学生,学生们来找她是真心想要改变世界。"学生们非常有意愿和动力,想创立以价值观为导向的公司,解决社会上长期存在的问题,"凯泽说着,顿了顿又自问自答道,"不过当他们离开学院后,他们还会做这些事吗?我不确定。"

凯泽解释说,当社会创业精神的概念在20世纪80年代末开始形成时,它基于这样一个原则——比起大型组织,社会创业者可以更有效地利用创业的灵活性、创造性以及其他创业精神优势来解决系统性问题。初代社会创业者建立了非营利性组织、基金会和其他非商业性组织来应对这些挑战。但在冷战结束后,"新自由主义"成为经济和政治层面的主导意识形态,同一时期,第一次互联网创业热潮开始了。每个推销自己公司理念的人都开始传唱"改变世界"的硅谷颂歌,简直就像是部落入会时的誓言。

这使社会创业模式从一种专注于系统性改变的服务模式转变为一种专注于慈善消费的商业模式。史蒂文·奥弗曼(Steven Overman)在他的《良心经济学》(The Conscience Economy)一书中写道:"做善事是新的地位象征",其驱动力是一股"全球青年创业者浪潮,他们代表着对积极变化的乐观向往。"欢迎你来享受"穿着羊毛衫自得其乐"的慈善资本主义生活方式。

这种好得令人难以置信的实践方式有一个通俗版本,叫作"以一换一",它由汤姆鞋业公司(TOMS)于2006年首创。布莱克·迈科斯基(Blake Mycoskie)是一位富有的连续创业者。他在创办了一家新公司(经营司机在线教育项目,旨在推广混合动力汽车）后休假去了阿根廷，在当地的一个村子里，他看到孩子们没有鞋穿。"为什么不创办一家以盈利为目的的公司，来帮助这些孩子让他们有鞋穿呢？"迈科斯基在他的书《用一双鞋改变世界》（*Start Something That Matters*）中写道，"换句话说，也许解决办法就是去创业，而不是做慈善。"在洛杉矶的一艘帆船上，迈科斯基琢磨出了一个将在之后10年激励无数初创公司的简单公式——汤姆鞋业公司每卖出一双鞋，就会向有需要的孩子捐赠一双鞋。汤姆鞋业成功的关键正是这种慈善倾向，而不只是鞋子的设计，因为它卖的是价值，而不只是产品。

以这种模式创立的还有眼镜商 Warby Parker（买眼镜，送眼镜）、Nouri Bar 营养棒公司（买一根营养棒，就为一个饥饿的孩子送一份食物）、Sir Richard's 安全套公司（买安全套，送安全套）以及慈善机构 Charity Water 等数百家单位。给阿富汗的女性送围巾？当然可以。买一条牛仔裤能净化海洋？也去试试吧！这些故事产生了极好的公关效果，支持着这些主要基于电子商务的品牌网站的运营，让其创始人能在会议上不停地谈论如何改变世界，还有穿着他们公司的鞋的穷孩子微笑的照片为他们佐证。这些商业模式同时也能符合风险投资人的期望，因为与捐赠相关的成本只不过是利润增长所支出的营销费用。

达妮埃拉·帕皮-桑顿（Daniela Papi-Thornton）在牛津大学（Oxford University）和耶鲁大学教授社会创业精神的课程，她将上述现象称为"英雄创业"，它是创业神话的一个亚种，基本上只关注促进社会进步的主要参与者个人。帕皮-桑顿是在二十多岁时亲身领悟到这一点的，当时，为了在柬埔寨修建一座学校，她通过自行车旅行筹集资金。直到后来，她才认识到柬埔寨村子实际上需要的是老师，而她根本从没费心就此去询问当地人。"要建造一栋建筑是很简单的，"她说，但是真正的系统性改变……那种能真正产生长期影响的改变，"需要建立关系并拥有系统性思维，同时也需要做出承诺。你不能只是从外面走进来，指望一屁股坐下就能解决一个问题。"在教授社会创业精神后，她看到的都是人们用"方案"来解决问题，使自己成为极具个性的"英雄"。

"我把它叫作'社会部门的硅谷化'。"帕皮-桑顿说。常常有MBA的学生来找她，说他们想成为社会创业者……他们只需要先找到合适的社会问题和创业计划。很多学生对她说，他们想解决非洲（泛指）的某个问题，因为那里最是贫穷混乱，同样的问题如果发生在自己国家就不会是问题，或让已经在莫桑比克或索马里展开工作的组织和政府来处理，也能得到更有效的解决。"如果我们把创业当作一个游戏，认为可以像从一个盒子里抽出一个问题，再从另一个盒子里抽出相应的商业模式解决方案这么简单的话，那我们就错了，"她说，"在社会影响领域，你声称自己将会产生影响，但有更多人只是想做一名创业者。这就是区别所在，其中存在巨大的脱节。"

当我开始研究创业者们是如何被价值观驱动时，那些知名的社会型企业似乎是最受关注的，但我始终很抗拒它们。我的交谈对象有社会创业相关的专家，又或是某些创业者，他们创办了卖T恤以资助视力研究的公司，还有可以让人追踪其工作环境的制衣工厂。但我觉得我对创业者的深层价值观的了解还太少,我想了解更多。

我最不想写的大概就是那种位于博尔德或布鲁克林的、由Kickstarter众筹网资助的、用回收的水瓶制作瑜伽垫、或用回收的瑜伽垫制作水瓶的公司。我不想写普通的嬉皮士或雅皮士的故事,也对巴塔哥尼亚的羊毛背心不感兴趣,我感兴趣的是比站在舞台上吹嘘如何改变世界还要深刻的东西。那些吹嘘的理想都井井有条、过于漂亮。正因为我和某些看上去并不像价值观驱动型的人聊过,我才有信心认为这本书可以帮助你了解创业的真相。在竞争激烈的行业里,这些人是普通的美国企业主,理想情况下还是位蓝领。创业的过程中应该有一些重要的经历,那是由创业者的价值观驱动的、发生在创业者身上的一些实实在在的牺牲和选择,而不只是空话和教条。

这个想法引领我先来到共益实验室(B-Lab),这个快速发展的组织专注于巴塔哥尼亚和本杰瑞等公司开创的"三重底线"——人、地球、利润,并将其规范化为经认证的可审计过程。该组织已经在60个国家认证了近3000家共益企业,其中包括Eileen Fisher和Kickstarter这样的大型企业,以及许多小公司,从纽约的私募股权融资到哥斯达黎加的伐木业,各公司的业务包罗万象。

共益企业和宣扬价值观的公司之间有一个主要的区别,那就是共益企业在法律上有义务修改其治理方案,以考虑所有决策对所有利益相关方(而不只是对股东)的影响。"价值观超越了使命宣言,发展成为具有法律约束力的治理结构和责任,"共益实验室创始人之一兼管理合伙人杰伊·库恩·吉尔伯特（Jay Coen Gilbert）说，"'我关心人类和地球'与'我有法律责任关心人类和地球'，这两种说法是截然不同的。……从只对股东负责到要对所有利益相关方负责，这是对资本主义源代码的巨大挑战。"

共益实验室的总部位于费城郊区，实际上是库恩·吉尔伯特及其联合创始人负面创业经历的结果。1993年，他们创建了篮球鞋公司And1，并成功赞助了凯文·加内特（Kevin Garnett）和文斯·卡特（Vince Carter）等NBA球星。库恩·吉尔伯特与其他创始人把And1公司5%的利润捐赠给了青年教育组织，他们改善了公司在海内外工厂的工作环境，并在材料采购和其他业务中考虑了环境可持续性。但到了2005年，And1被卖给了美国体育用品公司（American Sporting Goods），而新老板杰里·特纳（Jerry Turner）完全没有兴趣继续做这些高尚的事。

"我们看着这一切以贪婪的名义被剥夺，"库恩·吉尔伯特回忆道，"当杰里向全球经销商介绍我们的服务时这样形容自己：'镇上来了个新警长'，然后他就回家切肉去了。他不在乎竞争力，他只想要得到更多钱……这感觉很糟糕，但不是因为我们没有预料到，而是因为我们只能这么做。"看着自己的价值观被当作垃圾抛弃，这种痛苦让库恩·吉尔伯特和朋友们思考如何才能坚持自己的价值观，哪怕公司已经脱离他们的掌控。答案就是共益企业。

库恩·吉尔伯特告诉我，如果有人想理解创业者价值观的作用，那就需要阅读1970年发表的两篇重要的文章，其作者分别描绘了美国资本主义的两种截然不同的愿景。其中较有名的一篇刊登在《纽约时报杂志》(*The New York Times Magazine*)[1]上，题为《企业的社会责任是增加利润》(*The Social Responsibility of Business is to Increase Profits*)，作者是著名经济学家米尔顿·弗里德曼(Milton Friedman)，他毫不掩饰为自由市场辩护，并且反对政府干预企业，这一理论使他成为20世纪最具影响力的经济思想家之一，他还于1976年获得了诺贝尔经济学奖。"持这种口吻的商人不知不觉间被某种知识力量操纵，这种力量在过去几十年里一直在破坏一个自由社会的根基。"

弗里德曼宣称，企业和企业家必然要服务于客户，更重要的是服务于股东，仅此而已。企业家和高管们利用企业利润，表现得像公务员行事一样，在财政上不负责任，是彻头彻尾的独裁。他还写道："除了个人的共同价值观和责任以外，企业没有什么意义上的价值观和'社会'责任。"企业只有一个责任：增加利润。

弗里德曼的哲学为里根和撒切尔提倡的放松管制制度奠定了基础，使股东价值成为华尔街的主要目标，促使激进的投资者不惜一切代价向企业施压，以求利润不断增长。此外，它还反复向企业灌输生意和价值观不可相容的观念。商人（及引申义企业家）要为股东赚尽可能多的钱，任何有损于此的事物都是在背叛美国那颗鲜活跳动的资本主义心脏。

在帕罗奥图，米尔顿·弗里德曼的知名度比不上其精通文学的同行艾恩·兰德(Ayn Rand)，其代表作《阿特拉斯耸耸肩》

1《纽约时报杂志》是《纽约时报》周日版随附的杂志增刊。

（*Atlas Shrugged*）可能是仅次于《史蒂夫·乔布斯传》的最有影响力的硅谷著作。然而弗里德曼的哲学在很大程度上决定了硅谷的商业运作方式。硅谷的创业者实际上要屈从于他们的股东，因为每一轮的风险投资都让创业者的所有权、权利和价值被进一步侵蚀，与此同时，不择手段实现增长的需求也在攀升。

库恩·吉尔伯特推荐的另一篇文章与弗里德曼的文章形成了鲜明对比，它的作者是AT&T一位名不见经传的职业研究员罗伯特·格林利夫（Robert Greenleaf），文章名为《仆人式领导》（*The Servant as Leader*）。在观察20世纪60年代末的社会动荡和学生运动时，格林利夫越来越关心一个问题，那就是政府、大学和企业等机构在服务于依赖它们的民众时遭遇了何种失败。他呼唤新一代的"仆人式领导"将价值观放在工作的核心位置。

"'仆人式领导'首先是仆人，"格林利夫写道，"这种差异体现在服务第一的关怀方式上——以确保他人最优先的需求得到满足。然而检验这一结果的最好的、也是最难的标准是，那些被服务的人成长了吗？在被服务的过程中，他们是否变得更健康、更聪明、更自由、更独立，是否更有可能自己也成为仆人？以及，他们为弱势群体能带来怎样的影响？他们会从中受益吗，或者是否至少不会被进一步剥削？"

格林利夫的"仆人式领导"应是一个拥有完整自由意志的人（他和弗里德曼都始终不渝地信奉个人主义），并且同时拥有爱、信任、希望、同理心和社区的力量。世界上所有的问题都被归咎于个人的失败，失败于没有先为他人着想再考虑自己、没有在领导他人之前先服务他人、没有把自己的价值观放在首位。"这一切都建立在一个假设上，即改变社会（或仅仅让它运转）的唯一方法就是产生足够多的人，足够多能改变它（或让它运转）的人。"

是选择弗里德曼的利润，还是选择格林利夫的价值观？是服务于股东，还是服务于利益相关方？这些问题构成了我们日常文化冲突的核心。而对于创业者来说，它们代表着一场为自己的灵魂和价值观而进行的内心斗争。

到了2012年，凯文·梅杰已经越来越适应NCC的老板身份。自他买下公司以来，业务量已经翻了将近一番，一切都运作得那么顺利，就像是一块儿小蛋糕在精准校正的传送带上前行。梅杰的经济状况很稳定，他最大的孩子都上大学了，他自己也刚满40岁。但就像大多数已攀上成功巅峰的人一样，梅杰发现自己想要更多。

我和他在附近的一家意大利餐厅吃午饭时，他对我说："这一想法在自行生长。我开始问自己：在我离世前，我会因为完成了什么事而感到自豪？我想获得什么样的名誉？"为了NCC的成长，员工需要有更深刻的使命感和方向感，梅杰也不例外。后来有天，梅杰参加了一个行业会议，听约翰逊维尔香肠公司（Johnsonville Sausage Company）的某位高管的关于领导力的报告。在PPT的某处，这位高管简要地解释了"仆人式领导"的概念，梅杰的脑中灵光一闪。他形容这一刻是一种觉醒："这是一种你可以理解的东西。帮助他人的理念是一种与生俱来的东西，能让人觉得满足。"

这一启示给了梅杰一种强烈的方向感，但最初它也只是梅杰的一个想法。"我不是仆人式领导。我是一名教练，一个训练员。"他声称自己的大部分价值观都来自他高中的足球教练。梅杰是个很安静的人，有一点羞涩，非常喜欢独处。他承认他不会公开谈论情感，不会吹嘘自己的成就，不到万不得已的时候不会站到聚光灯下。"我们一直有一套价值观，它们就贴在墙上，我们还让人大声念出来，可却没有人用过。"他意识到，对自己的价值观秘而不宣对任何人都没有好处。"如果你理解并同意某人的立场，你的工作步调就更可能和他们一致，而不是相反，"他说，"就是这样，这就是价值观。"为了服务于他人，他必须让人们了解自己的立场。

2012年年底，梅杰在圣诞晚会上向NCC的员工发表了年度演讲，向所有人阐述了公司的业绩和他来年的目标。在演讲中途，梅杰顿了顿，用比平常更富有感情的声音对大家说："我一路成长、进步，思考我的人生和事业，渐渐意识到我的目的就是帮助你们所有人，并尽可能创造最积极的生活。"

梅杰的演讲内容只有这些，再没有其他详细的内容。关于自己的价值观是什么，更重要的是，关于他要如何将其付诸实施，梅杰仍要勾勒出一个更清晰的图景。他开始悄悄地帮助员工解决个人健康和财务问题，比如一位员工的妻子需要做救命的手术，梅杰便修改了公司的福利政策，让这对夫妻能够得益；还有某位在车间工作的年轻人，梅杰亲自带他去了康复中心。他从这些家庭寄给他的感谢信和邮件中获得了快乐（他念了一些给我听，中途哽咽了），但他没对别人说过这些事。在后来的几年里，梅杰在每年的年度演讲中越来越频繁地提及自己的价值观，并于2015年首次提到了"仆人式领导"并简略地解释了它的概念。他在那次演讲中说："我的职责是为你们提供机会，展示自己的才能，拓宽你们的眼界，让你们做生来能做、或经学习后能做的事，或两者兼而有之。"

　　梅杰对自己价值观的认识缓慢，这其实很正常。很少有人（也许根本没有）天生就笃信自己了解这世上什么才是最重要的。价值观是我们生活经验的产物，由我们与他人的关系、身处的环境及自己所在的时空所塑造。NCC的生产经理尼克·斯瓦乌格（Nick Swauger）是梅杰20年前招聘来的，他说他见证了梅杰的价值观慢慢成形。梅杰意识到除了个人收益之外，作为老板的他还有一些更大的责任。在公司职工持股计划所有权委员会会议圆满结束后的第一天，我和斯瓦乌格在教会的走廊上交谈，他说："在梅杰刚开始演讲时，关注点逐渐从'我'变成了'我们'。"贾森·林克（Jason Link）长期担任公司的运营经理，他说，这就像是见证一个人第一次找到了自己的信仰。

　　关于价值观的演讲内容当然都很不错，但到头来它们只是空话。在那几年里，NCC并没有什么真正的改变。老板在圣诞演讲中泪流满面，数次提到领导力，但在车间和办公室里，制造并安装传送系统的业务仍在继续。许多企业都在墙上和网站上宣扬价值观。有的有5条，有的有10条，还有的有几十条。这些价值观的内容通常相似，包含对团队合作、服务、努力工作、毅力、纪律等方面的期望。亚当·布赖恩特（Adam Bryant）多年来为《纽约时报》采访过数位总裁，他告诉我，通常在列举到第四或第五条价值观后，这些高管就会茫然地看向他们的助理，忘记了下一条是什么。价值观很廉价，通常就是空洞的口号，比如啤酒公司付钱做了一个超前的超级碗广告，但不改变公司的聘用政策；再比如化妆品制造商在洗发水瓶子上随便系了一条粉红丝带[1]，但依然把有毒的化学物质掺入产品中。

有一次，我采访了芝加哥一位金属制造业的企业家，有人将他推荐给我，说他坚定地根据自己的价值观打造了公司。在我们交谈时，他口若悬河地列出了一长串价值观，可当我请他举例说明这些价值观如何改变了公司的日常运营时，他被难住了。

"哦对，"他想了几秒钟后说，"我们每个月给最佳员工送一个摇头娃娃！"

然后呢？

"什么然后？"

还有别的吗？

"年末他们能赢得音乐会门票和一把签名款吉他！"

许多创业者都有自己的价值观，并按他们的期望去经营业务。他们上班，尽力做好工作，然后回家。然而创业者的价值观未必得是乐善好施的。正如迈克尔·道格拉斯（Michael Douglas）在电影《华尔街》（Wall Street）里的名言：贪婪也是一种价值观，而且是一种强大的价值观。米尔顿·弗里德曼的格言"利润至上"

---

1 粉红丝带是全球乳腺癌防治活动的公认标识。

驱动着许多创业者和他们的企业。但对于那些公开宣扬内容丰富的价值观、并真正实践它们的人来说，哪些是空泛的言辞，哪些是真正由价值观引导的创业，能区分两者的，是牺牲精神。

梅杰希望NCC的运作方式符合他的价值观，但实在不知道该怎么做。后来某一天，他听了一个关于公司职工持股计划的讲座，演讲人名叫肯·贝克（Ken Baker）。当贝克描述公司职工持股计划既是一种成长机制，也是一种通过公司来传播价值观的途径时，梅杰的脑中再次灵光一闪。"它立刻在各种层面上打动了我——战略、情感、财务，"他说，"天哪！我不了解的事太多了，但我真的很想了解这项计划。"

公司职工持股计划的核心是一种特殊的退休养老金计划，它允许员工在入职一段时间后获得公司的股权份额。公司职工持股计划源于英国和美国早期的合作经营企业，不过自1974年以来，它就已经被纳入美国联邦法律，与其他企业模式相比，公司职工持股计划获得了一定的税收优惠。从创业者的角度来看，员工持股是一种特殊的退出方式。他们不是把公司卖给投资者、竞争对手或其他外部买家，而是把公司卖给公司职工持股计划——一个代表员工的信托形式。通常情况下，这种交易以外部债务的方式进行，员工可以慢慢还债。他们不需要为公司职工持股计划缴纳现金，像其他福利计划一样，缴费是从他们的工资中扣除的。采用公司职工持股计划的公司有美国西南航空公司（Southwest Airlines）、亚瑟王面粉公司（King Arthur Flour）和Wawa，Wawa就是NCC员工每天早上在那里喝咖啡的连锁加油站。

"我听着这一切，脑子里轰的一声，"梅杰回忆着贝克的演讲，"这就是我寻找的一切：团队的力量、所有权文化、让员工将自己视为公司的一分子，以及无私的一面——财务上做出的牺牲。"

梅杰最终与贝克见了面，学习到了更多关于公司职工持股计划的知识，他还了解到贝克在新时代工业公司（NewAge Industries）的工作，那是贝克的父亲创办的塑料管公司，现在由贝克经营。70岁出头的贝克身材修长，头发梳得整整齐齐，举止自信，就像联邦调查局（FBI）局长。我和他在费城北部的公司共进午餐，他为我准备了一份沙拉和两本书，一本是关于素食的好处，另一本是大屠杀幸存者维克托·弗兰克尔（Viktor Frankl）的《活出生命的意义》（*Man's Search for Meaning*）。在用餐之前，他带我参观了新时代工业公司的工厂，这里生产各种尺寸、形状和容积的塑料管，从用于自动洒水装置的长长的厚软管、麦当劳奶昔机使用的较小的厚软管，到生物技术和制药公司使用的精密的硅胶铂金管，这些管子是由从头到脚裹着防护服的工作人员在双重密封的无菌室里制作的。

贝克6岁时就开始为父亲工作，在餐桌上装订销售手册，整个高中期间都在担任工厂的守门人。大学毕业后，他帮助新时代工业公司从分销企业转型为制造商。1998年，贝克买下父亲和哥哥的股份，成为公司唯一的所有者。他创立了制药部门，并在2018年将新时代工业公司发展成一家年销售额5400万美元、拥有165名员工的公司。

贝克拥有非常明确的是非观。他曾经辞去一份上门推销百科全书的工作，因为这工作需要他骗人。贝克说："我纳税，不说谎，不欺骗。我尊重别人，也不过河拆桥。"他没有宗教信仰，但环保意识越来越强，他将工厂的四分之一区域改为使用太阳能发电，并将所有工厂垃圾回收或用于发电。他鼓励健康饮食和运动，向身边每个人宣传素食。"我只是想拯救世界，"贝克微笑道"只是想让大家活下去。"

和梅杰一样，贝克接触到公司职工持股计划也是因为参加了一次演讲，他当时的反应是，就是它！那时他只拥有公司10%的股份，但他制定了一个十年计划，目标是获得公司所有股权，并使公司的财务状况足以支持公司职工持股计划（因为它只有在企业盈利且无负债的情况下才能有效实行）。他说："我父亲觉得我脑子里进水了才会转行做制造，而且还要把公司卖给员工。"2000年，他在公司的新闻通讯中暗示，他将在2006年把公司30%的股份出售给员工，当时他是这么说的："留在这里，'派对'将在6年后开始。"2006年，贝克信守诺言，在一次被称为公司职工持股计划世界"揭幕"的活动上宣布了公司职工持股计划的实行。员工持股的份额始于30%，到了2019年9月，也就是我认识贝克不到一年的时候，份额变成了100%。

吸引贝克以及他通过自己创立的宾夕法尼亚员工所有权中心（Pennsylvania Center for Employee Ownership）不断向其他企业家宣传的，不是公司职工持股计划为新时代工业公司员工设立的退休计划，而是它塑造公司文化的方式。我和他在工厂里走着，进行他每日的走动管理（MBWA），时不时停下来问候每一位员工，他说："公司职工持股计划是共享资本主义的一个例子，如果你仔细研究它，就会发现它不是什么一劳永逸的事。因为如果员工不努力工作以提高企业的盈利能力，那么这项投资也不会增长。"从技术上讲，公司职工持股计划把为公司工作的人变成了公司的所有者，所以在理想状态下，它能使员工的思维转变成更符合创业者看待自己企业的方式。"所有者的心态和员工的心态是不同的，"贝克说，"老板的做事方式是不同的，但你不可能天生就是老板。"

自从启动公司职工持股计划以来，贝克注意到员工的行为每天都在变化，在没有管理者督促的情况下，他们会主动为公司争取最佳利益。一位女士身体不适，她的同事便建议她当天换一个更轻松的工作任务，既减轻了她的负担，又保证了团队的表现。一名叉车司机原地开车转圈取乐，另一名同事便谴责他在糟蹋两人的共有设备。一名员工拒绝向朋友推荐空缺岗位，为此推掉了几千美元，他告诉贝克，虽然他们一起打保龄球、喝啤酒，交情不错，但他并不想要和对方成为公司的共同所有人。贝克把公司业绩的提高归功于这种心态的转变。销售额上升了，失误率降低了，营业额屡创新高。

贝克为自己在新时代工业公司实行的公司职工持股计划感到非常自豪，不过他的价值观也在不断经受考验。竞争对手、投资者和私募股权公司每天都打电话来提出收购公司的邀约。由于那时贝克仍然控制着大部分股权，因此他拥有卖出公司的权力。"我可以在今天下午5点前以1亿美元的价格卖掉这家公司，"他说，"但为什么要卖呢？买家会说，'谁在乎员工或社区啊？你看看这些钱啊。'私募股权所做的就是让股东价值最大化——这是米尔顿·弗里德曼的入门课——也是MBA课里教的东西。但这就是企业的意义吗？"他问我，"不，这不是！企业是有生命的、会呼吸的，你不能糟蹋它……不能让任何人糟蹋它……甚至老板也不行。如果糟蹋它，就等于杀掉了产金蛋的鹅。"在向公司职工持股计划售出剩余股份之前，贝克让新时代工业公司获得了共益企业认证，从法律层面上把未来的任何所有者（包括公司职工持股计划）绑定在了所有利益相关方的价值观上。

价值观在经受检验之前是相对无意义的。机会要付出成本，金钱也不会白来，理想很容易被牺牲。巴布森学院的谢里尔·亚费·凯泽说，"当压力来袭时，当金钱模式开始发挥作用时，"企业家的真实信念就会受到考验，到了这时，你才会知道涂在墙上的美丽口号是恒久的还是空洞的。一家彩色冰淇淋公司会被卖给跨国集团。朱迪·威克斯的丈夫从一个有社会意识的反商业者变成了支持共和党政治事业的亿万富翁。谷歌"不做恶徒"的口号也听起来越来越诡异，因为它收集数据并与政府情报机构和军事承包商合作的事早已被曝光，但考虑到硅谷的初创模式总是把增长、退出和股东权利放在首位，这样的事好像就不应该令人感到惊讶。有时，企业家的价值观会在经济困难或资金紧张时消失，但多数情况下，它们是被慢慢牺牲掉的，一次一个决定，就像一刀刀凌迟。

我问梅杰，当他在权衡是否要让NCC施行公司职工持股计划时，价值观面临着怎样的考验，他告诉我这是一个简单的关于钱的问题。私募股权公司和竞争对手常常提出要以约2000万美元的价格收购NCC，这是公司销售额的数倍。但就公司职工持股计划而言，将其出售给信托公司的交易额总是以市价进行的，NCC的市价被确定为1000万美元，这个折扣是梅杰自愿接受的。"你得有所舍弃，"他说着，放弃了本可以多得的1000万美元。"所以你必须相信无私的价值和团队合作的价值，相信这些价值将战胜不同的挑战，然后为每天与你共事的人做些让他们吃惊的事。"梅杰有什么遗憾吗？"我拥有的够多了，几百万又算得了什么呢？"他说。他在佛罗里达州有自己的房子和公寓，也为家人和未来存够了积蓄，最重要的是，他还有一份自己喜欢的工作，他在那里仍然是自己的老板（梅杰先把自己42%的股份以500万美元的价格卖给了公司职工持股计划，并计划在之后十年中卖出剩下的部分）。"在这种情况下，我对这个世界的影响远远超出了我的个人需求。"

2017年5月5日，梅杰将所有人召集到NCC的车间。这一天被赞许为公司历史上最重要的一天，员工们都猜测NCC可能会扩张成一个新工厂，或者要与竞争对手合并，或者被大投资者收购。有些人甚至希望梅杰能把他们全都送上一艘加勒比游轮。现场有DJ、气球，包午餐，配偶也被邀请参加。

梅杰为这次聚会准备了3个月，在会场上用心演讲了45分钟。"我总是说，生活有时候带来的更多是问题而不是答案，"他西装革履站在台上，以此开场，"我知道最近公司有一个大家都在乎的问题，那就是这里究竟发生了什么事。我向大家保证今天就会回答这个问题，不过要等等。"他从会场中最重要的人开始讲起：这些人帮助他建立了NCC，每天都激励着他。梅杰谈到了肯·贝克（他当时也在场），并提到了自己从贝克那里学到的东西。他喜欢贝克理念中的"精髓"，因为它"完全符合NCC的核心价值观"。这一新理念将改变公司的性质，使它从"独奏"变成"交响乐"，从"摩托车"变成"道奇房车"，从"溪流"变成"湖泊"。梅杰说，这里还有另一群代表着新组织的人，他朝站在后面的朋友们点头致意，他们都应他的要求穿着西装。

不过首先，梅杰谈到了他因公司而取得的个人成长。他回顾了过去5年的演讲，重申了关于自己价值观的关键信息，理清了自己的服务宗旨。"今天，你们会看到我在说到做到，"他说，"这不仅仅是空谈。"大多数这种规模的公司要么因为成长太快而失败，要么一直成长迅速，最后创业者拿了支票走人。梅杰不会离开，至少现在不会，但他已经把公司42%的股份卖给了场内的某人。他停顿了很长时间，每个人都紧张地看着他身后那些西装笔挺的人。

"员工们请站起来，"梅杰说着抬起了手，就好像在指挥一个毕业班，"如果你站了起来，并且你是NCC的一名员工，那么你就是老板了。"命令一下达，梅杰身后的朋友们便开始鼓掌，不知所措的员工们站在那里，也跟着鼓起掌来。梅杰走过去揭开了NCC公司的新标识，标识下方用粗体字写着"员工持股公司"。瞬间，大家都开始明白发生了什么，场内爆发出了欢呼声。有些人大笑，有些人哭了，也有不少人哑口无言（尤其是最粗壮的焊工和车间技师）。

"人们都走上来拥抱我，"梅杰说那一刻是他一生中最骄傲的时候，与他在高中足球赛上赢得冠军的时候不相上下。"人们排成了长队，像婚礼迎宾队一样。"

尼克·斯瓦乌格是这家公司资历最老的员工，他说他对这种慷慨的行为佩服得五体投地。"这让我觉得自己很特别，"他说，"在这家公司，我被赋予了一种新的意义，并且对公司有了新的理解。"

一年多后，会场的气球早就泄气了，将梅杰的价值观融入NCC文化的工作仍在艰难进行中。要从像雇员一样思考转变为像老板一样思考，并承担起随之而来的责任——这是所有权文化的难题。在马特·汉考克（Matt Hancock）的帮助下，公司的十几名代表在加略山教会讨论了一整天。汉考克在费城的Praxis咨询集团工作，这家公司专门负责公司职工持股计划的过渡工作。

正如汉考克解释的那样，公司职工持股计划并不是改变公司运作方式的魔法开关。对很多公司来说，它就是一个财务结构及福利计划。公司职工持股计划并不能自动为公司赋予价值观。事实上，许多被我们认为完全缺失价值观的公司都是员工持股公司，包括安然公司（Enron）、雷曼兄弟公司（Lehman Brothers）、论坛报业连锁（Tribune）和美国联合航空公司（United Airlines）等。公司职工持股计划不仅没能改变这些公司的有害文化，而且在公司倒闭时令员工所有者身无分文。

弗兰克·卡尔皮内洛（Frank Carpinello）曾是哈雷·戴维森

（Harley Davidson）摩托车店的技师，在与汉考克探讨的一次会议上，他说："想想看，你的每一个行为都会影响到每个人。你拥有这家公司，这感觉很不一样，因为当你做好事时，你周围的每个人都能赚得更多。"团队新成员之一戴恩·邓肯（Dane Duncan）曾是一支基督教摇滚乐队的乐手，他说，公司职工持股计划让他觉得在工作中分享个人价值观更重要，而且其中的某些东西"会迫使你做更多事……这就是所有权。"

所有权委员会正在进行头脑风暴，并设计各种方法来建立和加强公司文化，从如何开会、如何奖励，到应该投入哪些核心价值观，以及如何实现这些价值观。在接下来的一年里，NCC将开始实施一项名为"业务大作战"的策略，它是一种开放式管理方法，鼓励NCC所有员工复核公司的基本财务业绩（包括销售额、利润、开支等），并通过积极的理念和更透明的流程来提高他们的业绩。

斯图尔特·桑希尔（Steart Thornhill）在密歇根大学（University of Michigan）教授创业学，之前担任过该校积极组织中心的负责人。据他说，当企业拥有一个由价值观主导的健康文化时，几乎每一项重要指标——健康问题、离职率、延误率——都会有所改善。桑希尔说："健康的公司结构总能带来健康的财务状况。人们容易陷入零和游戏思维里，想着'我们承受不起友善的代价，因为这需要成本'，而研究一再表明这种想法是错误的。我们是否更愿意在一个能感到自己有价值且有归属感的地方工作，而不是只在提供薪水的地方？你不用想得很深刻，就能理解其中隐含的力量。"多年来，各种学术研究都表明，公司职工持股计划的潜在好处已经不只体现在退休金上了，还包括提高产品销量、生产率和就业增长率，以及减少裁员。

某天下午，我驱车前往新泽西州的普林斯顿，去参加当地公司职工持股计划协会的会议。该协会的负责人是亚历克斯·莫斯（Alex Moss），他也是Praxis咨询集团的共同所有人，该集团正与NCC合作进行公司职工持股计划的转型。6位创业者、企业所有者和实行公司职工持股计划的各公司高管围坐在一家万豪酒店的会议桌旁，与会者不仅有曼哈顿的保险经纪人，还有国防承包商[1]。这些人代表了美国政界和商界的各种思想派系——从共和党人、福音派基督徒、自由市场原教旨主义者，到民主党人、无神论者、进步干预主义者——然而他们都坚信，共享企业所有权是推动变革的积极力量。

"我们公司刚成立时是一家嬉皮士公司[2]。" Mathematica公司CFO艾莉森·巴杰（Alison Barger）说。Mathematica公司是一家致力于社会服务的政府承包商，其使命是通过改善公共资助项目来增进社会福祉……这是大多数共和党人所鄙视的社会保障体系的本质。"他们实际上是一群社会主义者，我必须告诉他们为什么利润是必要的，"巴杰谈及她的同事时说，"但正是因为他们才有

---

1 国防承包商也称国防合约商、防务承包商或军事承包商，是为一国国防部提供产品或服务的商业机构或个人。
2 嬉皮士公司指的是由持"嬉皮士"态度而完全融入企业世界的人建立的公司。这类公司试图证明，社会意识与私营部门可以共存。

了现在的Mathematica。"Mathematica公司于2005年转为员工持股制，因为其创始人担心将公司出售给另一个实体或公开市场会使公司的愿景从社会导向转向利润导向。

桌子对面坐着比尔·琼斯（Bill Jones），他是Penn United科技公司的总裁兼CEO，Penn United科技公司是航空航天领域的精密设备制造商，琼斯的父亲是该公司的三位创始人之一。"我知道我爸爸他们想教人们钓鱼，而不是为人们钓鱼，"琼斯用自己的方式表达了那句有名的谚语，"我爸并不想成为一个赚取所有利润的人，随着公司的发展，他也并不耻于表达，他说我们应该对我们所做的事抱有信念……像木匠耶稣一样用双手去建造。"Penn United公司的公司职工持股计划（琼斯感谢耶稣让他父亲有信念去创造公司）以基督教价值观为基石，它使700多名员工成了谚语中的"渔夫"。"无论在员工的家庭中，还是在社区里，我们日常创造的财富都是惊人的。"

那天晚上，当我开车回费城北部郊区去和比尔·斯托克韦尔（Bill Stockwell）见面时，我领悟到了创业者更深层的价值观，那是一种真正的、有意义的、可执行的价值观，能够超越政治、宗教或意识形态的藩篱。斯托克韦尔是一个高挑瘦削的男人，七十多岁，一头利落的金色卷发，衬衫袖子挽起，仿如诺曼·洛克威尔（Norman Rockwell）[1]画作中的商人。他的曾祖父在新泽西州的一个车库中创立了斯托克韦尔弹性材料公司（Stockwell

---

1 诺曼·洛克威尔（1894—1978），美国20世纪早期的重要画家及插画家，代表作有《四大自由》《三人自画像》。

Elastomerics），如今这家公司负责定制各种用途的硅模具，包括电子产品的开关、波音客机的窗户密封装置，以及SpaceX火箭的缓冲垫。

斯托克韦尔在公司宣布公司职工持股计划的时间，和梅杰在NCC宣布的时间差不多。他之所以最终下决心设立公司职工持股计划，是因为他看到了那些把企业卖给私人股本公司或竞争对手后的朋友们变得有多么痛苦。他们在佛罗里达无所事事，无聊至极，无助地看着25岁的年轻管理顾问拆散了他们和家人创造的一切，还摧毁了与他们一起建设公司的员工们的生活。"我得到了我的收益，但其他人都完蛋了，"斯托克韦尔对这一后果总结道，"一旦你转动了钥匙，就没办法再收回了。"

我问斯托克韦尔他的这些价值观从何而来，和梅杰一样，他解释了这些价值观是如何随着时间推移而产生的。"我必须塑造自己的价值观。"他说。其中有很大一部分价值观来自他父亲树立的榜样，尤其是在比尔接管斯托克韦尔弹性材料公司之后。那时他的父亲没有退休，而是回到了车间，这样就可以教导下一代工程师。20世纪90年代，由于冷战时期的国防业务萎缩，斯托克韦尔被迫缩减公司规模，他也回到了车间，和父亲及其他工人一起。"在车间的那段时间是我价值观成长的开始，"他说，"和那些家伙在一起拼命努力……我依赖他们，他们也依靠我。这是一种相互依存的共生关系。我们都有账单要付，有家庭要养。我们必须搞定这些事。这段经历非常棒。"那些经历深刻烙印在斯托克韦尔的脑海里，直到它们形成了一套越来越清晰的价值观。

"你看，这不仅仅是我一个人的事，不仅仅是'我得到了我想要的,'"他在描述被流行文化形容为创业者灵魂核心的主导意识形态时说，"我觉得它以一种非常负面的方式影响了美国。"他指出，经济民粹主义正在政治光谱[1]的两端同时崛起，这引发了不安。"哎，但是看到这么多商人最后都只顾自己，我能理解为什么。政治形势动摇了他们对资本主义的信心。我是个纯粹的资本家，但我认为资本主义必须延伸到底层人民。我这里有91位资本家，公司职工持股计划让他们有机会发展、壮大。"这种结果靠的可不只是加薪、奖金或像硅谷初创公司发彩票一样发放投机性股票期权，而是通过分享一块蛋糕的所有权、扩大这块蛋糕的能力，从而实现美国梦。

斯托克韦尔想竭尽所能来帮助公司员工实现这一目标。他亲自出资资助了公司的公司职工持股计划，而不是让公司背负员工所有者必须偿还的债务，他还采取其他措施来改善公司员工及其家庭的生活，因为这些人来自费城最贫困的社区。他为这些人提供了一项多教派服务，让牧师们每周访问工厂两次，了解和关心员工及其家人的个人生活，就各种问题提供咨询，比如滥用药物、家庭暴力、儿童监禁，甚至预防自杀等。这项服务一天24小时随叫随到。

斯托克韦尔拍着桌子说："我不想成为一个商业破坏者，我真心希望这种制度能维持下去，因为我们的工作完成得很好。""在个人、家庭和社区层面上，企业需要就此认识到自己对于社区的

---

1 政治光谱是一种通过把政治派别或其他议题放置在一个或多个几何坐标上，以将政治立场进行对比或形象化的方式。

价值。他说，"我们只需要朝灰烬里吹点氧气就够了。"

从佛蒙特州极端左翼的园林用品供应公司，到俄克拉荷马州保守的天然气田公司，遵循自己的价值观而实行公司职工持股计划的创业者们正回归到资本主义的基本理念上来。亚历克斯·莫斯说："那些永远无法掌控自己经济命运的人，在美国却可以做到。这是美国建国的一个原则。"他指出，促使大多数创业者将自己公司转变为公司职工持股计划体制的原因有两点：强烈的个人价值观体系，以及让他们想照顾员工的家长式作风。这些创业者把建设企业的工人视为家人。他们不是机器中的齿轮，也不是为利润服务的可更换的生产单位，而是与自己血肉相连的人。

我坐在那里，目睹一个又一个自豪的商人擦去眼泪谈论着将公司转变为公司职工持股计划体制的过程，此时我能感觉到宣扬价值观和践行价值观之间存在的明显差异。践行的方法不是励志海报，也不是慈善捐款，这些创业者的个人理念是服务于超越利润的伟大目标。凯文·梅杰、肯·贝克和比尔·斯托克韦尔等创业者的动力，远不止是成功、名誉或金钱。他们永远不会在社会创业者峰会上演讲，也不会把自己的产品当作救世良方来推销。他们做了自己该做的事情，是因为他们发自内心地相信这么做是正确的。作为创业者，他们有能力这样做。

"善与恶的力量都是由个人的思想、态度和行为推动的，"罗伯特·格林利夫在《仆人式领导》中写道，"我们的价值观，以及未来文明的质量，都将由生而有灵的个人观念所塑造。"

第六章

家族企业

一辆卡车载着一桶桶刚摘下来的美乐葡萄（Merlot）[1]，抵达了阿根廷门多萨市的魏纳特洞穴酒庄（Bodega y Cavas de Weinert）大门口。卡车司机按了一下喇叭，酒庄的工作人员迅速赶来卸下车上的贵重货物，把塑料桶里的葡萄倒进一个大金属水槽，水槽中心有一根巨大的螺旋钻，这个钻头把葡萄从茎上分离，再将它们压碎成果浆，这是酿酒的第一步。装卸处的工人动作迅速，很少说话。新鲜的葡萄必须快速被碾碎，然后放入混凝土发酵罐，否则就会在阿根廷三月烈日的暴晒下腐烂。

37岁的伊杜娜·魏纳特（Iduna Weinert）是酒厂创始人和现任商业经理贝尔纳多·魏纳特（Bernardo Weinert）的女儿。听到卡车驶进时，她走到了进料场，以传统的阿根廷单颊贴面礼欢迎葡萄园园主莫塔先生，带着最灿烂的笑容和他简短地聊了聊最近

---

1 原产于法国的红葡萄品种。

葡萄的收获情况。伊杜娜摘下一颗葡萄，扔进嘴里，嚼了嚼，称赞莫塔的美乐葡萄好极了。

伊杜娜问道："请告诉我，今年是不是没有酒精含量在14%到15%的赤霞珠（Cabernet）[1]。"她想起去年葡萄的含糖量比他们期望的要高得多。

"不，今年没有，"莫塔先生说，"最多13.5%。"

"哦，谢天谢地！"伊杜娜说着又和他贴了贴脸，然后去检查发酵罐里的葡萄汁情况。

伊杜娜与莫塔先生的互动看似短暂，但双方的关系对酒庄的生存至关重要。2019年的这一次丰收是魏纳特洞穴酒庄连续第二年迎来的丰收，前几年酒庄差点倒闭。在那段时间里，酒庄在供应商和客户中的声誉一落千丈，最终能说服像莫塔先生这样的种植者再次将自己的葡萄卖给她的家族企业，是因为酒庄的信念发生了巨大的转变。两年前，伊杜娜·魏纳特回到父亲创办的酒庄，和员工们一起重启了之前被中止的出口市场。他们将酒庄品牌现代化，推出新品种的葡萄酒，将游览项目的服务对象转向更高端的受众，并计划翻新陈旧的设施。他们重整旗鼓，所有努力都指向一个目标，那就是让伊杜娜的家族企业魏纳特洞穴酒庄重新拥有偿债能力。而酒庄在经历了多年的衰落后，一桩复杂的欺诈事件又在法庭中上演。

莫塔的卡车离开的几分钟后，一辆红色的旧款兰德酷路泽车

---

1 原产于法国的红葡萄品种。

驶入酒庄。"哦，"伊杜娜说，脸上露出困惑的笑容，"好像是我爸妈来了。"贝尔纳多·魏纳特此时已87岁，他离开驾驶座，打开后备厢，指挥酒庄员工来卸下里面的物品，他69岁的妻子塞尔玛也从车里拿出一些袋子。他们转过视线，看到我在和伊杜娜说话。我挥了挥手打招呼，贝尔纳多便走了过来。这时房子另一边传来声音，我转过身去，看到伊杜娜的弟弟安德烈正带着他女儿穿过草坪朝我们走来。我看到伊杜娜脸上原本轻松的笑容瞬间变得冰冷。"这可有意思了。"她说道，站在那里等着她的父亲和弟弟走近。

我上次在酒庄见到她的家人是将近十年前的事了。她弟弟拥抱了我，她的父亲（我叫他贝尔纳多阁下，这是他喜欢的正式称呼）握了握我的手，问我是否还住在加拿大。"记住，"贝尔纳多正式欢迎我回到此地，"你是我们的家人。"

直到魏纳特家的这些成员离开后，我才意识到，包括她父亲、母亲、弟弟，甚至她7岁的侄女在内，没有一个人和伊杜娜说话，更没有以任何方式承认她的存在，就好像她是一个鬼魂，只有我和酿酒厂的工人能看见她。有人曾警告我说他们家的情况很复杂，伊杜娜回到酒庄绝不只是一个简单的家族企业的创业故事，但我完全不知道事态到底变得有多么糟糕。

我问伊杜娜刚刚是怎么回事，她耸耸肩对我说："事情就是这样，大家互不交谈。"

在硅谷的创业神话中，家庭是无足轻重的。创业仅仅是一代人的现象，是个人或合作伙伴创建企业的过程，而家庭只是创业者在家里拥有的东西，通常会被描绘成创业的附属品或阻碍，就像埃隆·马斯克和史蒂夫·乔布斯的第一任妻子，当她们被认为对企业需求不够尽心时，便被抛弃了。还有一种情况是，家人扮演了帮助创业者实现成功的完美配角（这种家人一般是幸运的第二任和第三任妻子）。除此之外，家庭在这一神话中没有真正的角色地位。

自从硅谷创业模式把退出企业视为一个直接目标以来，创业就被塑造成一个有开场、中场和明确结局的故事，而这一段经历只发生在一代人或更短的时间内。与此相反的是，经历几代人的创业被看作古怪且过时的，"家族企业创业者"是一个矛盾的术语，这个概念与眼下充满活力的现代经济格格不入。一个由家族继承制来管理经营的企业，还有什么比它更规避风险、行动迟缓甚至反创业精神的呢？难道创业精神能通过血统转移吗？

可现实是，创业精神通常牢牢地植根于家庭。据家族企业研究所（Family Firm Institute）称，全球约有三分之二的企业是由家族拥有并运营的。在美国，家族企业数量占全国企业的一半以上，而且其中一半都已在证券市场上市。它们大到沃尔玛、玛氏（Mars）和菲亚特汽车（F.I.A.T）等蓝筹股[1]跨国公司，小到我在前文中写到的那些所谓的夫妻店，从阿勒索菲家在多伦多开的同名叙利亚餐厅，到费城第四代先进制造业企业斯托克韦尔弹性材料公司。

---

1 蓝筹股指大型的、长期稳定增长的传统工业股及金融股。

在葡萄酒业，家族创业精神不仅世代相传，而且与整个行业紧密相连。意大利的安蒂诺里酒庄（Antinori）、法国的拉菲·罗斯柴尔德酒庄（Château Lafite Rothschild）、澳大利亚的雅伦布酒庄（Yalumba）、德国的维尔盛酒庄（Has Wirsching）、美国加州的威迪酒园（Wente Vineyards）……当拿起一瓶来自世界任何地方的葡萄酒时，你通常会发现生产它的企业一直由同一个家族经营，可能已延续了两代、四代或十几代。酒庄背后的家族久负盛名，除了代表了其拥有的品酒笔记或位于勃艮第的城堡，家族名更是品牌的精髓，是传统的继承和价值的典藏，是品质的标志，是数十年乃至数百年的承诺。

家族企业在世界各地都普遍存在，但它的故事与个体创始人创造新事物的常规故事相去甚远，以至于这类企业第一代以后的故事常常被我们遗忘或轻视，这是一件憾事。因为当我们无视家族创业者的经历时，我们就忽略了创业精神中一些最重要的问题，以及生活的两个要素——工作和家庭，它们是不可分割的。创业者是如何将家庭需求与工作需求相结合的？当你准备放手时，你创造的事业会变成什么样？你相信谁能接管它？如果你是被委托者，那么你如何在不伤害企业传承或委托者的前提下，让企业成为你自己的东西？这些问题是长期拥有一家企业的核心。

我想要了解的正是传承的分量。不仅仅是为了那些和家人一起在企业里工作的创业者，也是为了像我这样的人，我们都来自一个创业者家庭，在某种程度上继承了以这种方式生活的愿望。我的父亲是一名创业者，父亲的父亲是一名创业者，我的母亲是一名创业者，母亲的父亲也是一名创业者，以此类推，一直到我的兄弟和我，以及我的妻子，她的父母和祖父母也是一样。不过，我们都没有在同一家公司甚至同一个行业共事。他们都有创业精神的血统，但他们之间又是截然不同和互不相关的。我想知道是什么事物跨越了几代人……那或许是一种继承下来的创业精神。在门多萨的这家葡萄酒企业中，遗留下来的究竟是什么，它在创业者及其家人的生活中又是如何体现的？

我和伊杜娜成为朋友是在2004年，当时我在阿根廷生活，是一名自由记者。那时我刚开始为《葡萄酒观察家》（Wine Spectator）杂志撰写新闻故事，表面上我是他们的南美通讯记者，但事实上我对葡萄酒一无所知。有一天，一个朋友带我去和伊杜娜的哥哥布鲁诺共进午餐。我告诉布鲁诺，过几周我想来门多萨过一年一度的丰收节，他便让我联系他妹妹，安排我参观魏纳特洞穴酒庄。

我给人的第一印象很糟糕，因为那天一整个下午我都在和其他记者一起品酒，结果就迟到了四个小时，还喝得醉醺醺。之前魏纳特家为我准备了一顿豪华午餐，此时菜都已经冷了，但伊杜娜满面笑容拍了拍我，接受了我的道歉。她领着我穿过酒庄那巨大且精致的雕花木门，把魏纳特洞穴酒庄的故事讲给我听。这座砖梁结构的酿酒厂的历史可以追溯到1890年，由一个创办丰坦酒庄（Bodegas Fontán）的西班牙家族建造并一直经营到20世纪20年代。在接下来的数十年里，酒庄在不同的主人之间转手，还经常被弃置荒废，直到贝尔纳多·魏纳特阁下于1975年收购了这块土地。贝尔纳多不是阿根廷酒业中那种典型的企业家，他是德裔巴西人，他的父亲在小镇上经营杂货店和乳制品加工厂。贝尔纳多一直梦想着自己也做老板。大学辍学后，他当了卡车司机，开始做自己的物流生意。生意迅速发展，进而在南美各地经营货运。由于门多萨是阿根廷和智利之间主要的货运枢纽，当时住在里约热内卢的贝尔纳多经常来这里工作。

门多萨是种植酿酒葡萄的理想栽培地，该省东部地势平坦，气候干燥，阳光充足，土壤富含矿物质，西部的安第斯山脉为葡萄园的灌溉提供了可靠的水源。自19世纪西班牙殖民者和意大利移民开始种植葡萄以来，阿根廷各地就开始生产葡萄酒，但葡萄酒业突然兴盛是在过去的几十年间，尤其是在门多萨，这要归功于门多萨的招牌葡萄品种马尔贝克（Malbec）的成功。贝尔纳多·魏纳特注意到，当智利向巴西大量出口葡萄酒时，门多萨的出口量却很少，他在其中发现了商机。进入葡萄酒业最简单的方法就是买一家酿酒厂，尽管贝尔纳多·魏纳特对葡萄酒一无所知，但他就是这么做的。

魏纳特洞穴酒庄与酿酒师劳尔·德拉·莫塔（Raúl de la Mota）合作，专注于酿造传统风格的葡萄酒，在大橡木桶中陈酿（2年，5年，甚至10年），这使得魏纳特洞穴酒庄的葡萄酒脱颖而出，特别是门多萨的葡萄酒业在20世纪90年代实现现代化之后，门多萨追随欧洲和美国的潮流，得以在更小、香气更浓郁的新橡木桶中以更短的时间酿造。魏纳特洞穴酒庄的葡萄酒更加醇香，味道也更加美妙，其风味独特，比附近其他酒庄的酒更传统。酒庄的首酿是1977年的马尔贝克，自装瓶以来的四十多年里，它一直被视为门多萨最棒的招牌葡萄酒之一。

当走进酒庄，顺着灯光昏暗的楼梯走下著名的酒窖（这些地下洞穴正是酒庄名字的由来）时，伊杜娜告诉了我这一切。欧洲工匠于19世纪建造的拱形砖窖是酒厂的中心，这里湿度刚刚好，全年保持凉爽，哪怕在酷暑和寒冬季节也一样。这些酒窖似乎一直在延伸，一个又一个地窖，一个又一个房间，有着7.6米高的砖拱顶和天花板。魏纳特洞穴酒庄在巨大的木桶里陈酿葡萄酒，有些木桶高达4.5米，这些桶里的葡萄酒足以分装一百五十多万瓶。

在伊杜娜和她哥哥布鲁诺出生之前，父亲贝尔纳多就买下了酒庄，不过那时家人的生活地点和父亲的卡车生意都在里约热内卢。后来伊杜娜去了一家英国人办的私立学校上学，尽管她能和国际学生讲纯正的英语（和完美的阿根廷西班牙语），但她是一个地道的巴西人，从暗黑的肤色（她母亲来自巴西北部热带地区），到她对海洋的热爱以及桑巴舞能跳到深夜的能力，都证明了这一点。在她的童年时期，门多萨和酒庄被视为她父亲的一项投资，同时也是度假胜地。"我们每6个月来这里度假一次，"她说，"我们会待上几个星期，但是一开始的酿酒师劳尔先生是一个非常严肃的人，他不喜欢有孩子在周围玩，所以我们根本没参与过生意。"

20世纪90年代末，这种情况发生了改变，贝尔纳多放弃了卡车生意，全家搬到了布宜诺斯艾利斯。当时，伊杜娜还在上高中，对这种变化感到害怕，但她很快对酒庄产生了兴趣。去门多萨的时候，她和刚刚接班的瑞士酿酒师雨果·韦伯（Hugo Weber）在实验室里待了一段时日，分析了经过精心管控的葡萄糖慢慢发酵成酒精的化学魔法。"我喜欢实验室的工作。"伊杜娜说。她的父亲鼓励她在大学学习化学工程，以此作为进入酿酒业的踏板，但她读了两年后觉得很不开心，想做点不同的事。最重要的是，她想回到巴西。后来她辍学了，住在家里，教人英语，试图弄清楚下一步该做什么。"我不想进入葡萄酒业，"她说，"我想要别的东西。至少可以事先获得一些不同的体验。"

有一天，贝尔纳多请伊杜娜陪他去纽约参加一个大型品酒会。因为酒庄一直专注于出口，阿根廷葡萄酒的美国市场也正在迅速扩张。贝尔纳多几乎不会说英语，而伊杜娜可以为他翻译。伊杜娜对葡萄酒一窍不通，她最初对这类场合根本不感兴趣。"每个人都在热烈地赞美这些葡萄酒，"她形容自己在品酒会上第一次遇到的那些自命不凡的人，"我想，'这个世界不适合我。'"

一次偶然的机会，她遇到了一家黎巴嫩小酒厂的老板，这家酒厂的葡萄酒很独特，并且老板还绘声绘色地到处给别人讲与自家葡萄酒相关的有趣故事。"那时我意识到，品酒生意就是一场戏剧，"她露出一个顽皮的微笑，"而我在高中学的就是戏剧。"毫不夸张地说，这个说法太过保守。伊杜娜是公认的戏剧女王，她的声音响亮，无论在哪里都能掌控全局，而且她最喜欢的就是观众。在品酒会上，她虚构了一个名叫"伊杜娜·魏纳特"的角色，那是一个夸张版的她自己，介于加乌乔[1]的女伯爵夫人和顶着水果的

---

1 加乌乔牧民居住在南美大草原上，是印第安人和西班牙人的混血人种。

卡门·米兰达（Carmen Miranda）[1]之间。这个角色运用自己的个人魅力讲述了她父亲的葡萄酒的故事，并帮助父亲将葡萄酒销往全世界。"伊杜娜成了一名出色的推销员，"贝尔纳多阁下后来告诉我，"尤其是在出口市场。"

回到阿根廷后，酒庄需要伊杜娜做什么，她就做什么——处理档案、翻译、帮助撰写宣传材料，等等。她研究酿酒的化学知识，学习侍酒师入门知识以及出口业务和物流知识。由她负责的布宜诺斯艾利斯周围的葡萄酒品酒会也越来越多。"我是自然而然进入公司内部的，"她还指出，因为自己非常外向，而且女性在这个行业仍然很少见，所以她很快就与国内外的记者建立了联系，成了家族品牌的代言人，她说，"我更像是一个吉祥物。"

随着时间的推移，魏纳特家族在企业中的角色变得更加明确。贝尔纳多阁下是酒庄的所有者兼总裁，负责酒庄的运营（包括管理葡萄酒的口味）和财务。IT专业的布鲁诺于2003年加入公司，负责国内市场（那时他和伊杜娜的关系依然亲密，但性格完全相反）。伊杜娜负责国际市场和公共关系。最终搬到门多萨的安德烈在酒庄里做各种与生产有关的工作。只有贝尔纳多阁下在与塞尔玛结婚前的那一段婚姻中所生的孩子（他们不住在阿根廷）没有正式参与公司业务。

伊杜娜在位于布宜诺斯艾利斯的公司办公室工作了十年。她每年都有半年时间在路上——参加欧洲的葡萄酒展会，拓展亚洲

1　卡门·米兰达（1909—1955）是20世纪的巴西歌舞明星。

的出口市场，接着回到加拿大和美国，再去南美，开拓新市场，扩张旧市场。她会在美国路易斯安那州巴吞鲁日的一艘船上为赌场老板们主持品酒会，两天后又出现在韩国首尔的一场宴会上，为客人供酒。她热爱这份工作，在品酒会或葡萄酒晚宴上得心应手，用"伊杜娜·魏纳特"这个角色打破着葡萄酒生意的沉闷气氛。她曾有一种能发现这个行业中不合群的人的本领，这些人都是她"戏剧女王"的同伴。他们会一起在桌子上大笑、跳舞，然后到外面去吃吃喝喝，取笑他们遇到的那些西装革履的人物。我记得有一次在纽约的一场品酒会上遇见了她，她正在著名的四季酒店（Four Seasons）的台球室里朝对面喊叫，为观众倒酒。

这些年来，伊杜娜从未把自己看作创业者。"在我看来，我本质上就是……一名雇员，"她说，"我告诉人们，'我为我的父亲工作。'但我觉得自己被困住了。"伊杜娜的父亲是老板，他向所有人明确表示，魏纳特洞穴酒庄是他的公司，这一点无可争议。他会跟伊杜娜和布鲁诺商量决策，但最后还是照着自己的想法去做。这让兄妹俩越来越沮丧，他们认为公司的经营方式存在严重缺陷。品牌策略在四十年来都没有改变，财务状况也一团乱，并且贝尔纳多拒绝使用基本的销售、市场及数据库管理系统。慢慢地他们看着其他酒庄一步步赶超自己，特别是在他们作为先锋帮助阿根廷葡萄酒所开拓的全球市场中。贝尔纳多是那种典型的传统拉美老板，伊杜娜觉得他把生意当成了自己的个人项目来经营。他只有在觉得可以付钱时才给伊杜娜和布鲁诺付薪水，并且往往还需要后者来索要。"好吧，你们想要多少？"父亲会这样问他们，就好像他们是十几岁管家长要零用钱的孩子一样。这令人十分懊恼。

温迪·塞奇-海沃德（Wendy Sage-Hayward）是温哥华的一位家族企业顾问和教授，与葡萄酒业的许多客户有过合作。"有时候我们很难把自己的孩子当人看，"她说，"我们把他们看作我们的孩子，我们的项目，甚至即使孩子长大成人，我们依然把他们当作孩子。人们很难从父母与孩子的相处模式转变为成人与成人的相处模式。同时，父母对自己创立的企业有着太多的情感所有权，以至于很难放手和共享这些权利。这使得下一代人很难介入，也很难被视为具有创新理念的可靠补充。如果我们意识不到孩子身上的能力，不能放手，不能邀请他们分享，那么我们就会陷入艰难的关系中。"

如果一位创业者不能平等看待自己的子女与他们的愿景、理念和风险承受能力，他就可能通过忽视或贬低子女的意见、隐瞒重要信息的方式来切断与子女的联系。"一个家族企业真正的成功在于我们要承认家族企业是由三部分组成的系统。"迈克尔·麦格伦（Michael McGrann）说，他在费城经营着一家名为特洛斯集团（Telos Group）的家族企业咨询公司。家族企业的三个核心是：企业、家族和其中的个人。许多企业家将企业与家庭完全分离，或把企业分隔成不同的部分，使企业整体状况的透明度非常有限。"如果我不让家人参与进来，我就可以关上办公室的门回家。"麦格伦解释说，企业家往往认为，在自己的事业周围筑起一道墙就可以保护家人不受其影响。然而，从长远来看，这将给企业和家族带来厄运，因为每个人对情况都不甚了解，没有任何障碍能够把家族及其企业真正隔离开来。

　　劳里·乌尼恩（Lauri Union）是巴布森学院家庭创业研究所的负责人，她曾使她祖父开在北卡罗来纳州的瓦楞金属板材企业扭亏为盈。她说，将企业与家庭隔离的做法将最终导致一个家庭丧失创业能力，被剥夺成长机会的孩子们在企业中会感到束缚和窒息。他们的创意无处安放，最终将渐渐脱离家族企业。"老一代的控制欲掩蔽了年轻一代的梦想和创造能力，"她说，"这是一种损失。家庭应考虑如何创造更好的平衡。我们会希望年轻一代能参与进来，并受到鼓舞去创造他们自己的愿景。当他们这样做的时候，世界才会翻开新的篇章。而如果他们因被束缚而无法做到，等他们到了50岁，这种能力也就会从他们身上消失。"

　　进入家族企业并不会自动使一个亲戚成为创业者。一些人只是将其视为一份工作或继承的财富，另一些人则不想参与经营他们家族拥有的企业，无论企业有多成功。不过，尽管家族与商业的结合充满复杂性，许多人还是追随亲戚进入家族企业，因为这让他们有了经济或智识上的机会，他们感到与企业有一种情感上的联系，或者他们想要创造传承。"传承"是一个有分量的词，葡萄酒业极其重视它。也正因此，尽管表面上看都是相同的产品，但一瓶拉菲的售价却是一瓶魏纳特的十倍多。而对家族企业的创业者来说，传承可能意味着许多不同的事。"我把传承看作有生命的东西，"家族企业研究所的创始人弗雷达·赫茨·布朗（Fredda Herz Brown）说，"我想，有些家庭认为传承已经过时了，但你总是能改变传承。我认为传承的概念之一是它创造了机会和责任。

而对一些人来说，传承变成了沉重的负担。"传承可以是过去和未来的模板；可以是个人的，也可以是集体的；可以是一种约束，也可以是一种解放。

在与门多萨各个家族酿酒厂的创业者交谈的过程中，我清楚地看到传承在不同的家族中如何产生了不同的推动力。埃尔南·皮门特尔（Hernán Pimentel）和母亲梅塞德丝·迪亚斯（Mercedes Diás）以及妹妹康斯坦萨（Constanza Pimentel）一起经营着凯鲁姆酒庄（Bodega Caelum），对埃尔南来说，他家的酿酒厂是家族的共同传承。1990年，埃尔南的父母在门多萨购买了60万平方米的土地，当时他们没有做过葡萄酒生意，甚至在门多萨也没有任何人脉。他们一家一直在布宜诺斯艾利斯经营大型面粉厂，但梅塞德丝是一名热爱园艺的农学家，她开始在门多萨的那块地种植西红柿、大蒜和洋葱。三年后，随着阿根廷的葡萄酒享誉全球，她拔掉所有的蔬菜，种上了马尔贝克和赤霞珠，并将它们卖给附近的酿酒厂。

在14年的时间里，梅塞德丝为其他酿酒师种植葡萄，而她的孩子们在布宜诺斯艾利斯追求自己的事业（埃尔南在联合利华做工业工程师，生产AXE止汗喷雾）。到了2009年，梅塞德丝在门多萨离了婚，过得越来越不快乐。种植葡萄可能是一项有利可图的生意，但她对自己的产品几乎没有控制权。"当你在卖葡萄时，卡车在没谈好协议和价格的时候就来了。酿酒厂会安排一切，当你种植高品质的葡萄时更是如此。这样不好。"埃尔南解释道。此时，我们正从现代化的小品酒室俯瞰他们家整齐的葡萄园。他们越来越觉得购货的酿酒厂没有对他们家的葡萄进行合理估价，还经常将它们与其他葡萄园的劣质葡萄混在一起。"真实情况是，如果你种植葡萄，并且用它来酿制自己的葡萄酒，那你种的葡萄必须是优质的。但是当你只是卖葡萄的时候，你关心的就会是重量……公斤，全是这些。"

很明显，他们应该合作创办一个酿酒厂。这个家族有葡萄和葡萄园，由一位母亲管理，还有一个知道如何建造工业生产设施的儿子，以及一个已经成为侍酒师的女儿。梅塞德丝通过种植葡萄为他们的集体创业播下了种子，现在她的孩子们将和她一起用葡萄酿制葡萄酒。埃尔南说："对我们来说，最重要的是酿酒时使用我们自己的葡萄。"他伸进一个橡木桶里嗅了嗅，然后转头把耳朵贴在洞口处。"你可以听到它在发酵。"他说。我凑了过去，听着葡萄汁被酵母消化时发出的细微的嘶嘶声。

许多人会觉得家族企业似乎令人窒息。想象一下每一天都跟你的父母、兄弟姐妹、祖父母和孩子们待在一起。和他们一起起床，一起开车去上班，一起吃午饭，一起参加会议，一起旅行，然后和他们一起回家，一起吃晚饭，在同一个屋檐下一起睡觉，并在余生不断重复这样的生活。从前在布宜诺斯艾利斯的时候，埃尔南一个月见他妹妹一次，到后来一周见她6天，并且是一整天都能看见她，他承认，他们彼此都让对方心烦。

"我母亲给了我生命，这对我来说是一种情感上的打击，"埃尔南告诉我，"但这里的规则是，我们都要尽可能努力地工作。在企业之外，我们是母亲、儿子和女儿，但在这里，我们是合作伙伴。如果我妈妈进来时我正在用电脑，而她问的问题可以在书架上的手册里找到答案，那我就会说，'到书架那边去找，别烦我。'"

尽管每天都有挫折和摩擦，一家人一起把凯鲁姆酒庄打造为共同的传承，这终究是一件值得做的事。"这是信任的问题，"埃尔南说，"我妹看一眼我的脸就知道我要干什么，而我知道我可以百分百信任她。可如果对着一个雇员的话，不管他的薪水有多高，我都需要考虑到如何把控……例如，管理游客购买葡萄酒的现金……我该如何把控这些呢？但和我妹妹在一起，我甚至都不用去想这些。"对他母亲也是如此，他在葡萄园的事上完全信赖母亲。这种隐含的信任使他们能把所有的精力都投入到手头的工作中。在建立共同传承的过程中，每个人的动机都是明确且一致的。

对于魏纳特家族而言，他们共同的使命感在2010年开始发生变化。当时伊杜娜听说她父亲付给葡萄种植者的报酬不合理，但仍在巴塔哥尼亚自家的一座葡萄园里继续修建酿酒厂，并且在做决定之前没有与她和布鲁诺商议。"我说，'行吧！'"伊杜娜回忆道。"我受够了，"她说，"在这个世界上，我不可能代表一家我既不清楚内部发生了什么，也不喜欢我所发现的糟糕情况的公司。"她登上飞往里约热内卢的飞机，（应阿根廷的法律要求）给她的父亲发了一份正式的电报，通知他她要辞职。布鲁诺6个月后也离开了公司。两人都头也不回。

贝尔纳多·魏纳特对儿女的离开同样感到难受，他认为他不仅给了孩子们一切机会去接受教育，去追求他们想要的事业，而且还给了他们在酿酒业中立足的机会，并通过工作证明自己。"父亲总是对孩子抱有幻想。"他指出，在家族企业中，孩子们很难控制自己的期望，因为他们必须比任何人都要更努力，只为了证明自己配得上这份工作。"你不能直接把钥匙交给他们，"他说，"这是一个渐进的过程。"但他也看到伊杜娜越来越渴望独立，布鲁诺想应用他的IT技能，但酒庄永远无法满足他。贝尔纳多理解他们对公司的变化速度缺乏耐心，也承认孩子们需要追求自己的梦想，但他们离开公司对他个人来说是一个打击。"和所有的父亲一样，当你的孩子不能实现他们的梦想时，你会感到沮丧，"他说，"家庭是很难管理的，不是所有的孩子都是平等的。一个会成为领导者，另一个就不会，这就是最难的地方。"

很少有家族企业能延续到第二代，走到第三代及更远的家族企业就更少了。家庭、个人和企业以不健康的方式重叠在一起，在企业的经济现实中，会出现特别优待、手足竞争和爱情耗尽等个人情感问题。通常情况下，创始人的子女并没有兴趣追随父母的脚步，他们会选择其他职业或自己创业。

然而，尽管存在种种困难，多代人创业的潜在优势依然有很多：它可以意味着持久的经济安全和家庭身份的锚定；它可以为新一代提供选择，换作其他人，可能这些选择永远也不会出现。对于门多萨葡萄酒业的许多家族来说，这已经足够吸引他们了。

某天早晨，我驱车一个半小时前往门多萨市以南的优克谷，这是安第斯山麓的一个葡萄园区，我去那里见祖卡尔迪家族的两名成员，他们是该地区家族企业的领军人物。祖卡尔迪家族的每一代都在上一代的基础上继续建设，不断在最新、最宏伟的酿酒厂上登峰造极，最终建成了无限之石酒庄（Piedra Infinita），它是一座向安第斯山脉致敬的混凝土建筑丰碑，于2017年开放。我正是在那里与何塞·阿尔韦托·祖卡尔迪（José Alberto Zuccardi）和他儿子塞瓦斯蒂安（Sebastián Zuccardi）共进午餐，一起享用了豪华的牛排红酒。

祖卡尔迪家族的生意始于20世纪60年代，当时何塞·阿尔韦托的父亲蒂托·阿尔韦托（Tito Alberto Zuccardi）来到门多萨，为农场和葡萄园安装灌溉系统。他买了一些土地，开始种植自家的葡萄以展示自己的技术。何塞·阿尔韦托在70年代中期进入了他父亲的企业，专注于酿酒，特别是酿造有价格竞争力且重点出口的葡萄酒。大家公认，他与尼古拉斯·卡泰纳（Nicolás Catena）等其他大家族酿酒厂的所有者一起，将阿根廷的马尔贝克酒推向了世界市场。现在何塞·阿尔韦托已经七十多岁了，他自豪地谈到祖卡尔迪家三代人是如何一起工作的。他来监督公司的大部分业务运营，他的三个孩子也在家族企业中开辟了自己的创业领域：米格尔（Miguel Zuccardi）创建了一个精致的橄榄油品牌，胡利娅（Julia Zuccardi）在祖卡尔迪家族酒业的两个酿酒厂开发了旅游项目，而年近四十的塞瓦斯蒂安把他们的酿造水平提升到了全新的层次。甚至连何塞·阿尔韦托的母亲，当时93岁的埃玛（Emma Zuccardi）每天都来酿酒厂工作。贝尔纳多·魏纳特认为，祖卡尔迪家族是家族企业通过不同渠道共同合作的一个最佳典范。

何塞·阿尔韦托个子不高，头发花白，胡子有点蓬乱，笑容灿烂。他告诉我，个人创业和跨越几代人的创业之间的区别只是时间。"一代人可以在上一代人的成就上发展，不过在葡萄酒业，一切发展都需要很长很长的时间，"他说，"有时，一年时间做不成任何事，5到10年的时间在这个行业里都算短的。家族企业有机会进行长期投资。我们可以致力于开发一些一般公司根本做不到的东西。"

何塞·阿尔韦托给我倒了一杯2017年的"凝聚马尔贝克"（Concreto Malbec），酿这种酒的葡萄是从生长了十多年的植株上摘下来的，种植这些葡萄的葡萄园已经经营了数十年，见证了已有半个世纪历史的祖卡尔迪家族企业的演进（然而它依然被视为全球葡萄酒业的新入门者）。硅谷在产品、商业模式和退场间快速迭代和转换，酿酒业却与之截然相反。它就像一株藤蔓，每年都在缓慢成长，最终加深了企业和创业精神的根基。

家族企业的发展过程需要坚定不移的独立性，祖卡尔迪家视其为企业的核心价值。一家公司拥有的酿酒厂要对其股东负责，并为他们带来年度或季度回报，这就缩短了所有项目的时间。就在本书撰写的前一天，一家大型国际投资集团拜访了祖卡尔迪家族酒业，并提出收购该企业的控股权，可能出价数千万美元（甚至更多）。在阿根廷这样一个经济不稳定的国家，这不是一个小数目，但塞瓦斯蒂安甚至拒绝倾听他们的提议，更不用说考虑了。

"我们不需要投资者或外界的帮助，"塞瓦斯蒂安告诉我，他的嘴唇被门多萨的烈日晒得干裂，又被葡萄酒染成了紫色，"唯一重要的是自由。"为什么？"因为家族企业做出的决定不仅关乎经济，还关乎哲学，"他说，"短期决策并不利于长期。我们的决策是从长远角度考虑的。因为我不是任何东西的主人。我在意的是整个家族的传承。我接收了一些东西，我要为下一代守护好它们。"

难道固守传统不会让公司变得停滞不前，甚至抵制变革吗？

恰恰相反，何塞·阿尔韦托·祖卡尔迪说。改变是他们家族的首要目标。每一代都必须以自己的方式为下一代提供革新事业的空间。如果没有这种革新，企业就会萎缩，最终倒闭。"企业家在思考问题时，需要空间来拓展自己的能力。"他说，"在孩子们的项目中，我扮演的角色是辅助商[1]及顾问，不过最重要的任务是实现他们的项目。"父母放手让何塞·阿尔韦托将他们的酒销往全球，何塞和他的孩子们一起做到了这一点，其中最值得注意的是塞瓦斯蒂安在优克谷的雄心及努力，这改变了祖卡尔迪家族酿造葡萄酒的方式。

塞瓦斯蒂安赞美父亲何塞·阿尔韦托为他和他的兄弟姐妹提供了在酒厂工作的机会，而且父亲从不强迫他们工作。他们依从自己的心意加入公司，塞瓦斯蒂安直到高中时才开始正式和父亲一起工作，他想做一个关于气泡酒的项目，当时他们公司还没有生产这种酒。"于是，我问爸爸我能不能试一试，他说，'好吧，从种植到营销，你自己种，自己卖'，"塞瓦斯蒂安回忆道，"所以，我在这个行业中一起步就是创业者，19岁时和三个朋友创立了一个独立的部门来生产和销售这种起泡酒。我的父母帮我销售，利

---

1 辅助商是间接以媒介货物交易为目的的营业活动，如货物运送、包装、仓储等。

用他们的人脉，为我提供了资源，不过这个过程从一开始就给了我在行业内该有的身份。"

几年后，塞瓦斯蒂安负责从外部种植者那里购买葡萄，他迷上了优克谷的葡萄园，那里的海拔比北边更远的家族葡萄园要高得多。"我告诉父亲，'未来属于优克谷，我们得买下这里，'于是他就让我开始做研究。"塞瓦斯蒂安对不同的葡萄进行实验，绘制了海拔高度地图，并对土壤成分进行分类，单位细致到平方米。实验的结果就是"无限之石"的诞生，这个价值数百万美元的酿酒厂彻底颠覆了家族的酿酒方式。塞瓦斯蒂安颠覆了传统智慧，种植新品种葡萄。每株葡萄藤都接受不同程度的灌溉，在不同的时间收获，这取决于藤下的土壤成分或日晒雨淋的程度，他用先进的技术追踪这些要素。塞瓦斯蒂安保证了葡萄园中相当大一部分植株都是有机的，并在多孔的混凝土罐里发酵葡萄，不使用人工酵母，由此来萃取葡萄的精华。这些葡萄酒有趣、有挑战性、时髦、奇异且昂贵，在阿根廷葡萄酒业内更显特别。在短短十年的时间里，祖卡尔迪家族酒业所销售的葡萄酒品种从五六种发展到四十多种。2018年，塞瓦斯蒂安被著名的葡萄酒杂志《品醇客》（*Decanter*）评为"南美年度酿酒师"。

克劳迪奥·米勒（Claudio Müller）教授在邻近门多萨的智利大学教授企业战略和家族企业学，他说："下一代更开放。"他的研究曾显示，智利的家族酒庄比非家族酒庄更倾向于采用有利于环境可持续发展的举措。米勒认为这是源于他们代代累积的创业精神财富。"他们也可以在工艺流程中加入新技术，更好更快地适应市场。具体举措包括种植新的葡萄品种、采用生物动力和有机种植等新工艺，以及向老产业引入新理念。"归根结底是要以更广阔的世界观培养一种传承理念，这符合长期愿景，而不只是关注盈利能力。

维克拉姆·巴拉（Vikram Bhalla）在印度负责波士顿咨询公司（BCG）的家族企业业务，他的经验表明，在印度和阿根廷等发展中经济体内，家族企业往往比其他企业更激进，承担更多的债务，寻求更多并购，从而实现更多的增长，呈现出随世代增长的风险偏好。这就是研究家族葡萄酒企业的新西兰学者保罗·伍德菲尔德（Paul Woodfield）所说的"代际知识共享"。知识是累积的，是下一代创业理念及自信的基础。

费德里科·卡索内（Federico Cassone）和他的兄弟姐妹在1999年建造了卡索内家族酒庄（Bodega Familia Cassone），酒庄就在其祖父50年前购买的葡萄园旁边。半个世纪以来，他们所继承的有关葡萄、土壤和环境条件的知识，给了这一家人去尝试新事物的信心，并能在发展过程中承担风险。几年前，费德里科决定尝试更换葡萄园的土壤。"要实打实地改变我们的风土。"他这样说，并为我描述了用桉树皮和果茎、果皮等有机材料护根，以积极改变土壤，从而种出更好的葡萄的过程。他们之所以能够这样做，是因为对这片土地已经有了深入的了解。我品尝了他们生产的一款果香浓郁的赤霞珠桃红葡萄酒，它证明了土壤改良的结果好得让人不可思议。"我们这么做是因为我们相信，"费德里科指出，家族与企业的情感联系推动了一家人的创业精神，"我可以告诉人们这些葡萄酒是卡索内葡萄酒，因为卡索内家族希望它们有这样的味道，而不是某些市场要求的。没有人比我们更想捍卫这些葡萄酒，也没有什么比这些葡萄酒更能彰显我们家族的本质。"

卢卡斯·普菲斯特（Lucas Pfister）也对我说了类似的话。他是一位年轻的酿酒师，经营着自家的小葡萄园索菲娅庄园（Finca Sofia），庄园就在优克谷和门多萨市之间的主高速公路旁。普菲斯特的父亲是布宜诺斯艾利斯的一名医生，2004年，他在一架飞机上结识了贝尔纳多·魏纳特，作为投资买下了这处房产。多年后，普菲斯特开始管理葡萄园，他在欧洲学习了酿酒，并在意大利工作了一段时间，最近开始生产他自创的超级时尚且最少人工干预的葡萄酒，这种葡萄酒通过脚踩葡萄而非机械的碾碎方式，使葡萄酒拥有更自然的风味，这展示了普菲斯特家族正在萌芽的理念传承，它已扎根在其土壤中。

"我只有这一处葡萄园，"普菲斯特说，此时我们正开着他的皮卡载货车，沿尘土飞扬的葡萄藤间小路行驶，去查看未来几周将要采摘的葡萄，"我必须让这里拥有多样性。我想要的是属于我们的葡萄……就这些……对我家人来说，我可以把他们的葡萄变成我的葡萄酒，这已是极大的满足。所以，守护这一切，在现有的基础上继续建造，也许有一天，下一代人会继承这工作……嗯，这是一件美妙的事。"

我们在夕阳下驾车环绕葡萄园，普菲斯特穿的是短裤和脏兮兮的T恤。车子在某个区域停下，那里的葡萄藤干巴巴的，只冒出几处嫩芽。他解释说，这些葡萄藤在休耕近十年后才得以恢复生长，因为魏纳特洞穴酒庄在某次收成后没给普菲斯特的父亲付钱，所以他们无力护养这片地。他和他的父亲并不怨恨魏纳特家，但这件事却成为伊杜娜离开家族企业的主要原因之一。

2010年，伊杜娜搬回里约热内卢时，这里正蓬勃发展。巴西经济腾飞，使数百万人脱离了贫困，奥运会和世界杯的筹备为这座城市注入了惊人的活力和巨额资金。她在法学院上了几个月的课，之后加入了跨国食品集团雀巢公司（Nestlé），向巴西各地的高级餐厅和酒店销售奈斯派索（Nespresso）咖啡产品。这份工作既有趣又赚钱，并且让伊杜娜完美地发挥了她在葡萄酒销售中培养的技能。"太棒了，"她说，"我有一台车，一部手机，并且每天都去最好的餐厅吃饭。最棒的是，每个月29号发薪水，就像魔术一样……叮铃铃……钱就到账啦！"她几乎每天都和父亲打电话，父亲渴望听到她成功的消息。但当她问起酒庄的事时，贝尔纳多只是简单地告诉她，一切都很好。

2012年圣诞节期间，伊杜娜去门多萨度假，贝尔纳多告诉她和她的兄弟们，他要把自己在酒庄的一半股份卖给一位来自布宜诺斯艾利斯的成功商人，这个人叫米格尔·洛佩斯（Miguel López），当晚会来吃晚饭。这笔交易听起来很好，却让伊杜娜心生不安。"那个家伙出现在家里，我一看到他，就很清楚这肯定是个谎言，"伊杜娜回忆说，"但事实是，那时的我们真的别无选择。"在她离开公司的两年内，酒庄的财务状况越来越糟糕。国外市场的销量在下降，阿根廷的经济和政治环境使出口成本高昂且困难重重，酒庄的债务在不断增加。洛佩斯已经同意作为一位合伙人来承担这些债务，这使贝尔纳多阁下得以继续管理他心爱的酒庄。"我很累，"贝尔纳多告诉我，他考虑与人合伙，在很大程度上是因为伊杜娜和布鲁诺的离开，"我想找个伙伴来减轻我的负担。"伊杜娜对我说，这很令人难过，但她也无能为力，此时她已经在感情上与这个企业渐行渐远。她回到了巴西。

然而，在雀巢工作几年之后，伊杜娜感到了厌倦。这里薪水不错，而且她有充足的空闲时间来发展新爱好，比如管理一个开放水域游泳队。但工作是按部就班的，而且很多事情都会涉及办公室政治。她怀念起葡萄酒业的个性化，更重要的是，她怀念自己的名字和企业的关联。她说："大家都忘了我姓魏纳特。"而在雀巢，她只是一名普通员工。

2014年，伊杜娜辞去工作，成立了Wine Essence，这家品牌代理机构的服务对象是那些想在巴西种植葡萄的阿根廷和智利酒庄。伊杜娜充分利用了自己对葡萄酒业和巴西食品饮料市场的了解，与酒庄、进口商和分销商合作。当我问她最终成为一名创业者是什么感觉时，她说，"那真的是完全属于我的！我人生中第一次拥有了我自己的东西。"贝尔纳多告诉我，他知道伊杜娜早晚会开始自己的事业，就像他和他父亲一样。伊杜娜渴望那种只有自己当老板才能获得的独立。创业是必然选择。

在我的家人中，很少有人是计划成为创业者的，创业都是自然而然地发生了。有的家人开了拥有职员的公司（毛衣工厂、五金经销商），有的人只是自谋生路成了律师、作家和零售商。"我们是不愿被雇用的人！"我堂兄埃里克喜欢这么说（他经营一家移民咨询公司），不过他说的没错。我们之中有一些在大公司工作过的人，经常会因为各种让人无法忍受的约束而辞职或被解雇。我们想法太多，太想按自己的方式做事。正如我父亲在自己单干前被最后一家面试他的律师事务所告知的那样，他们对我父亲说："萨克斯，你太有创业精神了，不适合在这里工作。"他们是对的。我们做雇员时就已如野兽一般，无法被驯化。

伊杜娜无意识地追随了她父亲的步伐，成了一名创业者，就像我一样。我想知道创业精神中是否有一些东西能跨越世代，就像某种可以遗传的志气一样能在家庭中传递，无论这些家人是否在同一家企业共事。

"除了不要'把过去浪漫化'这一传统外，我们家没有传统，"当我问到这个问题时，塞瓦斯蒂安·祖卡尔迪回答，"我们的传统就是做新鲜事，我们家的传统就是做创业者。让我们一直活力不减的，就是不断开启新项目。"现在他正在重启圣胡安省荒废的葡萄园，并在毫无基础的条件下开始制作苦艾酒。他的兄弟姐妹，他的父亲，甚至他的祖母，都在做类似的生意，与我交谈过的其他酒庄老板和创业者们也是如此。祖卡尔迪家最重要的传承就是创业精神，不是他们的企业、资产或葡萄酒的味道，而是作为一名创业者本身的价值。"在我们家，有价值的不是惬意、自在，而是要让自己不惬意。"何塞·阿尔韦托·祖卡尔迪说，"创业不是好事，也不是坏事。它就是那个样子。"

《商业风险期刊》（*Journal of Business Venturing*）2015年的一篇论文将这种现象称为"创业传承"，即家庭围绕"过去的创业成

就或适应力"构建叙事，以激励下一代凭借自己的能力成为创业
者。这篇论文只专注于研究同一个家族企业中的创业传承，不过
它的概念可以更广泛地适用于像我这样的人，我们似乎继承了某
种创业的倾向。"家族创业实际上就是关于家族创业精神的传承，"
巴布森学院的劳里·乌尼恩说，"家族没有必要在同一家企业中，
也没有必要以同样的方式表达或永恒地表达创业精神。有创业传
承的家族是，过去的人们是创业者，并且整个家族希望自己的子
孙也是创业者。"创业传承是创业者的后代与生俱来的东西，无论
他们的人生道路是什么样的，它都与他们同在。

　　"我来自一个创业家庭，"索菲娅·佩斯卡莫纳（Sofia
Pescarmona）说，"当你在一个创业家庭里做新鲜事时，你的家人
会认为它是正常的、完美的，而不会认为它糟糕或奇怪。"我是在
拉加德酒庄（Bodega Lagarde）认识她的，她和姐姐卢西拉（Lucila
Pescarmona）共同经营这家酒庄。没有人教导佩斯卡莫纳如何成
为一名创业者。她的祖父是意大利移民，尽管他于1969年便收购
了拉加德酒庄，但佩斯卡莫纳直到2001年才进入这个行业，当时
她30岁，酒庄濒临破产。她没有葡萄酒业的经验（此前她一直在
布宜诺斯艾利斯的一家大型电信公司上班），只能边做边学。但她
认为，她的家人在门多萨经营建筑工程业务时树立的创业者榜样
给了她信心，培养了她承受风险的能力。酒庄的工作满足了佩斯
卡莫纳对新事物的渴望，并让她获得了成功。

　　我们走过她多年前种植的有机菜园，这里的新鲜农产品供给
她开的餐厅。备受赞誉的餐厅里挤满了游客，人们在树荫下悠闲

地享用午餐。"创业是一种生活方式，"她说，"创业者的生活方式中包括你拥有的自由。你的孩子们看到什么，便会在生活中也去寻找什么。对他们来说，创业似乎很正常……晚上工作，周末工作……这根本不是问题。如果你是一名创业者，你的创业工作会持续到凌晨三点，而且不会停止。我的孩子们（刚刚进入青春期）目睹了我生活中的那些紧张时刻。好的和不好的他们都看到了。"

在过去的一年半时间里，我妻子劳伦开始在家工作，我想知道我们会给两个孩子讲述什么样的创业者故事（我在门多萨进行采访时曾带着他们到处跑）。他们最终会从中学到什么呢？我希望会学到某种类似于我父母留下的创业精神的传承——我母亲和她最好的朋友葆拉在过去二十年对外批发女装，我家的地下游戏室里填满了架子，挂着她们从蒙特利尔供应商那里买的裙子、女士衬衫和各种配饰。小时候的丹尼尔和我躲在货架间，那些前来选购的妈妈们则穿着胸罩走来走去试穿衣服，我们的母亲一边做购买记录，一边收取大叠现金。我的父亲曾自豪地告诉我和弟弟，他出身寒微，却在多伦多成立了一家法律事务所，为不断壮大的华人社区服务，后来又成为一名私人投资者，竭尽所能地抓住机遇。他喜欢讲故事，比如有次他接到一个通知要立刻飞往中国香港签署合同，结果最后他和客户一起待在一家餐馆的厨房里，凌晨5点把一本电话簿扔在墙上，打赌它掉下来时会翻到第几页。好的坏的他都会分享，还会讲到20世纪80年代的繁荣和十年后房地产市场的萧条，以及搞定的生意和搞砸的生意。他在创业的分享上无比坦率（现在仍然是），因为他珍视创业给予他的一切，并且希望我们能领会这一点。

"有些家族企业的领导人想要谈论他们的企业，谈论他们如何看待增长、风险和机会，"迈克尔·麦格伦说（我第一次遇见这位家族企业顾问是通过我父亲，父亲曾与他一起学习过家族企业咨询的相关课程），"家族企业是一种可以传授和激发的东西，是一种心态。"

我父亲经常教我一些关于合同分析、交易审核和战略思维等极其有用的具体技能，或是试图让我追随他的步伐，让我对法律或商业产生兴趣，但是，在多年观察父亲并偶尔和他一起关注投资后，我从他那里继承到的，却是对创业的热爱；是对机会的甄别；是发现机会时肾上腺素的飙升，以及机会没能带来期望的结果（这很正常）时的痛苦教训；是自己做老板时获得的独立和自由，以及由此带来的价值和困难。我父母留给我的创业精神的传承使我成了一名更好的自由撰稿人，让我对如何寻找工作、洽谈合同、自己开拓市场和建立人脉更有信心，并让我学会寻找机会，而不是等待机会的到来。这就是创业者的心态——它是一种着眼于可能性，然后付诸行动的世界观。

当然，也有很多企业家无意延续这种传承，而是积极将家人隔绝在自己的工作之外。我的外祖父斯坦利·戴维斯会让我母亲参观他建在蒙特利尔的器械分销公司的仓库，甚至有一年夏天让她在那里工作，但从不积极鼓励她在那里长期担任某个职位。我妻子的父亲霍华德是他父亲合作创办的卡车零件分销公司的第二代传人，但霍华德在家里从不谈论自己的生意，也不让孩子们对它产生兴趣。卡车零件从来不是他的热情所在，他在那里工作只是因为那是一个赚钱的好机会。当他59岁去世时，他的股份被卖给了他的合伙人。

霍华德真心地想创立自己的事业，就像他的妻子弗兰一样。婚后不久，他们一起工作，从菲律宾进口柳条家具，从墨西哥进口花盆，然后在多伦多附近的跳蚤市场上出售。还是婴儿的劳伦睡在他们摊位下的一个篮子里，不过在劳伦的妹妹出生后，霍华德为了生活的稳定而进入了家族企业。丈夫的这种牺牲，以及家族企业为一家人带来的经济保障，也让弗兰得以继续她的创业生涯——在市场销售各种配饰。劳伦认为，这也是最终让她能为自己工作的一个重要原因（不过她在大学毕业后确实为她妈妈工作过两年）。

"这一直是爸爸的目标，"当我最近问劳伦这件事时，她说，"正因为爸爸做出的牺牲，所有这一切才得以实现。"霍华德从不逼迫孩子们像他自己一样去追求稳定的事业，他积极鼓励他们做自己想做的事，追求自己的爱好。即使在他去世后，他为一家人提供的经济保障也让劳伦有信心独立成为职业教练。当人们谈到创业和特权时，指的就是这种经济支持，这种特权让劳伦和我从中受益，感谢我们父母的牺牲和成功，他们为刚开始创业的我们提供了租房的租金，并在我们买房帮忙付了首付。虽然我们两人并不为此感到特别自豪，也不会感到羞愧，但我们必须坦诚地承认这一点。

现在，我们俩一起延续了家族的传承，在我们需要的时候，用理念、鼓励和资金支持着我们共同的创业抱负。在劳伦当猎头而我在努力写书的时候，她一直陪在我身边，现在我的工作更稳定了，而她开始创业，我就成了她的后盾。但比任何经济支持更重要的是，我们给予彼此的情感支持，让我们去追寻，去坚持，最终成为一个创业家庭。"如果你只是一个在银行工作的家伙，我想我做不到现在做的事，"她在一次罕见的工作日午餐（可悲的是，她仍然在她的办公桌上吃沙丁鱼）时对我说，"你给了我这个权限。你不能否认这一点！"

伊杜娜·魏纳特重返家族企业时，酒庄境况的变化速度出乎所有人的意料，其结果也超出了大多数人的预期。在2012年那个宿命之夜，洛佩斯成为魏纳特洞穴酒庄的所有者之一，此后酒庄迅速分崩离析。虽然伊杜娜的父亲是所有者之一，但洛佩斯通过财务和法律手段夺取了公司的全部控制权。他成了董事长，以及酿酒厂、房舍、巴塔哥尼亚的房产甚至还有贝尔纳多和塞尔玛在布宜诺斯艾利斯的公寓的承押人。在洛佩斯的指挥下，酒庄在2013年丰收后便停止生产新酒。此外，酿酒厂把酒窖里储存的大量葡萄酒装瓶出售而获利。洛佩斯把这些葡萄酒运到他在布宜诺斯艾利斯的仓库，在那里，葡萄酒被他换成现金，他把钱都装进了自己的口袋。实际上，酒庄所有业务都在从内部一点点流失。

"太痛苦了，"伊杜娜说，"再也没有国际市场了，也不再有人去给园区除草，情况变得非常糟糕，酿酒师每天来这里的时间不超过30分钟。我每年假期都到这里来，因为我总觉得这是酒庄消失前看到它的最后机会。"可她依然拒绝参与到企业中。那时她在巴西很快乐,她的生活和事业都很顺利。

但是到2016年年底,当伊杜娜回来过圣诞节时,父亲贝尔纳多被洛佩斯哄骗操纵的方式"击垮"了,但他想在自己还有能力时抢救些什么。伊杜娜开始与不同的律师交谈,想确定她的家人还有哪些选择。她告诉我,这么做是出于对父母的关心,但也有其他因素在影响她。那时巴西的经济已严重衰退,暴力犯罪在里约热内卢肆虐,这一切都影响着伊杜娜的事业。但当她花更多时间处理魏纳特洞穴酒庄那些复杂的法律问题时,她的创业本能开始发挥作用。酒厂正处于最低谷,但依据她在那里工作的十年经验,她知道,如果有合适的人来管理,酒庄仍然大有可为。"我看到了这家公司有多大的潜力。"

2017年3月,贝尔纳多·魏纳特在布宜诺斯艾利斯与一名年轻的会计师和一名律师合作,他们专门处理棘手的商业问题。安东尼诺·维尔齐(Antonino Virzi)和莱安德罗·阿里亚斯(Leandro Arias)被魏纳特一家亲昵地称为"小子们",他们在洛佩斯身上看到了成功率很低的方法,这种方法被称为"法律干预",即如果一家企业濒临破产,且被证明存在不当行为的情况下,法院可以接管该企业。他们认为贝尔纳多与洛佩斯签订的合同在很大程度上是具有欺骗性的,由于贝尔纳多没有现金,且酒厂已经负债累累,便与对方达成了协议。如果维尔齐和阿里亚斯帮助贝尔纳多胜诉,他们的报酬将是从洛佩斯那里追回的所有股权。贝尔纳多阁下对有机会重回战场感到十分兴奋,并热情地将维尔齐和阿里亚斯介绍给了伊杜娜。"他认为这是一个夺回公司的机会,"伊杜娜说，"而且能让公司真正实现它的所有可能性。"令人吃惊的是，法官批准了这项法律干预程序。酒厂的所有股份都被冻结，贝尔纳多和洛佩斯被暂时解除职务，法庭指派一位律师接管公司两周，由律师准备报告递交给法官。

伊杜娜在这两周时间里帮助律师和酿酒厂的团队准备报告，并很快意识到魏纳特洞穴酒庄就是她的未来。当时，她接到了巴西的几家咖啡公司和门多萨其他酿酒厂的工作邀请，但都被她拒绝了。就像7年前她离开阿根廷和酒庄一样，她又爽快地回来了。当我问她是什么原因让她最终选择回来时，她说："我们可以让它再创辉煌！""这里是葡萄酒业的迪士尼乐园。到了某个时候，你必须问自己：'你是要加入还是退出？'比起与其他酒庄合作、在巴西销售别人的葡萄酒、又或是给雀巢销售浓缩咖啡，这件事要有趣得多，"伊杜娜解释说，创业者首先要是一个喜欢挑战的人，"对我来说，回归意味着复兴酒庄，迎接挑战。"贝尔纳多回忆道，他曾警告女儿，做了回归的选择需要牺牲自己做老板才能享有的自由，要重新作为（如今由法院掌管的）酒庄的员工开始工作，并且要承受随之而来的压力。而伊杜娜把独立的梦想埋在了灵魂深处，"贝尔纳多说，"不过我觉得这很好。"

在接下来的一年里，随着法院的持续干预，伊杜娜与维尔齐和阿里亚斯合作，试图扭转酒厂当前的局面。最初她的家人一直在支持她，但随着干预程序在2018年3月接近尾声，魏纳特洞穴酒庄的所有权最终回到了贝尔纳多手中（洛佩斯的股份现在由维尔齐和阿里亚斯持有），魏纳特家族的氛围开始变得紧张。贝尔纳多阁下以为，法律干预的结束将标志着他胜利回归，重新成为自己创建并经营了四十多年的酒庄的老板，但关于他的裁决有一个条件——法院禁止他重回董事长席位。

"他很难接受，"伊杜娜说，"失去董事长的头衔伤透了我父亲的心。他说，'我是创始人。如果我不是董事长，那我是谁？'"（贝尔纳多后来反驳说，除了头衔外，对他来说什么也没改变。）

巴布森学院的劳里·乌尼恩表示，这种情绪通常是初代创始人将创业火炬传递给子女的主要障碍，而且这种障碍很难克服。她说："'我是谁'的定义等同于创建这个企业的人。如果我要把它传给下一代，那我现在是谁？""这意味着终结。"弗雷达·赫茨·布朗称，真正的继任过程需要创业者承认自己已经走到了游戏的终点。"从根本上放弃自己所创的事业，就是接受自己在人生中的位置，"她说，"创业者很难宣称，'我现在正处在人生的下坡路。我创立了它，但我现在必须把它交出去。'"

可否认并不能遮掩现实。在门多萨，被遗弃的家族酒庄废墟随处可见，它们都死于"无法放弃传承"的这一执念，因为它们害怕承担风险，害怕拥抱改变，而风险和改变正是其创始人曾经用来定义自己的东西。索菲娅·佩斯卡莫纳每天都能看到这种事，在那些酿酒厂里，创始人一代依然顽固地掌权。"最顶端的人如果权力过于强大，事情就不会发生改变。"她说，"当树太大时，它的阴影会让它下方没有任何东西能够生长。"

魏纳特家族及其企业状况必然会变得越来越复杂。干预程序进行了几个月后，伊杜娜和维尔齐开始约会了。这位会计师如今拥有酒庄四分之一的股权，每天经营着这个还写着伊杜娜姓氏的酒庄。同时，他作为厂长，基本上就是伊杜娜的老板。在阿根廷等多个拉美国家，父系传承仍是家族企业的共性之一，尽管伊杜娜的哥哥布鲁诺一直远离公司（并且很少与父母联系），但弟弟安德烈还在酒厂生活和工作，伊杜娜和他很快就产生了冲突。"伊杜娜的到来给家里带来了很多困难，"贝尔纳多叹了口气告诉我，"她这种不屈不挠的精神和工作作风，会给很多人带来麻烦。"鉴于每个家庭都有各种程度和不同层面的矛盾，实际情况无疑比我的朋友伊杜娜告诉我的要复杂得多。不过最终的结果是，女儿在家族企业工作，而这个家族已经不再以任何方式承认她的存在。

这的确令人不快，但不幸的是，它却是家族企业的普遍现实。随着情感、关系和长期酝酿的敌对情绪在个人及专业岗位之间蔓延，家族内的创业精神传承往往会导致企业和家庭的冲突与破裂。葡萄酒业也不例外，公开的不和与法律诉讼让许多传奇家族分裂，美国加州的罗伯特·蒙达维酒庄（Robert Mondavi）和嘉露酒庄（Gallo）就是其中两个例子[1]。伊杜娜与父母和弟弟在酒庄尴尬碰面后不久，我问及此事，伊杜娜承认道："我从没想过事情会变得这么糟。在干预程序刚开始时，我父亲很高兴我能回到公司。"但现在，她觉得家人们把她看作"篡位者"，并企图发动某种政变。她父母甚至不再邀请她去吃圣诞晚餐了。

---

1 罗伯特·蒙达维酒庄和嘉露酒庄都是世界著名葡萄酒家族企业，但两家企业都因财产纠纷而导致家族内斗，兄弟阋墙。罗伯特·蒙达维酒庄更是因此于2004年将企业大部分业务打包售出，家族产业从此解体。

"感觉糟透了，"当我问贝尔纳多阁下家里的现状时，他说，"当不和谐的情况出现时，家庭和创业的传承就会在这种不和谐中扭曲，而和谐应该是最本质的传承。虽然每个家庭都有不和谐的时候，但创业者最希望的就是家人们能在一起。一起回家，一起工作，甚至未来的几代人都能依然如此。有时候创业者来得及实现这一愿景，有时候来不及。"他叹了口气，感叹自己已经87岁了，尽管他仍然满怀激情地工作，但不能让时间停止。

他还说："这就是我要面对的现实，它本来可以更轻松一些。我可能犯了一些错误，但在你努力经营事业时，你不知道什么是错误。错误只有在'后视镜'里才能被看见。"贝尔纳多建立了自己的酿酒厂，使它发展了四十多年，通过教育、提供机会以及培养创业精神的价值，他为家人传承这一切提供了可能性。"这些天我反思了很多，"他说，"不过让我满意的是，我做到了，我尽了最大努力。"

尽管如此，为什么当她个人和家庭付出的代价如此高昂时，伊杜娜·魏纳特仍然选择留下来呢？回归酒庄两年后，她仍然没有公司股权（她父亲拒绝在世时把股权交给她，不过她最终会继承属于自己的一部分），酒厂付她薪水，但远远没有她在别处工作赚到的多。

一开始，伊杜娜告诉我，她担心如果自己离开，父母不知道会过得怎么样。那时对洛佩斯的诉讼还没结束，如果法院的判决倒向错误的方向，那他们一家依然有可能失去一切。"我的父母可能会露宿街头，到时候我该怎么办？"我点了点头，带着怀疑的目光看着我这位有着15年交情的朋友。"瞧。"她说着张开了手掌，好像在告诉我她没有什么可隐藏的。"我已经牵涉太多了，虽然这是我个人的事，但公司现在恢复得很好，能看到这一切真是非常值得。雇员、进口商、葡萄种植者……他们现在都信任我们，我们通过努力工作重新获得了这种信任，"她说，"离开这里并不能恢复家庭关系，那样做是不理智的，如果我们失去了一切，我还是会被指责。这不是原则问题，而是我看到了机会，我喜欢和我一起工作的人，在这里我能有所作为。"

当她两年前再次回归时，除了挪威的一个小进口商和英国的一个葡萄酒俱乐部外，公司的产品在国外基本没有市场。到2019年3月，公司的葡萄酒再次在10个国家销售，这多亏了伊杜娜一趟又一趟亲自送货去修复关系。酿酒厂的草坪被修剪了，建筑得到了更好的维护，游客来得更勤了，消费也增加了。最重要的是，魏纳特洞穴酒庄再次开始酿酒，并采用其传统的酿酒方式——在大木桶中多年陈酿——从过时的做法变成了葡萄酒界的复兴潮流。伊杜娜希望到了这一年年底，酒庄能打入15个国际市场，并在业务范围内推出更多举措，包括开办一家新餐厅，以及开发几款入门级葡萄酒。

伊杜娜说，这些事都不是她一人做成的。她扮演的是领导者的角色，她的团队现在越来越专业，她关注的是酒庄的下一代，哪怕这意味着她的家族地位会被削弱。挑战是艰巨的。魏纳特酒庄已经亏损了10年，单单为了恢复之前的势头，酒厂就需要连续多年以每年15%到20%的速度增长。竞争对手伺机而动，提出了咄咄逼人的报价要收购酒厂，来帮助他们一家人减轻债务。变革已经到来，但要复兴酒厂使它能传承下去的话恐怕为时已晚。

"我的目标是让这个酒庄成功，再次成为葡萄酒业的一员。"伊杜娜说。"没有什么能比这里更具有挑战性、更令人兴奋了。我们是独一无二的，因为我们的产品与门多萨其他公司的产品都不同。关键是这个地方与别处不同，如果它是一座现代酿酒厂，好几年前我就会跟这儿说'拜拜'了，"她说着，向空中抛了一个吻。"但这里足够特别。"

这种独特之处一直是魏纳特洞穴酒庄的优势，也是父亲留给她的宝贵遗产，这还包括贝尔纳多阁下40年前满心期待地装瓶的第一批葡萄酒，那时伊杜娜甚至还没有出生。贝尔纳多是位一生都在权衡风险与成就的创业者，而伊杜娜希望他能在巴塔哥尼亚钓鱼喝酒，享受他的余生，她为父亲工作的生涯也已经结束。最终，她将获得酒庄的部分所有权，继续建设她父亲开创的事业。

硅谷的创业神话认为，你得在非工作时间处理家庭的事，不要把它带到工作中，你应该在工作的地方吃便宜的外卖，睡在办公室地板上，直到你成功退出。这些牺牲是神话的一部分，也是随神话而来的。更重要的事实是，每个创业者在家庭与工作的十字路口都有自由做出选择——你可以选择更慢地建立自己的业务，陪孩子成长；也可以试着将家庭成员带进你的企业，与爱人合伙，或雇用你的后代，专注于建立一个没有退路的体系，更确切地说，它是一种超出你生命长度的传承。

　　这并不意味着作为一个家族创业者可以轻松过上更简单的生活，甚至拥有更好的家庭氛围。相反，它意味着要将对工作的挑战与家庭的挑战结合起来——兄弟姐妹间的不和会影响你的工作，销售的低迷也可能毁了晚餐，又或者，没考虑到传承以及为下一代继承做准备时犯的过错，都可能最终破坏家庭关系。但另一方面，祖卡尔迪家族向我们展示了这种体系可能出现的最佳范本——世代之间持久的纽带，共同的使命感，以及以其他任何方式都不可能实现的某些自由。

　　我问伊杜娜，她是否为自己和家人之间发生的事情感到后悔，她告诉我："如果再来一次，我还会这么做的。我一点也不后悔，也不觉得难过。事实上，我感觉非常非常好。"传承驱策着她，她父亲及其创建的酒庄教给她更博大的创业精神。"有时我觉得自己就像我父亲的影子，"她说，"他曾经告诉我们，'生活就像丛林，为了生存，你必须不惜一切代价。'……是的……一切代价。"

第七章
一张玉米煎饼、四罐啤酒、一趟过山车

　　在加利福尼亚州圣华金河谷的特洛克小城里，塞思·尼奇克（Seth Nitschke）正在一家劳氏零售店（Lowe's）的过道上俯身检查一箱箱金属小零件。此时已是近午时分，这是尼奇克今天找的第二家五金店，他在找一些能把金属丝固定在破损的牲畜围栏上的零件，但他运气不好。"真是见鬼，"他说，"作为一个老板，你还得自己花一个半小时找一个4美元的零件去完成那个愚蠢的工作。"

　　尼奇克整个上午都开着他的运畜拖车辛苦地穿过城镇。他的马里波萨牧场（Mariposa Ranch）经营草饲牛肉业务，分布在马里波萨市（他有两百多头牛在约塞米蒂国家公园西南部的丘陵上吃草）、特洛克市（他在这里租了一个小小的饲育场，还有办公室和仓库）和邻近的莫德斯托市（这里有一家他的肉类加工厂，用来屠宰牛并储存牛肉）的四处地产之间。"我有30%到40%的时间都在来回倒腾东西，而实际上这些事情一分钱也挣不到。"他说道。这时我们回到了他的道奇公羊系列轻型货车上，准备拜访另一家五金店，他的两条狗泰格和布勒正在车里狂吠。尼奇克说，他每天载送物资和牲畜往返于家、办公室、饲育场和牧场之间，每日"通勤"时间一共要花上4个小时。

尼奇克42岁，精瘦健实，留着粗硬的红色胡须。他穿着美国牛仔的服装，下身是威格牛仔裤，上身是牛仔外套和系扣衬衫，皮带扣是在牲畜评定中赢来的，还戴了一顶牛仔草帽。他开玩笑说，虽然他是个有枪的红脖子[1]，不过自己属于加州派，意思是指他从不听乡村音乐（他崇拜摇滚乐队Clash）。他只要有机会便去冲浪，他还有一种顽皮的、带有讽刺的幽默感。另外，比起《圣经》，他更愿意引用古罗马将军和维克多·弗兰克尔（Victor Frankel）等现代主义哲学家的话。尼奇克在弗雷斯诺市外的一个农业公社长大，父母并不是农民，但他在中学时就觉得经营牧场很有吸引力，那时他就在为美国未来农场主协会（Future Farmers of America）担任参展牲畜的评委。他在大学专修畜牧科学，并在那里遇见了现在的妻子迈卡。之后他做了牲畜采购员，在美国中西部为农企巨头嘉吉公司（Cargill）工作了4年，有时一天要应付4000头动物。

2006年，尼奇克回到家乡，创建了一家草饲牛肉公司，它最初的名字叫旷野肉类公司（Open Space Meats），最近才更名为马里波萨牧场。公司初建时，迈卡刚刚生下他们的第一个孩子亨利，

---

[1] 红脖子：美国贫穷的农民因为长时间在地里劳作，脖子会被太阳晒红。南北战争后，北方人以此作为对南方人的蔑称。

尼奇克用2500美元的存款买了3头奶牛，还建了一个网站。许多人认为，比起在饲育场中饲养动物，草饲放牧更有利于动物生存和环保，并能产出更美味、更健康的牛肉。尼奇克说，其实他的经营模式相当简单——牛吃草，增重，然后变成牛排。"我花700美元买一头牛，最后这头牛换来的价值是这笔钱的4倍。"

在公司成立后的13年间，亨利长成了一个瘦高的大孩子，并且有了两个妹妹，10岁的埃勒和4岁的夏洛特。公司最初发展稳定，直接向顾客、肉铺和加州各地的市场卖肉，其客户还包括大型餐饮企业，这类企业向斯坦福大学和谷歌公司等地方提供食物。尽管这是一个充满希望的开始，但马里波萨牧场从几年前就已经停滞不前了，尼奇克这个牛仔企业家陷入了两难境地。

他遇到的问题很简单。最大的问题是土地，尼奇克并不是土地所有者。为了能在那些地方放牧，他要向4位牧场主支付租金，并且不得不每天在这些地区来回调配牛、马、设备、员工以及他自己，耗费了大量时间、精力和汽油。"如果我能住在这儿，就不必这么折腾了。"尼奇克说道，这时我们已离开特洛克一个多小时，正开车去另一个牧场。尼奇克最近错失了一个购买农场的机会，由于北加州地产市场完全没有放缓的迹象，他获得农场的机会越来越少了。

气候变化使圣华金河谷的农耕产业变得岌岌可危。上次降雨已经是6个月前的事了，人们还能从枯干的草场边缘那些烧焦的树干上看到森林火灾留下的痕迹。除此之外，企业家们有太多不满：政府法规和税务的重担；每个党派的政治家都对他们漠不关心；寻找可靠雇员的困难等。多年来，尼奇克都在不停地更换销售员、牧牛人、司机以及大批兼职助手。最近，一个牧场工人给他的卡车加满了润滑油而非汽油，直接把这辆车给毁了。尼奇克被迫买了一辆他负担不起的新卡车。

"这大概是牛仔才会碰到的蠢事，但至少是我可以控制的，"尼奇克一边说，一边爬下一条小溪沟，一周前的一次山洪冲掉了这里的一段篱笆，"这里破了，现在我得修好它。我可以掌控这件事，但不能掌控的是那个说修好了但实际上并没有的员工，因为他连10分钟都不能从手机的小视频软件上移开视线。"

马里波萨牧场创立于2006年，当时草饲牛肉业在美国还是个冷门领域，但如今，廉价的草饲牛肉已经涌入巴西、乌拉圭和新西兰的市场。富有的硅谷人、名流、前对冲基金经理，以及尼奇克的姐夫，都加入了国内的草饲牛肉业，这增加了供应量并带来了竞争，同时也压低了价格。扣除成本和用在牲畜、库存、租地上的50万美元营运债务，尼克奇每年能从马里波萨牧场获利3万美元左右。和许多农场主一样，为了收支平衡，他还有另一份推销牛饲料的兼职工作。

"你在商业内幕网（Business Insider）上有看到过关于草饲牛肉业亿万富翁的文章吗？"在修好篱笆后，尼奇克一边问，一边爬出溪沟，"那是因为从来没有人写过。如果有人觉得草饲牛肉能迅速致富，那他很快就会受到教训。"他停下来喘了口气，摘掉帽子擦了擦额头。烈日下的气温将近37℃，这份工作非常辛苦，天气炎热，周围又满是尘土。"我还是不知道干这个能不能行得通，

13年过去了，我们还是没有定论，"接着他宣布，"走吧，咱们去吃点墨西哥卷饼。"

我刚开始思考本书的内容时，想聚焦的点是"作为一个创业者意味着什么"。不是经济层面上的，而是更深层次的意义。创业者的生活是什么感觉？我知道它比东边山丘里那个更有钱赚的山谷中产出的创业神话要远远复杂得多。我知道它往往是一种情绪的纠结和永久的变革体验，是一种工作和生活的方式，其唯一的确定性就是充满不确定性。创业既美妙又可怕，既令人兴奋又令人恐惧，既肯定灵魂又吞噬灵魂……这一切常常同时发生。

我了解这一切，因为我从自己身上认识了它，我是我唯一真正为之工作过的人。当朋友们问我"你整天都在做什么？"和"你在哪里工作？"时，他们真正想知道的是，我是怎么做到的——一个人在没有成功的保障或可预测的补偿的情况下，是如何每天起床为自己工作的？那是什么感觉？

为我自己工作总是极其困难。我经常在担心工作不多，和工作太多而紧张的两种状态间反复。创业是一种每天与自我斗争的过程，早晨我豪气干云地投入到一个想法中去（"这真是个绝妙的想法！"），到了下午却自怨自艾（"你这个骗子"）。

对于一名创业者来说，一切都是个性化的，正因为创业如此个性化，所以它始终都很艰难。硅谷的创业神话忽视了这一令人不快的事实，他们把创业精神浪漫化，用"拥抱失败"这一类的硬汉口号来美化承担风险的行为，却很少（甚至根本没有）承认其中的现实人力成本。但这才是成为一名创业者所要面对的真相，也是为什么尽管创业如此有魅力，却很少有人（十分之一的美国人）决定成为一名创业者的真正原因（除去经济原因）。

我想看看创业灵魂的黑暗面。不是辉煌且振奋的那一面，而是在困难时刻的创业者是怎样的。我想看到一个创业者面对失败……不是那种作为成功之母的浪漫的失败……而是真正撼动生活、威胁到生计和身份的失败。我在斯坦福向东两小时车程的圣华金谷找到了答案，那里的农场主们几乎比任何其他职业都更能让人感受到创业的艰辛。

"在圣华金谷，有很多传统的好工作，"尼奇克说，我们在"绿洲"坐下来，这是一个尘土飞扬的加油站兼商店，也卖肥皂、墨西哥玉米煎饼和卷饼。"这里不像洛杉矶那么性感，不像旧金山那么精致，也不像硅谷那样富有创意。"然而，圣华金谷是加州的农业中心，从草莓和甘蓝，到牛排和杏仁，这里培育了加州供消费及出口的大部分食物。从雾蒙蒙的海岸或白雪皑皑的塞拉斯山脉驱车驶入此地，你会看到一片一望无际、尘土飞扬的褐色平原，绿色植被错落其间，到处都是敞篷小卡车、农用车和宣传农民用水权利的广告牌。

圣华金谷是人类战胜自然的成功范例，这是一片很少下雨的荒地，到处都覆盖着浅褐色的尘土。让这里焕发新生的是19世纪末到20世纪初所建设的庞大的灌溉沟渠系统，它滋养了焦灼但肥沃的土壤，使之成为穷困家庭和赤贫家庭的一片乐土，就像尼奇克家，他们于20世纪30年代逃离了风沙侵蚀区。但是，尽管大型农业综合企业具有强大的经济实力，圣华金谷仍然受贫穷困扰。

包括莫德斯托郡附近的特洛克市在内的许多城市，甚至连弗雷斯诺市的犯罪率，以及流浪者、吸毒者和其他社会问题的数量都多得令人震惊。各州和联邦政府的政客们只把注意力集中在人口和资金集中的沿海地区。"我们这里差不多每次都是事后才会被想起来，"尼奇克说，"我们种植了所有的粮食，却负担不起它们。我们的山谷里全是穷人。"

尼奇克的家很大，他有两辆车、三个健康快乐的孩子、足够的食物（即使其中有不少是卖不出去的不够好的牛排），也有足够的钱去迪士尼乐园或海滩度假。但同时他们的事业不再发展，并且找不到容易的方法来改变这一状况。2018年7月，我第一次和尼奇克通电话时，他建议我9月底去拜访他，到那时，他有望买下马里波萨县绿洲加油站附近的牧场。牧场的价格是70万美元，夫妻俩希望通过这次购买可以改变现状。拥有这个牧场后，他们的生意和生活（牧场、办公室、仓库、住宅）将能够放到一个地方，节省了时间和金钱，并将家庭生活与企业融合，同时增加股权。银行在春夏两季一直积极鼓励他们，因此他们为了买下牧场，重新安排了财务状况和生活，把城里的房子租出去增加收入，一家人搬到了郊区的出租屋里住，并准备让孩子们转学。

但是，就在我到达的三周前，银行突然改变了主意，拒绝给尼奇克一家抵押贷款，并认为他们没有购买牧场的资质。"本来是板上钉钉的事……突然就不行了，"尼奇克说，"我们曾经的计划变得一点都不可靠。事情就这么发生了，我们的生活变得一团糟。"租房的合约必须重新协商，孩子们不得不到最后一刻才在特洛克找到地方上学，打包好的箱子又要再打开，甚至连网络都得重新连接。希望破灭了，一切都回到了原点。

我问尼奇克听到这个消息时是什么感觉，他说："你有被踢到过命根子，对吧，戴维？就是这种感觉，摔了一跤，撞到头，得了脑震荡，醒过来后，所有人都在生你的气。"

在13年的创业生涯中，尼奇克经历了太多起起落落。他回忆起第一次到南加州送肉的故事，人们在门口拥抱迎接他，但是开车回来时，空冷冻箱在高速公路上撒了一地。他一边躲着车拣箱子，一边想着："这生意没法做了！"经营公司也充满了挑战，比如订单下错，奶牛生病死亡，客户突然取消订单，这些都让他的不安全感越来越强烈。

"'我到底在做什么？真是疯了！'那种想法……你懂吗，那种焦虑感就像遭到报应一样，"他说，"真的，我这种感觉每天有两次。"对公司、尼奇克和他的家人来说，失去牧场是一个新的低谷，他不确定要怎么走出这次失败，只知道他必须要做什么。他把自己比作一名在诺曼底海滩登陆的士兵，借着沙丘的掩护，被困在了大海和纳粹的机枪之间。在我们回特洛克的漫长车程中他说："你要么往前冲，要么坐在这里等着最后挨枪子儿。"如今，他的投入和努力让他无法放弃。"失去农场并不意味着我们永远不会成功，但成功肯定不会很快出现，"他说，"所以，失败可能在告诉我们得生活在特洛克，爸爸我必须每天开车一个小时去农场，这很糟糕，但爸爸能应付得来。"

"搞定它""坚持住""努力熬过去""等死了再休息"。这些铁血口号不仅仅被农场主们用来刻画自己要在艰苦工作中幸存下来所必需的毅力，也越来越成为一代创业者的口头禅。这些励志话语被创业神话渗透在故事里、主题演讲中，以及埃隆·马斯克等人的畅销传记中，创业者吹嘘自己睡在办公桌下，没有休假，永不放弃。记者埃琳·格里菲斯（Erin Griffith）在《纽约时报》上撰文，把这种日益严重的现象称为"辛劳的魅力"，这种工作文化表现为创业者竞相在社交媒体上发布热血标语，宣扬热爱周一（T.G.I.M！[1]）；共享办公室使用霓虹灯招牌鼓励租户"奋勇争先"（#HustleHarder）。在一家众创空间办公室里，格里菲斯注意到一台饮水机，有人在它边上堆了许多西柚和黄瓜片，最上面用黄瓜皮精心雕刻了"累也别停，做完再歇"这句话，就好像有人特别要求必须用最热血的方式来展示这条信息。格里菲斯写道："对于'永恒奋斗大教会'的信众来说，花时间在任何与工作无关的事情上都应该感到内疚。"

在我弟弟丹尼尔创建房地产投资公司的一年半时间里，我看到他也被这种情绪掌控。他电话不离手，甚至吃饭时也这样，而且不断查看电子邮件和社交媒体软件。丹尼尔就住在我家附近，但是当我邀请他去吃午饭、喝咖啡或一起接孩子回家时，他总是因太忙回绝我。他经常跟我说，前一晚他工作到半夜……凌晨1点……凌晨2点……3点。每当我问他为什么这么晚，他都为自己辩护说："这就叫创业者，戴维。"显然他是在讽刺我这个懒惰的

---

1 T.G.I.M 为 "Thank God It's Monday!" 的缩略语。

"万事通"哥哥，因为我晚上11点就睡了。丹尼尔向竞争激烈的加拿大同行展示了自己这一形象，行业内的环境与初创科技企业一样年轻、激进，更容易崇尚辛劳的魅力。某天，丹尼尔又忙了一整晚，深夜里他在推特上写道："作为一名创业者，你既要不知疲倦，又要经常疲倦。"

在这则动态发布的前一天，丹尼尔和我驱车一个小时前往多伦多西边，去参加我们父亲投资的一家公司的年会。我们早上7点半出发，谁也没吃早饭，当我建议停下来吃点东西时，他反驳了我：

"没时间吃了，戴维！创业需要饥饿。"

"那不是指真的饥饿，丹。"我说。

"不，戴维，就是要真的饥饿。"

一天早上，我和克里斯托弗·奥内斯（Christopher Oneth）在特洛克市中心喝咖啡，讨论了这个问题。奥内斯是一位治疗专家，最近在附近的莫德斯托接到了一项心理咨询业务（他曾开玩笑说："现在我正式成为一名创业者了。"）。这些年来，奥内斯与许多创业者打过交道，尤其是农场主，他们因为各种问题来找他（比如睡眠不足、与伴侣不和、物质问题等），而这些问题只是他们随工作带来的症状。"我们拥有的每一种天赋都有相应的弱点，但你可能会迷失在天赋中，"当我们坐在一棵橡树的树荫下时，奥内斯这样说，"对创业者来说，他们会在自己的工作中迷失自我。"失去自我意味着会让工作、家庭、职业和个人生活之间的界限变得模糊，你会在晚上和周末工作，总是把手机放在身边，随时待命，随时想着工作。

　　奥内斯说，消防队员、警察、护士和医生也有在工作中迷失自我的倾向，但创业者的这种倾向更严重。创业者这种身份认知无情地把个人对自我的意识与其职业表现联系在一起，当业绩没有达到预期时（通常都会如此），创业者就会陷入精神陷阱，被其后果折磨。"创业者往往是一个真正的实干家……一直在行动！行动！行动！"奥内斯说，这导致了对行动产生偏见——工作、奋斗和磨炼——当境况变得困难时，这些行动就变成了情感支柱。这就形成了一个恶性循环，创业者的个人问题导致他们过分投入工作，加剧了紧张和疲惫，个人问题恶化，又迫使他们更投入到工作中。"我们对自己的行为上瘾，"奥内斯指出，这些坏习惯比任何毒品的威力都大，"当我把这一点告诉创业者时，他们对我说，'如果我停下手头上的事，那一切都会崩溃的。'他们受一种未被意识到的恐惧所驱使，我知道人们都希望迷人的创业故事是真实的。"

　　奥内斯会对陷入这个循环的创业者说什么呢？"我要告诉他们，'你永远不可能完成所有的事情！'"他说，"因为事情永远做不完。"

　　在驱车回城的路上，我把那天早些时候和奥内斯的谈话转述给了尼奇克，并问他对此有何看法。"我的精神陷阱是，我是创建、启动和投资自己事业的人，"他说，"我知道如果我不雇用员工，我所能做的就只是让我自己的身体来承受这一切。"但要放手也很难，因为他雇用的每个人都让他失望，交出控制权几乎是不可能的。"等你为自己工作了，你才会遇上混蛋老板，"他笑着说，"我老板就是个混蛋。一个在沟通和计划方面都很糟糕的人，他无法改变自己做事的方式，无法脱离过程，对他人缺乏同情心。当我说我能挺下去的时候，我周围的人可不这么认为。"

我们把车子停在了尼奇克在特洛克郊外农场租的房子前。泰格和布勒在后院绕着圈跑，尼奇克踢开了夏洛特的几个玩具，跷起脚坐着休息。因为街对面有一个奶牛场，里面全是粪便，所以这里到处都是苍蝇。我问他关于马里波萨牧场的梦想是什么。"我真希望我能说出一个来，"他说着，拿起一罐蓝带啤酒啜了一大口。"现在的目标是先生存，我们手上的事干得挺好，稍微再努力一点，我们还能干得更好，可是我们要怎么努力呢？其实我们可以不去想太多，让自己保持乐观……创业者不都是傻乎乎的乐天派吗？……而且总会有足够的理由让你坚持下去。但是到了年底，你看着自己的财务报表说，'我那么努力工作才挣了这么点儿？这钱能撑多久？赚3万美元可不容易。"

就在这时，两只狗开始狂吠，向前门跑去，一辆装满食品杂货的汽车停了下来，迈卡带着孩子们回来了。亨利和埃勒帮父母把食物卸到厨房，夏洛特穿上了一双溜冰鞋。

"嘿，妈妈，我们这个周末做什么？"亨利问迈卡，迈卡正在水槽里解冻一包马里波萨牧场的碎牛肉，并开始准备晚餐，晚饭吃意大利面和肉丸。

"可能要帮你爸爸在农场干点儿什么。"她说。

"还有呢？"亨利问道。

"我不知道……也许去趟教堂。"迈卡一边说，一边开始烧开水。

"所以，基本上没什么新鲜事。"亨利说。

"没错。"

在后院，尼奇克又开了一罐啤酒，而夏洛特在旁边滑旱冰。尼奇克接了一个客户的电话，没有看任何笔记就回忆起了对方的订单明细，甚至具体到每一块肉的精确重量，然后安排了发货。接着他在夏洛特再次经过时把手机递给了她。"亲爱的，找你的，是美国国税局。"

尽管尼奇克的家人不是公司的正式成员，但马里波萨牧场被默认为是一个家族企业。孩子们刚洗干净的脸出现在企业宣传手册和网站上，他们一起摆着姿势，露出灿烂可爱的笑脸，亨利还戴着一顶巨大的牛仔帽。有心消费草饲牛肉的人都想从这种健康的、典型的美国农场主手中购买食品。最初几年，迈卡和尼奇克一起在办公室工作，迈卡帮丈夫处理订单和财务，但随着家中成员的增多，她开始留在家中抚养孩子。现在夏洛特准备上学前班了，迈卡最近又回到大学接受教师培训。数年前拍摄的这些欢乐的照片掩盖了事业让家庭生活付出的真实代价。

晚饭后我就这个问题询问了迈卡。

"牧场是尼奇克的孩子，"当提及事业，她说，"是他的长子，他的一切。他吃饭，呼吸，睡觉都想着它。它定义了他是谁。这不是一条容易走的路，我们为这个生意做出了很多牺牲。"

什么样的牺牲？

"钱、时间、我们的生活状况……我的意思是，我们所做的每一件事几乎都因事业而改变。我认为事业就是我们生活的方向舵，"她一边说，一边沿着碗用叉子推剩下的沙拉，"我们现在40多岁了，仍然没有任何财产，我们真的不再是孩子了。你会看到我们为了追求事业梦想放弃了一些东西，你还会看到由它带来的冲突。如果你贫穷并快乐，这没问题，但如果你贫穷且不快乐，那就糟了。而且当孩子们说'我们希望你和爸爸不要生气了'时，那真是糟透了。"

迈卡尽最大的努力来处理自己的压力，她一直和圣经学习小组的好友们维持着良好的联系，她还提醒自己，她和丈夫一起开创了这个事业，是因为他们都相信草饲牛肉是培育食品的正确方式。至于尼奇克，他每天早上锻炼，听冥想播客。迈卡对一个家庭为创业付出的代价有清醒的认识，在她长大的过程中，她父亲在洛杉矶拥有一家环境咨询公司，但它最后破产了。那次失败所造成的压力导致她父母离了婚，几十年后，她仍然背负着因它带来的创伤。"我从没想过要成为一名创业者，"她说，"尼奇克知道这一点。"

长久以来，人们一直认为，创业者把自己的企业看作家庭的另一成员。2019年，芬兰的研究人员证明了这一论点，他们比较了创业者在谈论自己的企业和自己的孩子时大脑的两种活动方式。他们发现，创业者的家庭和企业之间的精神联结几乎是平等的。但一个企业并不是一个家人，它没有情绪，不需要感情，也不可能对创业者回报爱意。而许多创业神话都美化了企业，将其置于一切之上。

"想想创业者的媒体形象——他们是牺牲一切的孤狼，吃着方便面，和五个兄弟一起住在公寓里，竭尽所能，牺牲一切，所以他们才能成功！"南非的咨询顾问威廉·古斯（Willem Gous）说。他与创业者们打交道，让他们更有能力掌控自己的生活。"可是，那不是创业者。我们大多数人都有房，有车，有孩子。但是人们把创业浪漫化了。那样的生活可行吗？他们会说，'嘿，去他的一切，去他的妻子和孩子，他们可以再等等我。'不，你不能这么做！孩子永远都不会再是现在的样子了。"克里斯托弗·奥内斯告诉我，一旦创业者心中事项的优先次序被打乱，他们的人际关系就会崩溃。创业者忘记了自己的身份首先是妻子、丈夫、父母或伴侣，其次才是创业者。

一天，我在帕罗奥图和一位软件创业者一起喝咖啡，我是在他50岁出头时认识他的。他刚和妻子离婚，并和一家刚成立的风投基金的合伙人闹掰，不久前心脏病还发作了，目前正在恢复中。"因为这些起起落落，因为作为一名创业者常有的起伏不定，我失去了我的家庭，"他告诉我，"最近的生意又捅了我一刀，但它只不过是高潮。"当生意不错时，他总是在旅行、工作，为争取投资和投资人而奔波，把时间、精力和注意力投入到家人以外的地方。当生意不好时，紧张和焦虑就随之而来，并危及家庭的经济状况。他如此专注于让事业成功，以至于常常忘了支付账单，忘了去接女儿放学。

失去农场后，尼奇克家中就没什么生气，这种气氛就像圣华金谷干燥土地上的褐色微尘，长时间吸入会令你窒息。迈卡和尼奇克分别坐在桌子的两边，他们的肢体语言说明了一切。她双臂和双腿交叉，身体倾斜着以避开丈夫的正面。而她的丈夫则瘫坐在椅子上，低垂着头。亨利正在Xbox上玩《堡垒之夜》(Fortnite)游戏，他与战队中一位澳大利亚朋友的玩笑声时不时会打破这片沉默。不一会儿，尼奇克开始谈论自己的家庭，他祖上是在阿肯色州耕种的德国移民，他们逃离了风沙侵蚀区和加州的三K党[1]，在劳工营里采摘浆果。"我的家人来这里时是佃农，而我现在该死的还是个佃农！"

迈卡发表意见说，尼奇克应该考虑去找一份他真正可以投入精力的工作。我知道去找一份"真正"工作的建议会对一位创业者产生什么影响，那就是颗"手榴弹"，而我并不想在它爆炸时在场。无论从哪方面来看，我都待得太久了。今晚的约见结束了。我谢过他们的晚餐，站起身来说明天见。

"戴维，"迈卡开门时对我说，"你来的时机真不凑巧。"

这周早些时候，我坐在特洛克一位牧师的教会办公室里，谈到他给面临艰难处境的创业者们的建议，他说了一些令人惊讶的话。创业者常常迷失灵魂，但并非以多数人以为的方式，当面临失败时，牧师告诉我："我发现创业者的精神孤立更常发生在他们成功的时候，因为成功会导致傲慢。"

这句话让我想起数月前我和朋友克雷格·卡纳里克（Craig

---

1 三K党（ku klux klam）是美国最庞大的种族主义民间团体。

Kanarick）的一次对话，他的公司Mouth（经营特色食品在线商城）最近宣布破产。我曾和父亲一起投资过Mouth公司，但是，当我们谈论失败时，卡纳里克回忆起他作为一名创业者所经历的最艰难的时期却是在20世纪90年代末，那是他最成功的时刻。当时，他是数字营销机构Razorfish的联合创始人，该公司在9个国家拥有2300名员工，市值最高时达40亿美元。一夜之间，卡纳里克就成了互联网创业热潮中的创业偶像，《连线》（*WIRED*）杂志和电视节目《60分钟》都对他进行了详细报道。卡纳里克一头白发，他衣着狂野，和名流一起参加派对，经常出现在各杂志的社会版面上。而表面的成功背后隐藏着内心的挣扎。

"创业者的经历极度两极化。"卡纳里克说，"因为当我感觉所有美好的事情都在发生时，我会怀疑有人想敲竹杠。国际旅行一点也不让人向往，我睡在见鬼的飞机和酒店里，脑子一团迷糊，还要倒时差。我要应对难以忍受的压力，还要担心公司、员工和品牌……如果我醉倒在街上时碰上员工怎么办？顺便说一句，创业是一项竞技运动。你创立公司，和整个世界竞争，努力获得成功，但还要担心竞争对手，并且要非常努力工作，好赢过他们！你可能还会变得多疑。"

就在卡纳里克登上顶峰时，所有这一切化成了一种无处不在的孤独感时常侵蚀着他。"公司上市时，我账上有2亿美元，"他说，"但我无处倾诉。我能找谁？高中的朋友？女朋友？"他曾买了一块高档手表，却羞于告诉任何人。"我认为孤独感是创业者与生俱来的特质。你自负，认为自己能解决问题。如果你没有一点精神问题或自负，你就无法成为一名创业者。你必须在别人看不到的方面相信自己是对的，否则当人们说你会失败时，你就不可能成功。"这就是人们说的"创业过山车"（或者用尼奇克的话来说，"吃了一张玉米煎饼，喝了四罐啤酒之后坐上一趟过山车"），不管愿意与否，每一个创业者都会把自己绑在过山车上。

"当你把自尊与成果绑在一起时，过山车的振幅和频率就会变得更加强烈，但这对大多数创业者来说都是一个令人不安的特征。"创业公司Reboot高管教练杰里·科隆纳（Jerry Colonna）说，Reboot公司是科技行业的众多创业者和CEO的合作方（介绍我们认识的是卡纳里克）。科隆纳职业生涯的早期曾是一名风险投资人，但面对中年危机时，他意识到，他不只想改变自己与工作的关系，还想去帮助他人。硅谷的创业神话美化了创业者的坏习惯。"这种（初创公司）模式带来的挑战之一就是这种胡扯的信念，说什么你必须'全力以赴'才能成功，要不畏艰险、耗尽心血，否则就该感到羞耻。而如果你这样做了，却失败了（89%的初创公司在头两年都这样），你就要把它看作是自己做人失败的证据，"科隆纳说，"然后你就会坐在那里怀疑，'我是谁？'"

科隆纳正确地判断出，我在自己的职业生涯中曾多次被这种虚假的情怀引诱。"如果你仅仅根据你的新书是否大卖来评价自己做人的价值，那你就完了，"他说，"你坐在过山车上想，'我真差劲，我在骗谁呢？我就知道自己不是真的很优秀，根本就是假装的，现在全世界都要发现了。'但是，你久经世故，所以知道这不是你的错，失败只是个脆弱的伤口罢了。那是不是你的自负在作崇呢？没错。但请不要因为这种自负而陷入自我打击的陷阱。"

　　创业者在高峰期和低谷期都要面对这样的危险。在与科隆纳交谈的几天前，我采访了科罗拉多州一位名叫巴特·洛朗（Bart Lorang）的软件创业者，他是Full Contact公司的CEO，也是一名风险投资人。洛朗迫不及待地想谈谈创业给他带来的日常负担。"当你为自己工作时，就没有地方可以推卸责任了，"他说，"公司里的每一个问题或麻烦最终都可以归结到你自己身上。你每天都要照着镜子审视自己的缺点。每一个错误其实都是你自己犯的。如果在比较大的公司，你往往还能扮演受害者的角色，把责任推给别人。"

　　当我问到关于创业过山车的经历时，洛朗承认他个人的低谷"还真的就是现在"。他试图让Full Contact公司的收入翻4倍，但这种激进的作风反而打击了员工士气，导致一些员工辞职。"在过去的6个月里，我每天醒来时都在想，'难道我想每天走进办公室都往嘴里塞屎吗？'我妻子从没见过我承受这么大的压力。我两周前得了带状疱疹，身体在变得虚弱。这就是我现在所经历的。我在学习享受并拥抱这种时光，但这很难。我一直抑郁，有自杀倾向，我还问自己，'这是我想做的事情吗？'很多创业者都经历过这种情况，他们觉得自己被自己创造的东西困住了，这种状况还是周期性的。"我问洛朗，他打算如何打破这个由成功而非失败带来的循环，他说，他只需要让公司的估值达到10亿美元，成为传说中的独角兽公司。然后呢？他说，然后他会有一个很好的退出机会，"去过我想过的生活。"我知道这不是个好的回答。坐过山车会让人感到恶心和恐惧，但是等人们从上面下来时，他们会喘口气，然后跳回去重新排队。

科隆纳告诉我，创业神话在互联网上的发酵让这种过山车式的过程变得更加颠簸。"幅度和频率更加强烈了……这与我们对某些创业模式的推崇有关，高低起落变得更迅猛，使过山车上的人晕眩恶心的程度加重，"科隆纳说，"作为一个刚起步的创业者，我衡量自己的标准不是引以为荣的技术、亲和力、赚更多钱的能力、使其他员工获得薪酬的途径等等有价值的、高尚的方面，"他说，"我们不以这些东西为荣，而是不断地用某种理想化的标准来衡量自己，结果却以失败告终。"

金钱只是放大了这些情绪，但它通常更像是一个数字晴雨表，而不是产生情绪的起因。有一天，我在加州收到弟弟丹尼尔发来的一条短信，他说："这是从你的书里引用的一句话——创业最好的部分是，当你查看自己的银行账户时，看到资金飞速消逝时的那种麻痹的恐惧感。"差不多是同一时间，劳伦惊讶地发现她银行账户里只剩下1000美元，而两年前她在做全职工作时，银行账户里有超过10万美元。几个月后她说，"这太可怕了，"这让她陷入了自我怀疑的漩涡。她的生意在第一年发展得不错，但现在却进入了停滞期。客户喜欢她的指导，但她需要更多的客户，或需要一种新的方式来获得更多客户，这样才能产生经济效益。而她不确定下一步该做什么。

"我不知道这能不能行，"我从加州回家时，她对我说，"说实话，不知道自己做的事是否正确，这太折磨人了，感觉糟透了。

是因为我销售的方式不对，还是人们不想要它，还是说我做的事本身就像个笑话？我根本没有头绪，不知道创业是否行得通，这才是最糟糕的一点。"

　　将创业与心理健康联系起来的研究正不断发展。一些研究表明，自雇职业与整体健康之间存在正相关关系，而另一些研究证实了创业者普遍对创业感到痴迷。精神病学教授迈克尔·弗里曼（Michael Freeman）也为创业者提供指导，他最近指导的一项研究发现，与普通人群相比，创业者群体中各种精神健康问题的发病率都有所上升，其中抑郁症发病率几乎是普通人的2倍，注意缺陷及多动障碍（ADHD，俗称多动症）发病率是普通人的6倍，药物成瘾率是普通人的3倍。很多人试图找到这些病症与创业成功之间的潜在关联（如患有多动症的人是否是天生的创业者？），但对创业者来说，负面影响是真实存在的。

　　我们大多数人都在工作中以某种方式体验过压力，但对于创业者来说，财务状况和精神层面的控制欲会加剧他们的工作压力。压力不一定是坏事，我的父亲一直相信压力对于创业者来说是必要的，因为压力令他们诚实，让他们起床，阻止他们自满。乌特·斯蒂芬（Ute Stephan）教授在伦敦国王学院（London's King's College）研究创业学，她说，压力对创业者的影响是否积极的关键在于其所面临的压力类型。其中，"挑战型压力"与创业者所说的"高潮"有关，因为它们带来了成长的机会。"这种相对短期的压力是非常能激励人的，尤其在你从容有序的时候。"我从弟弟丹尼尔身上看到了这一点，虽然他总工作到深夜，但比我以往见他

时更快乐了，因为他终于做了自己想做的事。还有劳伦，每一个
新的想法和机会的出现都让她兴奋无比。

　　但是压力也有它的阴暗面，斯蒂芬将其描述为"阻碍型压
力"。它们是创业者无法控制的压力——经济衰退，与员工、客户
或合作伙伴的冲突以及法规的变更。"这些都没有积极的作用，"
她说，"它们只会带来压力。"尽管我父亲认为压力很有价值，但
他处理压力时也是十分紧张的。他的睡眠质量很糟，会半夜醒来
为生意和钱发愁，血压也不稳，这方面的家族病史更尤其令人担
忧。我父亲的父亲"老爹"萨姆·萨克斯也是一位创业者，只是
从未成功过，他一辈子都在蒙特利尔做服装生意，却总是倒闭。
我写的第一本书开篇讲的就是关于他死于烟熏肉三明治的故事，
但现实远没有那么夸张，使他致命的是心脏病发作，这是他职业
生涯中渐渐累积、且未加遏制的阻碍型压力所导致的结果。对于
一个创业者来说，失败还可能让其付出生命代价。

　　从特洛克的尼奇克家驱车向南，穿过160公里的杏仁、葡
萄干和其他经济作物用地，便来到汉福德城外的荷兰奶牛场
（Holland's Dairy），这是德霍普家（De Hoop）的家族牧场。德霍
普家是来自荷兰的奶农，一走进他们美丽的牧场之家，荷兰的传
统风格就映入眼帘。成架摆放的木鞋，装裱起来的荷兰语祈祷文，
家里的艺术品上画着荷兰乡村的景色，从瓷器到浴巾等所有东西
上都印着风车。埃莉（她正忙着准备六道菜做晚餐）、她的丈夫阿
特、21岁的儿子阿里和25岁的女儿凯瑟琳娜（还有三个孩子住在
外地）在香气扑鼻的厨房里迎接了我。

　　埃莉夫妇双方的祖辈在荷兰都是奶牛场老板，自从于20世纪50年代移民到美国以来，50个亲戚在不同州的奶牛场工作。阿特和埃莉从1990年开始经营荷兰奶牛场，当时埃莉的父亲把奶牛场的生意作为结婚礼物送给了他们。我与阿里和阿特一起驾车穿过饲养场，哞哞叫着的奶牛成群，排到300米长，可以清楚地发现荷兰奶牛场的经营方式与尼奇克的牧场有多么不同。这是一个中等规模的饲养场，有3600头奶牛，每天运营20个小时，一周7天，每天要给牛群挤两次奶。这些奶牛生活在几个有顶棚的长围栏里，栏下垫着水泥。它们把头穿过金属栅，伸到分发食物的饲料槽中进食。奶牛的饲料是由不同材料混合的，包括玉米、苜蓿、高粱、大米、杏仁壳，甚至还有干鸡粪，这些饲料成分会被分成堆由履带传送，饲养场上不断堆积的奶牛粪便也由履带运送，这些粪便必须被移开，晒干，然后用大车运走。在饲养场之外，有一些种植饲料的田地、一个小型太阳能农场，以及两万四千棵杏树——它们是德霍普家为了获得新的收入在五年前种下的。农场的第二次杏树收获季刚刚开始，阿特下了卡车，检视着这一排树。

　　"看看这个！"他说着，愤愤地冷笑着从地上抓起一把杏仁。"一棵长满坚果的树！我的脑壳都快成坚果了……真的是！"他雇来收割坚果的公司工作马虎，给树上留下了多达10%的坚果，盈亏之间的差别就在这里。"你看看那棵树上的坚果，要命了！开快点，这样我就看不到了，"我们回到小货车上时，他对阿里说，"看看这个！地上肯定有几千美元的杏仁。"

　　让阿特受挫的不只是被浪费的杏仁。乳制品行业正陷入危机，奶牛场老板们失去农场的可能性越来越大。牛奶是一种必需品，荷兰奶牛场以市场价将它出售给顾客（主要是奶酪制造商），而市场价格多年来一直在下降。2009年，牛奶的价格高至45千克（100磅）17美元左右，到了2018年秋天我到访此地时，价格已徘徊在每45千克14美元左右，阿特一家的牛奶成本为45千克15.50美元左右，刚好达到收支平衡。美国的奶农如今非常擅长饲养奶牛和挤牛奶，以至于市场供过于求，现在每卖出3升牛奶就要赔钱。受影响的奶农不限于加州，而是全美，有人估计，在过去十年里，美国有多达一半的乳制品产业倒闭。

阿特说："我们的工作效率非常高，但我们正因为这一点在扼杀自己。"过去三年，阿特家的牧场以最高生产率运营，却损失了大约200万美元，使损失加剧的还有不可控的其他因素，包括加州即将提高的最低工资标准、袭击杏树的线虫、因保护土壤中存在的微量"仙女虾"[1]而禁止他们在某些领域耕种的新环境法规、因加州日益严重的干旱而加剧的供水问题，以及新出台的法律，该法律可能要把圣华金谷多达四分之三的灌溉用水引向海洋。

埃莉用剩下的乳清做了酸橙汽水，她在尝试把它做成可以卖的产品（"告诉我们它味道怎么样，"她说，"我们什么都要试试。"）。喝着汽水凉快下来后，我们坐下来吃晚饭。桌上摆满了他们亲自培植、烹饪出来的美味食物，有宰了一头牛做的胡椒肉丸、

---

[1] 仙女虾（fairy shrimp）为广泛的概念，是属于"钗额虫科"的水生动物，多见于农村水田中。因该生物有两亿多年的存在历史，是与恐龙同时代的季节性甲壳动物，且难以捕获，故而珍贵。

黄油青豆、鲜烤面包和烤土豆。阿特做餐前祷告时，大家手拉着手。

"感谢主，感谢您每天让我们可以做出可以吃的食物，感谢您允许我们做这些工作。阿门。"

德霍普家正处于人生的十字路口。他们都认为加州奶牛场的未来已经时日无多，但他们找不到其他容易的出路。他们挤越多的奶，损失就越大，如果想扩大经营范围，比如多产些杏仁产品，就需要大量投资，并且要五到十年才能盈利。他们可以卖掉牧场，但然后呢？"我是第四代奶农，"阿特说，"除了挤牛奶，我什么都没干过。那我们该做什么呢？"

"人们都希望乳制品的现状只是周期性的，"凯瑟琳娜说，"但基本上大家认为情况不会好转了。"

阿特点点头。"我们不能再在加州以做奶农为生了，这个想法并不容易被接受。"

"每个奶农都被困在这种境遇里，"埃莉说，"上周我们有一个朋友说，'我不干了！我想卖掉我的牛，'但如果这样做的话，政府会在这场交易中攫取30%的收益，所以你也别无选择，只能留下来继续战斗。"

埃莉邀请大家到后院吃甜点，我们坐在灯串下，旁边是一个小鸡舍，秋分前后的金色满月挂在头顶上。挤奶仓就在百米开外，荷兰瓷器里装着埃莉做的牛奶布丁和新鲜浆果。放牧员们用西班牙语朝动物们叫喊着，吹着口哨，唱着歌，液压挤奶机嗡嗡作响，牛粪味无处不在，一切景象的风格是如此的鲜明。

对德霍普一家来说，克服困难不仅仅要付出金钱上的代价。阿特的最后一次财务失败差点要了他的命。2010年，随着牛奶价格开始下跌，由经济衰退带来的影响持续扩散，银行收回了荷兰奶牛场的经营贷款，奶牛场被列为"特殊资产"，这是一种濒临破产的危险类别。

"我的身体这一年都差得很。"阿特回忆了身体对压力的剧烈反应，包括失眠以及血压过高，这些导致他经常晕倒。

"他就像行尸走肉，"凯瑟琳娜说，"医生说他随时都有可能心脏病发作。"

后来银行将他们一家的贷款利息提高了3倍，并降低了他们的资产估值。"你已经倒下了，他们还落井下石。"埃莉说。这家人将牧场挂牌出售，但埃莉的兄弟们开始与银行家们沟通，在重新协商还款时谈妥了30天的宽限期。他们花了三年时间向银行还款，又花了三年时间来挽回企业的损失，然后又花了三年时间重新陷入困境。2016年，阿特感染了"山谷热"，这是一种在圣华金谷传染开的肺部真菌感染疾病，尤其在农场中流行。阿特患病后再没了精力，有两个月，他每天睡20个小时。他的医生说，他的选择很简单——要么离开中央河谷，要么死。"我一直觉得自己是一个无人可挡的牛人，但这病彻底让我怕了，"阿特说，"不管是否已经跌到了谷底，总有一个时刻你会意识到'我再也无法继续下去了'。"

我想起那天早些时候和阿里一起走过饲养场时看到的场景，一头牛躺在地上，喘着粗气，身上爬满了苍蝇，动弹不得。它已经病了好几天了，我问阿里如果它没有好转，他打算怎么办，他指了指小卡车上放着的步枪。他说，因为要照顾成千上万头牛，子弹比兽医更便宜，对受苦的动物也更人道。有时候你不得不承认败局已定。

面临失败的农场主远不止德霍普一家。气候变化、商品价格暴跌、特朗普的贸易战、中小家庭农场的整合……所有这些因素导致美国农业经历了这一代人以来最严重的金融危机。华金·孔滕特（Joaquin Contente）是汉福德一位69岁的奶农，也是加州农民联盟（California Farmers Union）的主席。"这是一场灾难，"他说，"自2009年以来，在我的奶牛场方圆8公里内，至少有25家奶牛场已经倒闭，并且永远地消失了。有些人体面地退出了，他们持有股权，然后卖掉，但其他人没有这么幸运，还有些人被取消了抵押赎回权。"

我们在汉福德的一家小餐馆里吃早餐，店里坐满了农民，人们边喝咖啡，边聊农场的事，把这当"咖啡馆"一样。"每周，不管我什么时候遇到一个农场主，总能听到这样的问题：'我们该怎么办？'"孔滕特说着，往杯子里倒入四份咖啡伴侣。大多数美国农场主都是男性，他们傲慢又保守，因此常常封闭自己的情感。"农场主是所谓的创业者队伍里最独立的，"他说，"这使他们在遇到困难时更难与他人沟通。这是一种天生的'孤独感'。"

加上日益严重的农业危机，这种"孤独感"带来的后果在美国各地的农业社群中都显而易见——药物滥用、婚姻不顺、家庭暴力、身体状况欠佳等问题的数量持续增长，农场主自杀率也同时上升。尽管近年来的官方统计数据存在争议，但美国（以及包括加拿大、澳大利亚甚至印度在内的其他国家）农场主的自杀率在所有职业中都是最高的。其他因素可能也加剧了这一残酷的事实。农场主很容易接触到杀虫剂和其他化学物质，事实已经证明这些物质会使某些心理健康问题恶化，而且，比起城市居民，农场主更容易获得致命的工具（毒药、枪支、绳子）。孔滕特、阿特等人都给我讲过他们认识的奶农近年来自杀的事。

艾奥瓦州的心理学家及农场主迈克尔·罗斯曼（Michael Rosmann）在全国帮助有自杀念头的农场主，他说与其他创业者相比，农场主更倾向于在困难时期全力以赴，承担更多风险，同时孤立自己。罗斯曼说："这些特征与农业的成功有关，但也与应对压力问题有关。"强化这些特征是农场主与事业的情感纽带，这是其他行业的创业者很少经历的。农场主们住在自己的土地之上，热爱他们的动物。他们的事业就是他们的家，事业的自然周期决定了他们生活的一切，从他们什么时候起床睡觉，到他们吃什么，什么时候工作，以及他们如何与世界建立联结。很多事情都是他们无法控制的——天气、水、害虫、疾病、在千里外的首都制定的贸易协定和规章制度——但这片土地依然如故，他们与土地的联系世世代代都在加深。罗斯曼说，对许多农场主来说，失去土地就如同孩子或配偶的死亡。

"很有可能，当农场破产时，他们认为自己辜负了父母、祖父母和曾祖父母，"明尼苏达州的乡村卫生机构（Rural Health Agency）主任特德·马修斯（Ted Matthews）说，该机构近年来一直身处应对农场自杀危机的最前线，"从情感上讲，价格是升是降并不重要，重要的是他们失去了农场，失去了五代人传承的农场，所有责任都在他们身上。他们认为自己是一个彻底的失败者，如何失败的并不重要。"

对失去农场的恐惧不仅关乎经济状况，更关乎生存。"农场主的个人身份与这片土地紧密相连，失去它就像被截肢一样。你在其他领域的破产者身上看不到这一点，"弗雷斯诺市的破产律师赖利·沃尔特（Riley Walter）说，他与圣华金谷附近的农场主合作，近年来帮助设立了自杀干预热线，"奶农们如此依赖于'奶农'这个标签，以至于他们的所有身份都和牛群联系在一起。"赖利说，即使他们去了另一家奶场工作，你也能从他们脸上看出情绪的崩溃。

在没可能获得好结果的情况下，死亡可以成为一种美好的期望。当我们第一次一起吃午饭的时候，尼奇克开玩笑说，他错失的最大机会就是没在去年死掉，当时他从自己的马（名字叫"泡泡"）身上摔了下来。"我本来可以做出最好的商业决策，"他说，"我死时能有一大把胡子，还能还清所有债务。"这是尼奇克式的黑色幽默，却暴露了他灵魂中一些非常真实的东西。

对于创业者来说，失败是相当普遍的事。根据美国政府的统计数据，只有三分之二的企业能撑过头两年，一半的企业能撑过五年。那些持续数十年甚至更久的企业是异常值，而不是常态，而且这与行业领域无关，无论创业者开的是一家单人小店，还是领导着一家有数百名员工的公司，这种概率都是一样的。但在硅谷的创业神话中，失败尤其被浪漫化了。在硅谷，接受失败被视为一种荣誉勋章、一条必经之路，以及最终成功的先决条件。风险投资人和受人尊崇的初创企业人士自信地告诉那些想向他们学习的人，不要害怕失败，要积极、坦率、热情地接受失败。迅速地失败；失败是为了前进；失败是为了提升；一直失败，直到成功从灰烬中诞生。

但在现实世界中，创业者的失败是一种能够改变人生的可怕经历，预示着从此失去光芒。当创业者创业时，他们是冒着失去钱和房子、健康和家庭、自尊和身份，并最终失去生命的风险。当事业失败时，所有这些都会受到影响。"对很多创业者来说，失败似乎确实是改变人生的大事，"乌特·斯蒂芬教授研究失败对创业者健康的影响，他说，"那些说失败是好事的人，都带着这样的假设——你可以从失败中学习，并在下次改进。但如果来了一场海啸，把你的公司冲走了怎么办？你能从中学到什么？"

在硅谷失败的创业者可以再开一家公司，很多人就是这么做的，他们可以第二次或第三次同样轻松地获得新一轮融资。破产律师赖利·沃尔特表示："在硅谷，这是OPM的破产，OPM即别人的钱（Other People's Money）。破产是公司层面的失败，而不是个人层面的失败，这种失败更容易被接受。"但在这个高雅的小世界之外，农场主和大多数其他创业者没有相同的选择。银行将不再向他们放贷，他们的信誉已经受损。同样作为创业者，他们往往只有一次成功的机会。"农场主往往无法重新振作，"沃尔特说，"因为启动成本太高了。"

即便在科技行业，美化失败也会产生负面影响。"我认为，关于失败的神话对这个舞台是完全没有帮助的，"著名风险投资人布拉德·费尔德（Brad Feld）说，多年来，他写了大量关于创业者应对心理健康问题的文章，其中也包括他自己，"失败是创业的重要组成部分，失败是很糟糕的，失败是艰难的。但承认这是创业的一部分很关键，把失败浪漫化是没有帮助的。"

杰里·科隆纳告诉我，所有创业者都低估了失败带来的情感代价。为了抵御职业生涯中不可避免的情感挑战——包括失败，创业者需要与他们的事业以及生活建立一种健康的关系。创业者需要睡眠、锻炼、良好的饮食和其他健康的习惯，但最重要的是，他们需要社群。创业是一种孤独的努力，它隔绝思想，往往还隔绝灵魂，以一种解脱但又是危险的方式。创业者需要知道自己并不孤单，他们需要一个社群来分享他们的恐惧、经历和问题。对德霍普家这样的人来说，这个社群来自他们的教堂，这里的教徒们包括其他荷兰奶牛场的工人。对于技术行业的创业者来说，社群是由其他企业家、顾问和导师组成的"生态系统"，如果幸运的话，还包括真正关心其投资对象的投资者。

不过对大多数创业者来说，他们的社群是家人和朋友，向这些人敞开心扉、讲述经营企业以及工作中的挑战并不容易，尤其是当文化氛围将这种脆弱斥为一种弱点的情况下。在2017年的一次采访中，加里·范纳洽建议他的粉丝们放弃一个"失败的"朋友（也就是只会抱怨事情有多困难的人），转而选择一个"成功的"朋友。这条建议是为了让创业者增加像他一样成功的机会，而我担心的是，这可能会在创业者最需要帮助的时候毁掉他们的生命。

一天晚上，我坐在特洛克的酒店房间里，打电话给弟弟丹尼尔，问他过得怎么样。我知道他当时的日子不好过，创业过程中经历的起起落落给他带来了负面的影响。前一天晚上他又熬夜了，一直工作到凌晨2点，一边吃着外卖，一边趴在笔记本电脑上工作。他不锻炼，甚至除了开会都不出门，我告诉丹尼尔我很担心他。在接下来的一个小时里，我和他进行了坦率、开放和充满爱意的谈话，几个月来我一直想和他这样聊聊，但因为太害怕或太担忧而没有开始。

他解释说，这家公司是他的梦想，尽管压力很大，但他比以往任何时候都开心，因为他终于在努力创造一些他真正相信的东西。他知道代价有多大，并且愿意再忍受一到两年，直到他能够卸下重担。他不想永远坐过山车。他希望有自己的生活和家庭，有能力渐渐远离工作。但他很高兴我问了他这个问题。我也很高兴，即使我做这一切只是让我弟弟知道我在乎他。

"醒醒，亨利，"赛思·尼奇克一边说，一边打开小卡车的门，他的儿子正睡在里面，腿上是麦当劳早餐的残羹，"该赶牛了。"

那是周六的早晨，前一天我在他们家吃了晚餐。我们在日出后一个小时回到了马里波萨县的山麓地带。空气凉爽，一只秃鹰从我们头顶飞过，两只鹿在不远处看着我们。尼奇克在他的牛仔靴上绑好马刺，骑上他的马"泡泡"，而亨利上了一辆全地形车，我坐在摇摇晃晃的车的后座。我们颠簸前行，寻找牛群。十分钟后，我们遇到了12头牛，它们嚼着干草。尼奇克告诉亨利，他会骑马到深谷里去找剩下的牛，而亨利和我要把这群牛赶到围栏边。

"把它们轰到山那边去啊！"尼奇克说完便疾驰而去，消失在视野中。亨利转动曲柄，全地形车向前猛冲，我为了自己宝贵的生命牢牢抓紧车子。母牛们左冲右躲，亨利就转弯从侧面驱赶，但牛群始终总分成两波。亨利说："一个人很难把牛赶到一起。"在几分钟急促（且可怕）的来回急转弯后，他停下车来扫视地平线，等待着他的父亲。又过了几分钟，尼奇克骑马翻过山坡，前面只赶着4头牛。

"它们在哪儿？"他问亨利其他牛在哪里。

"我想它们在小溪边。"亨利说。

"好吧，该死的它们好歹不是消失了。"尼奇克说着望着地面，双臂撑在马鞍上歇了一会儿，"夏天对它们来说太难熬了。那天我牵到那里的那头小母牛……死了。土狼把她的骨头啃得干干净净。"

不一会儿他又骑马走了，我们在一处山顶上等他回来。我问亨利是否喜欢和他父亲一起工作。"喜欢，"他一边说，一边把一块儿干牛粪远远踢飞，"我爸爸的工作很有趣，我很喜欢。不过其中大部分时间是无所事事的。"突然，我们听到了叫喊声和马蹄声，回头一看，整个牛群正排成一列向我们走来，尼奇克和他的狗在后面跟着。赛思·尼奇克骑在高高的马鞍上，阳光洒在他身上，看上去就是一个真正的牛仔。亨利和我又回到全地形车里，帮着把牛赶进畜栏。

"干得好，亨利，"尼奇克说着和儿子击掌，"让它们休息一下，咱们去吃点儿墨西哥卷饼吧。"

当我们从绿洲返回时，迈卡和女儿们也在牧场。夏洛特在她的独角兽睡衣外面套了一双牛仔靴，埃勒热切地想帮她爸爸。"那好吧，"尼奇克对她说，"咱们开始干活。"尼奇克把她带进畜栏，给了她一个大大的金属桨，让她站在隔开不同围栏的栅门旁边，"慢一点儿，一定要慢一点儿。"他说。数十头牛正在封闭的空间里大声叫唤。"站直了，不要垮着腰，抬头，好吗？"他对女儿说，"哎呀，埃勒，你看起来就像一只被完全打败的小狗。"

尼奇克回到马背上，把牛从牛群里一头头分出来，赶向埃勒。他会给埃勒信号，指示她是应该关闭栅门让牛通过，还是直接让牛走进更小的围栏，牛将在那里被装上拖车，送到另一片草场。除了他发出的"是"或"不是"的信号外，这是一项安静而紧张的工作，因为这个体重只有90斤的小女孩面对的是重达一吨的动物。迈卡和亨利在栅栏外看着，夏洛特在一旁抱怨说她需要有人帮她把靴子穿回去。天越来越热，夏洛特在恳求着，尼奇克全神贯注指挥着埃勒，而前一天晚上夫妻俩谈话的那种气氛还残留着，整个氛围很紧张。但是当最后一头牛被分好时，埃勒长着雀斑的脸上露出了大大的笑容。尼奇克把她拉上马背，他们一起骑着马绕着围场转。

"你想指挥吗，亲爱的，"尼奇克脸上洋溢着自豪，问女儿，"如果你想装运这些牛，我就去绿洲买点儿啤酒。"

后来，在迈卡带孩子们回家后，我和尼奇克开了15分钟车去了他租的另一个牧场，拖车后斗里装着二十多头牛。今天已是漫长的一天，但对他来说还远未结束。等到尼奇克运完牛、停好拖车、做好清理工作后，他的工作时长大概已超过14个小时，但今天也是美好的一天，尤其是能和家人待在一起。

"我几乎所有时间都是自己在工作，有时候好像只有我一个人在乎它，"尼奇克说，"一个人待着是日常，但也不像孤独那么糟糕。但如果有一天你过得很差，或者你正在解决个人问题或工作问题，你就会想，'真希望有人能帮我做这个决定。'"

作为一名创业者，赛思·尼奇克既没有获得明显的成功，也没有经历明显的失败。和大多数创立自己事业的人一样，他做着自己真心喜欢的工作，并以此为生，但他同样也觉得被困住了，不清楚如何推动事业向前发展。"我不知道，我就是不知道，这令人沮丧，"他说，"大势所趋，也许我们必须要认清这一点，我们必须想办法让事业发展起来，或者找到一个退出的策略。这并不意味着我们要离开牧场，但我们可能会不再卖肉，只是去为别人喂肥这些牛。"不管怎样，是时候做出选择了……要么承担更多的风险，要么承担更多的债务，要么就关门大吉。汉福德的德霍普家也说过同样的话，他们都认为在今年年底前必须做出一个重大决定。是去还是留？是继续战斗还是卖掉农场？

所有的经济逻辑都表明，尼奇克和德霍普家应该认输。他们的成本一直在增加，而牛肉和牛奶的价格却在下降。这个行业肯定还会变化，规章制度和环境条件只会变得越来越充满挑战，他们在财务、家庭和生活上需承担的风险也必定会增加。然而他们最终都决定坚持到底，对此我并不感到惊讶。"我们家基本上是在咬着牙屈身忍受着这场风暴，"5个月后，凯瑟琳娜给我发了封电子邮件，她写道，"乳品业已经融入了我们的血液，是我们家族身份的一部分，所以，我们不会轻易放弃它。"

尼奇克也不例外。"我热爱我做的事，"他一边对我说，一边打开拖车的门，把牛放进一个小的候宰栏，"我喜欢照顾动物和大地，骑着我的马，整天待在户外。我喜欢和那些信任我们的客户交谈。"最重要的是，他害怕回到创业之前的生活，这种恐惧驱使他前进。尼奇克形容他曾兼职的饲料销售工作是"你能想象到的最无聊得要死的东西"。除了破产，他的噩梦还包括被迫穿着马球衫和卡其裤在奥兰治县卖人寿保险。"原因很简单，"他说，"我讨厌无聊。不管是不是坐过山车，我都应付不了。我不想回去给别人打工了。"

尼奇克骑上"泡泡"，我问他，在他知道自己的事业、家庭和生活会这样发展的情况下，他当年是否还会做这种决定。他搔了搔胡子才回答："我可能会做出不同的选择，不过我现在很快乐，并意识到自己很幸运。"在21世纪，还有谁能成为真正的牛仔并以此为生呢？"这很蠢！我意思你看看我……这显然太荒谬了……我是一个乡巴佬！对，我还会做这个决定，"他说着，问我，"你呢？你又愿意吗？"

"当然愿意。"我毫不犹豫地说。为自己工作比我以为的要困难得多。这一过程极度孤独，靠写书谋生，失败的概率远大于成功，这带来的精神压力从来不小。也有一些时候，我幻想着过一种不同的生活，有稳定的薪水和明确的工作任务。只要岗位还在，我就会上班、做事，并感到安心。当然，这是一个浪漫的就业神话，有它自己的压力和陷阱。但是，这种幻想还是时不时地就会掠过我的脑海。

然后我就会抬起头，意识到我拥有的是什么。我有在我愿意的时候做我想做的事的自由。可以追寻我的理念，去我喜欢的地方，拥有永生难忘的经历，可以做我喜欢的工作。一个除了厚脸皮之外没有任何资质的人，能花一年的时间在新奥尔良的美发沙龙里逗留，在纽约冲浪、吃牛角面包，在阿根廷参观酿酒厂，在加州帮牛仔赶牛，还有什么事比这些更荒谬呢？我们经常根据其他企业的经济标准（即盈利和亏损）来定义创业的成功与失败，但创业比这些东西要更加丰富多彩。这是我们所有人都选择的一种生活方式，它的回报既是我们从中赢得的金钱，也是我们随自己心意营造的生活。它意味着我们能握住缰绳，掌控自己的命运，期盼着更好的明天，以及随之而来的一切。即使它并不一定符合逻辑，但它在某种程度上都非常合理。

那天下午早些时候，尼奇克对我说："如果我走在路上突然有了一个愚蠢的想法，兄弟，我们就去实现它。"现在，当太阳开始在硅谷以外的地方落下时，尼奇克骑在马背上，变得豁达洒脱了。"人类之所以能够存在，关键就在于我们有能够接受未经证明的事实的能力，"他说，"如果我不再相信自己的故事，生意明天就会终止。如果我们什么都不相信，不相信自己，不相信信仰，那么我们还能相信什么呢？"

说完，赛思·尼奇克对着牛群大喊一声，踢了踢马刺，策马向夕阳奔去。

第四部分

创业者的灵魂

第八章

太多的想法

那天下午又热又潮，我在波士顿租了辆车，向北驱车两小时前往新罕布什尔州的杰斐逊城。当车子穿过一片松林时，周围突然起了雾。天空乌云密布，大雨倾盆而下敲打着车身，紧接而来的是硕大的冰雹，像雪一样堆积在路上。高速公路上的所有车都靠边停下了，闪着警示灯，等待暴风雨停止，汽车仪表盘上的温度在三分钟内迅速从33℃降到了16℃。转眼之间，夏天就变成了秋天。当我和一个加油站服务员说到这疯狂的天气时，他耸了耸肩，"我猜这就是气候变化。"他说着，把收据递给了我。

一个小时后，我开车沿着砾石路来到温德豪沃尔（Windhover），这是位于华盛顿山以北的、约翰·亨利·克利平格（John Henry Clippinger）的农场。克利平格和他的朋友彼得·赫什伯格（Peter Hirshberg）正一起坐在环屋门廊的藤椅上望着西边的一个池塘。在那还能看到几只在漫步的鸡，一匹马，以及田野、农场和远山，俨然是美洲的缩影。赫什伯格穿着牛仔裤、运动鞋和一件拉链羊毛衫。克利平格的穿着据我观察是千篇一律的登山裤、褪色的纽扣衬衫、破旧的运动夹克和懒人鞋，没穿袜子。他身材魁梧，双手厚实，声音洪亮，宽脸盘上是翘起的头发。这两个人在笔记本电脑上疯狂地打字，在风铃和鸟鸣的背景音下，你唯一能听到的就是手指敲击键盘的声音。赫什伯格每隔一两分钟就会自言自语，比如"诶，这个有趣"或者"哦，该死"。克利平格则在一旁不知道咕哝着什么。赫什伯格还会复述刚收到的电子邮件的内容，克利平格就会哼声表示听到（"嗯哼嗯嗯"），然后他们再继续打字。

两人正在为 Swytch 公司即将要进行的首次代币 ICO 的发行疯狂忙碌着，Swytch 是克利平格与别人共同创立的公司，创建过程中赫什伯格一直在帮助他。Swytch 是一个以区块链技术驱动的平台，用于有效地评估、核实并允许可再生能源在全球范围内实现轻松交易。这一理念和背后可支持的基础技术非常复杂，而且在不断演变。而如果该平台的效用能符合克利平格的预期，Swytch 公司将加速化石燃料经济的转型。

ICO 是该公司首次向公众投资者发布的加密数字代币，等这场为期一个月的销售在今晚 11 点结束，克利平格、赫什伯格和公司其他人就会知道 Swytch 在银行里有多少钱可以用来开发他们的技术。

"现在我们真的就差临门一脚了，"克利平格说，当时赫什伯格正试图说服波多黎各的一位知名加密货币投资人转账数百万美元，在最后期限前这位投资人曾含糊向他们承诺了这些数额，"世界正处在一个重启的历史时刻，那么如何重启呢？如果你足够自负，相信自己有解决方案，那你怎么可能坐视不管呢？从道德上讲我们必须采取行动。"

尽管克利平格完全相信自己有能力通过他最新的科技公司来改变世界，但他也绝不是一个在斯坦福到处推销自己初创公司的傻瓜优等生。自克利平格开始创业以来，Swytch已经是他创立的第六家公司了（也可能是第五个，他记不清了）。那年秋天的晚些时候，他75岁的生日即将到来，无论从技术层面、智力层面，还是哲学层面上看，他正处于其职业生涯的巅峰，这也是吸引我去他农场的原因，要知道他的农场可在硅谷对面的美国另一头。创业常常被误认为是年轻人的游戏，为了真正理解它，我需要看看创业者在启动人生最后一个大项目时是什么样子，从而思考作为一名创业者究竟意味着什么。

马克·扎克伯格在2007年说过一句名言："年轻人就是更聪明。"当时他才23岁，但已经走在成为亿万富翁的路上了。比尔·盖茨、史蒂夫·乔布斯、埃隆·马斯克、谢尔盖·布林、拉里·佩奇（Larry Page），当然还有扎克伯格……硅谷创业神话中最著名的创业者都在二十多岁时创建了自己的公司，他们要么刚从大学毕业，要么刚刚辍学，这让硅谷更看重新人而不是老手。科技行业里经常会听到人们对年龄歧视的控诉，硅谷的青年崇拜和好莱坞一样严重。从数据上看，相比于年长的创始人，风险投资人更倾向于投资年轻人创办的公司。YC创始人保罗·格雷厄姆（Paul Graham）认为，32岁是创业者的分水岭，因为到了这个年龄，他们就开始变得多疑起来。风险投资人维诺德·科斯拉

（Vinod Khosla）认为，"只有35岁以下的人才能实现改变"，而超过45岁的人则"基本没有新想法了"。彼得·蒂尔的奖学金项目等初创企业孵化器和加速器，以及世界各地高校中越来越多的创业项目都强化了这种对年轻人的偏爱。

但2018年年初，美国国家经济研究局发表了一篇题为《年龄与高增长企业》（*Age and Hig Growth Entrepreneurship*）的研究论文，揭示了一个令人意想不到的事实。作者称，尽管人们普遍认为，更年轻的企业家能创建更好、更成功的公司，但事实却恰好相反。"我们发现，年龄确实预示着成功，但与许多观察家和投资者的看法相反，中年及中年以上创业者的创业成功率最高，"作者还指出，增长最快的新公司（尤其是科技行业公司）背后的创业者平均年龄为45岁，正好处于中年时期，"即使观察对象是最年轻的创始人，始终也没有足够证据表明非常成功的公司的创始人中大多是年轻人。人们宣扬年轻是创建高增长公司的关键，但这种流行的看法在很大程度上是错误的。"

在该项研究论文发表8个月后，我遇到了克利平格，当时我们都在首尔参加一个科技会议。一天早上，吃早餐时我们聊了起来，我立刻就被他和他正在筹建的公司吸引住了，这家公司竟然承诺要解决棘手的全球气候变化问题。他拥有创业者身上一直吸引我的那些品质——不懈的热情和乐观精神，以及毫不做作的性格和对世界永不满足的好奇心。但还有别的方面——他的年龄。坦白说，见到一个七十多岁开始创业的企业家真的让人惊讶，更不用说他创建的是Swytch这样一家野心勃勃的公司。如果说最近的研究表明有关年轻创始人的神话基本上是错误的，那么克利平格就是更广泛的现实的体现，他的整个人生都由创业精神所定义。

约翰·亨利·克利平格在辛辛那提一个富裕的家庭长大，他的父亲是一名检察官，而克利平格的性格却很叛逆。12岁时，他和其他男孩一起偷车。"我们用短路点火的方法启动车子，然后警察就来追我。那是我一生中做过的最刺激的事，"他笑着说，此时我们坐在门廊上喝着威士忌，赫什伯格正在屋里打电话聊工作，"当时大脑额叶都还没发育好。"

克利平格最后去了耶鲁大学，并于1966年毕业。他最初被艺术所吸引（他曾说："我想成为一名画家和哲学家"），最后主修结构人类学，研究语言如何运作，并很快对计算机及其如何组织信息产生了极高的热情。他还积极参与社会公益事业，1964年，他成立了一个叫"美国远东政策重估组织"的团体，这是第一个反对越南战争的学生团体；1965年3月，他前往亚拉巴马州塞尔玛，与马丁·路德·金博士一起呼吁民权，参加游行；他还花多年时间游说街头帮派成员远离暴力。

之后，克利平格在宾夕法尼亚大学继续他的研究，获得了控制论学科的硕士及博士学位。他专注于改编新型数字有机体，并从事计算机系统设计这一新兴领域的工作。他的研究重点是让计算机理解、组织并使用自然语言……克利平格是我们如今时常听到的人工智能（AI）和机器学习（ML）领域的先驱。（他其中一项实验涉及让电脑模拟精神分析学家给病人答疑。）让克利平格着迷的一个概念是，只要结构得当，一个协作系统（一个计算机网络，一群人，或者其他更复杂的东西）就可以自行组织并运行。"我感兴趣的是人们如何将不同的信仰体系融入技术中，"他说，"以及技术如何塑造这种信仰。"

E.F.舒马赫的书《小的是美好的》以及反主流文化中的返土归田运动[1]对克利平格的启发越来越大，在1974年买下了温德豪沃尔农场，他用本地的一种隼和一首诗为它命名[2]。他建了谷仓，接通了电线，自己安装了管道（并曾评价它"差得很"），养了鸡和马，试图饲养一种稀有的牛但没有成功，还种了草料，直到今天他还在超过100万平方米的草地上继续耕种。

克利平格在新罕布什尔州和马萨诸塞州坎布里奇市两地工作，在那里开始将自己的想法应用到商业中。1982年，他创建了自己的第一家公司，名为布雷托街调查公司（Brattle Street Research），该公司运用机器学习，从《华尔街日报》（Wall Street Journal）的报道中提取词汇和短语，生成可搜索的数据库。他用自己的房子抵押了15万美元作为启动成本（这在当时算是一场豪赌），到如今他仍然陶醉于当年那些战争般的故事中，比如他不得不说服绰号如"暴躁汉克"这样的华尔街股票经纪人，让他们相信他的系统真的可以帮助其参与市场竞价，哪怕被当着面叫"满脑子都是

1　返土归田运动是指跨越不同历史时期的各种土地运动。共同的主线是呼吁人们进行小农经营，在土地上种植粮食，并强调自给自足、自治和当地社区。

2　Windhover原意是"茶隼"，即一种体型较小的猛禽；同时，《茶隼》也是英国诗人杰拉尔德·曼利·霍普金斯（Gerard Manley Hopkins，1844—1889）的代表作，诗中借这种鸟的意象赞颂了基督精神及人生的超越。

屎的书呆子"。

我问克利平格对创业这个词有什么看法，他说："对我来说，成为一名创业者有特殊的意义。"他那些在辛辛那提大学（University of Cincinnati）和耶鲁大学有特权的邻居和同学选择了稳定舒适的生活，在银行业和法律行业工作。但他拒绝过这种生活，因为"无聊得要命"。但克利平格也记得，当第一次有人称他为创业者时，他认为这是对自己的一种侮辱。"我总是对建立和资助某些事情感兴趣。创业者是那些愿意承担个人风险，利用普通大众并不拥有的潜在机会以及别人都没发现的产品或市场来执行创意的人。你通过技术创造不同的可能性，以此创造未来。"他告诉我，从根本上讲，创业就是做自己的老板。"无论好坏。我认为这就是创业的核心。"

布雷托街调查公司很成功，4年后克利平格把它卖掉了。之后，他在会计师事务所Coopers & Lybrand（如今的普华永道，Pricewaterhouse Coopers）担任高级技术咨询主管，那时他有了一个孩子，他想在机构中学习。在具有创新精神又高薪的公司工作了几年后，他渴望再次追求自己的想法（他承认，"我不喜欢为别人工作"）。1995年，他推出了Context Media，这是一个算法发布平台，可以围绕指定主题自动搭建网站。

"我认为约翰的创业行为是他渴望改变世界的结果，是一种真正产生影响的愿望，"亨里克·桑德尔（Henrik Sandell）说，他在Coopers & Lybrand会计师事务所与克利平格相识，并和他一起创建了Context Media，可惜公司几年后还是失败了，"他相信，如果你不尝试去创造什么，你也就不会改变什么。我们面临的挑战在于很难停止向前。而在创业的过程中，你必须停止前进的步伐，先打好基础。"

之后，克利平格又开了一家公司Lexim，研发以语言为基础的搜索软件，公司在20世纪90年代末的互联网热潮中迅速筹集了3000万美元，但在纳斯达克股市泡沫破裂时随之迅速消逝。克利平格大笑着说："当危机来袭时，你的金子就变成了铅。"在那之后，他一直从事教学和研究，并开始将自己的创业想法应用到学术中。他帮助创建了哈佛大学伯克曼网际网路与社会中心的法律实验室，后来，在麻省理工学院参与创建了一个名为创新与数据驱动设计研究所（ID3）的智库。两家机构都致力于对法律、管理和技术的交叉研究，并允许克利平格以相对自主的方式实践自己的想法。他还定期与包括世界银行（World Bank）、阿斯彭研究所（Aspen Institute）和圣塔菲研究所（Santa Fe Institute）在内的机构合作，同时为多家公司提供咨询服务。

每一个创业项目——无论是赚钱还是赔钱，无论是营利性公司还是非营利性研究机构——都是建立在克利平格于之前项目中积累的经验、知识和哲理的基础上的。所有这些都围绕一个目标——设计一种能够自我组织的系统。"我们有各种繁琐的、不可预测的、在政治上处于弱势的系统，"他在解释推动他职业生涯发展的核心问题时说，"那么，要如何创建能够承受这一切的、负责任的、去中心化的系统呢？"如何将崇高的目标植入到技术中，做出持久的、真正的改变？

克利平格在他2007年出版的《个体群集：个人身份的未来》（*A Crowd of One: The Future of Individual Identity*）一书中写道："数字机构建设过程中的实验范围和规模可以超越现实世界的一切实际情况，其结果可以很容易被测量、编译和解释。""这是这项技术的承诺，它可以帮助我们重新认识自己。"克利平格在他于2017年编辑的《从比特币到火人节及其他》（*From Bitcoin to Burning Man and Beyond*）一书中对此论点进行了详述，这是一本讲述了技术和社会的未来的随笔集。"人类历史贯穿着一个永恒的主题，那就是对一个公正、完美、正直的社会的深切渴望。"他写道，"我们如何才能设计出更有效、更透明、更负责任、更能自我修复的系统？"

克利平格的女儿埃玛告诉我，她父亲对这种哲理的信仰近乎痴迷。"对他来说，这是个积累的过程，"埃玛谈到父亲的创业抱负时说，"这种信仰不是体现在早上喝咖啡的方式。而是所有……一切都是一个更大的信仰体系的一部分，父亲总是将新技术、新叙事、新事件融入接下来的事物中，但他总能绘出框架，并以当下最能理解的方式展现出他伟大的激情。"克利平格的家人、朋友总是一次又一次地倾听并忍受着他无所不包的创业和生活态度。埃玛说她经常不能和父亲谈论自己的事业（她在卢旺达经营着一个名为健康花园的非营利性营养组织），因为父亲会马上把它和自己的思想、哲学与解决方案联系起来。

埃玛亲身经历了父亲创业道路上的每一次兴衰——启动时的兴奋，资金进出的压力，以及过山车式的反复。从小到大她经常听到：“我们很接近了，我们很接近了……哦，一切都完了……糟糕的员工！糟糕的投资者！一切都让人厌恶。”她总结道：“我每次都近距离感受着这种起伏，并且花了不少时间才认识到其背后的本质。这些起伏都是‘生死攸关’的事，但创业者们愿意投入生命和时间去实践这一切。”克利平格和埃玛的母亲已经离婚，他将离婚的部分原因归咎于那些所经历的起起伏伏。

克利平格的创业精神并不关乎输赢或快速致富。“我从来都不是一个在财务上成功的创业者，”第二天早上，当我们走在农场沾着露水的草地上时，他承认道，“在我的生活中从来没有一次盛大的退场……‘看，克利平格的私人飞机来了！’”他开着玩笑，“有些公司赚钱，有些公司赔钱……有时你做的事情没有任何影响力，却能赚钱；有时你产生了巨大的影响，却赚不到钱。”克利平格鄙视对创业者的盲目崇拜，鄙视创业公司的独行侠神话、对风险投资的尊崇，以及自由资本主义中大人物们的救世主角色（“安·兰德[1]就是在胡说八道”）。他将自己在硅谷（他在那里目睹了“前所未有的欺骗和贪婪”）的见闻与魏玛共和国的堕落[2]进行了比较，当世界陷于水深火热时，年轻的创始人却挥霍着大笔财富，玩弄着不实用的应用程序。创业是关于一个人在世界中所处的位置，以及你如何以一种自我驱动的方式实践一切，从而改善世界。“这里

---

1 安·兰德（Ayn Rand，1905—1982），俄裔美国人，其哲学和小说中强调个人主义的概念、理性的利己主义及彻底自由放任的市场经济。

2 魏玛共和国指的是1918年至1933年间德国战败后采用共和宪政体的时期。其产生于“十一月革命”之后，却因希特勒纳粹上台而结束。

没有退场方式，"他说，挥着手臂比了比远处的田野和群山，"我们无法离开这颗星球！"

在七十多岁的人生阶段，大多数同龄人都在打高尔夫球，照顾孙子孙女，而约翰·亨利·克利平格却达到了创业目标的顶峰。他把目光投向了气候变化这一难题，并将其视为自己一生中最需要解决的问题。近年来，克利平格见证了从华盛顿山上刮来的强风，其威力之大，能像撕书一样撕裂汽车的车门；由于蜱虫和莱姆病的传播[1]，曾经数量众多的驼鹿正濒临灭绝（他告诉我这个信息时，我们正站在齐膝高的草丛里，我立即把裤脚塞进了袜子里）；鸟类的迁徙模式正在发生变化；还有突如其来的雹暴，就像我前一天开车时碰到的那一场；以及突破纪录的酷热天气，一周前魁北克边境的一次热浪夺去了12个人的生命。地球正以危险的方式在变化，而人类要为这些变化负责，就像克利平格要为温德豪沃尔农场的房屋下方的输油管道负责一样。我们都必须做点什么。

克利平格在《个体群集》中写道："人类已经被推着去担任对生态负责的角色，但却没有为此做好充分准备。"他觉得自己有义务把过去半个世纪里他作为创业者所获得的一切都拿出来，为此做点什么。"我怎么能袖手旁观呢？"他问道，"我想看到新的创造。"

---

1 蜱虫是某些人兽共患疾病的传播媒介和贮存宿主，会引发莱姆病，出现皮肤、神经系统、心脏、关节等部分的病变。

由一位七旬老人领导的一家科技公司，这样的概念似乎与创业文化的年轻形象很不一致，但克利平格并不是唯一一位年长的创业者。美国商界最著名的创业者都是在中年之后才开始创业的，比如萨姆·沃尔顿（Sam Walton）和他的沃尔玛、罗伯特·诺伊斯（Robert Noyce）和英特尔。麦当劳、亿创理财（E-Trade）、《赫芬顿邮报》（*Huff Post*）、可口可乐……所有这些公司的创始人都是在四十多岁的时候才开始践行关于汉堡包和博客文章的想法。随着发达国家的人口结构日趋老龄化，越来越多的人在后半生开始创业，为自己工作。

卡尔·哈尔沃森（Cal Halvorsen）在波士顿学院（Boston College）的社会工作学院任教，记录了这种在晚年创业的转变。他于2017年指出，16岁至49岁的美国人中约有7%是个体经营者，且这个比例随着年龄的增长而急剧增加，60岁至64岁的个体经营者比例达到16%，75岁至79岁的比例更是达到30%。"在75岁以上的工作者中，近三分之一是个体经营者，"哈尔沃森说，"这个比例很大。"其他发达国家的数据也类似。中老年自雇人士的比率也在逐年增加，并且在经济背景、种族、性别等方面变得更加多样化，这种情况出现的部分原因是经济环境的变化，比如"大萧条"中退休资产的衰减迫使许多老年人要为自己创造新的财富来源。"很多人成为创业者是因为别无选择。"哈尔沃森说。

大多数年长的创业者并不寻求大获成功后的退场，也不像克利平格那样承担巨大的风险。他们既想要额外的收入，也想要灵活的时间安排，最重要的是，他们想在个人作为社会贡献者的身份受到直接挑战时找到一种使命感。对创业者来说，工作代表着身份、激励和清晨醒来的动力，就像每当有人问我父亲打算什么时候退休时他所回答的那样："停止工作的那一天，就是开始死亡的那一天。"哈尔沃森引用了他祖父的例子，他祖父是艾奥瓦州的牙科教授，退休后开始吹大号，他发现大号并不像他以为的那么受欢迎，其中一个原因是小孩子拿不动它。于是他发明了一种新的大号支架，叫作"大号手"，然后在线销售。"他没有赚到钱，可能还亏了。但他申请了专利，并从中收获了很多乐趣，"哈尔沃森说，"对他来说创业不仅是赚钱，它关乎的是改变，获得人生使命感，以及赢得掌控权。这些加起来也许不能换来一张高额支票，但它们会给其他方面带来巨大影响。"

年长的创业者将其一生积累的资本带给他们的企业：人力资本、社会资本，甚至金融资本。这使他们和其所追求的事业拥有比那些年轻创业者的企业更明显的优势。年长创业者以毕生的经验看待世界，他们根据自己的类似经历来观察企业发展趋势和市场变化。与年轻一代相比，他们能看到更多不同的机遇，比如更适合自己年龄的服务和产品需求，并组合不同的技能来解决这些问题。他们的创业知识是反复累积的，通过一家家公司、一次次交易，日复一日。正如克利平格对我说的，他对致命错误的最佳防御方式就是去想过去失败留下的本能的痛感。"不要往那个方向去！"他模仿着大脑的警告信号，"那种感觉已深深烙进了我的大脑皮层。"

"我认为重要的是要认识到，在人生的每个阶段，你都可以有梦想和机会，”马尔奇·阿尔伯尔（Marci Alboher）说，他是Encore公司的传播副总裁，这是一家推动中老年群体就业的机构，“我认为中老年人能真切地感受到时间在流逝，他们可能认为深入研究困扰自身的事物也不会造成什么损失……还有一种感觉是，什么也不做比做点什么的风险更大。他们已经学到了很多，在追逐梦想时也不再那么恐惧。”

散步结束后，我和克利平格回屋继续喝咖啡，他早餐喝了好几杯黑咖啡，数量惊人（冰箱里几乎没什么食物是他单身生活的一个生动写照）。赫什伯格已经起床了，拿着笔记本回到门廊上继续打字。虽然赫什伯格比克利平格小十岁，但两人是多年的朋友。赫什伯格将自己作为创业者和技术行业资深人士的经验带到了Swytch，其中包括苹果公司初创时在史蒂夫·乔布斯手下工作近十年的经验。

Swytch无疑是两人参与过的最复杂、最冒险的生意。公司将全球可再生能源市场与区块链的基础架构结合起来，试图融合两种不明确的技术解决方案。从某种层面上说，他们俩必须设法让世界相信他们的想法在技术上是可行的，并且值得投资。

“我已经见过足够多的创业模式，以至于某些事变成了我的第二天性。”赫什伯格一边看着屏幕一边打字，他的咖啡已经凉了。如何开拓一个市场，如何吸引投资者，为什么许多年轻的公司会经历多次转型，等等。在亲身经历这些事件数十年之后，他对创业模式及其应对方式产生了第六感。昨晚，Swytch公司的ICO成交额低于预期（他们原本希望筹集3000万美元，但最终只获得约

1100万美元），但赫什伯格并不担心。他告诉我，能拿到多少算多少，就用这些来建立你的公司。耐心是关键。"Swytch是一个非常宏大的想法，它可以扩散到全世界，"赫什伯格操着曼哈顿口音，即使在旧金山生活了四十年也没怎么改过来，"你如何实践一个非常宏大的想法，并让它看起来就像我们在全世界有很多支持者一样？"

我问他们，作为年长的创业者是什么感觉，他们显然都被这个问题惹恼了。"我不会去想自己'已经六十多岁了还是一名创业者'！"赫什伯格说。

"年龄问题其实是一种心态问题，"克利平格一边说话一边激动地挥舞着他的大手，"很多年轻人都非常保守，这其实是思想开不开放的问题！"

创业精神是否让他们保持年轻？

"哦，上帝啊，是的！"赫什伯格说。

"你要对各种想法都持有开放的心态，"克利平格插话道，"并能一直乐于接受新的想法。创业是一种生活方式，一种价值观，你要接受。"不过创业在体力上确实很有挑战性。克利平格在乘飞机时会引发炎症，特别是他的脚，会明显地肿起来。而他几乎每个星期都要乘飞机，极其频繁地在波士顿、加利福尼亚、德国、韩国、西班牙、纽约、波多黎各等全球各地间穿梭，我等了八个月，才找到能在温德豪沃尔农场拜访他的这两天时间。当你二十多岁的时候，通宵熬夜和早餐喝六杯咖啡是一种很酷的成长仪式；但当你接近本地人口平均预期寿命时，所有这些累积带来的影响，再加上压力，就演变成了真正的健康问题。

"是的，工作让人筋疲力尽，"克利平格承认，此时有三只鸡从门廊下方的草坪上走过，"但我真的对世界很好奇。按我的理解，世界上的事物本应是某种样子的，可是看看我们经历的这一切糟糕的事！不过我还是找到了可以应对气候变化的方法。"

Swytch公司创立于2017年，在此之前，克利平格和约翰·雷德帕思（John Redpath）就新兴的区块链技术领域进行了交谈。雷德帕思是得克萨斯州的一名能源大宗商品交易员，是克利平格的侄女婿。雷德帕思向克利平格介绍了自己的一名员工，埃文·卡伦（Evan Caron）。卡伦35岁左右，对区块链和可再生能源都十分热衷（克利平格的话）。三个人共同建立了Swytch，以解决绿色能源市场发展停滞不前的问题。

绿色能源缺乏的是一个透明的、流动性强的可再生能源市场，诸如风能或太阳能都属于这类能源。只要化石燃料变得更便宜、更容易交易，它们就会继续污染世界，其污染速度将使地球产生无法避免的气候灾难。追踪和测量可再生能源的产出是很困难的，没有公认的全球标准，而且政府、协会甚至是企业，在过去几十年里实施的各种碳信用额混乱不堪，相互冲突的规则和激励措施也数不胜数。这阻碍了对新的可再生能源项目和技术的融资，以至于2018年全球对可再生能源的投资比例下降了7%，这是多年来的首次下降，逆转了之前被认为会永久上升的投资势头。

Swytch提出了一种加密货币碳信用额度。举个最简单的例子：你可以在屋顶上安装一块太阳能电池板，将其与一块智能电表连接，然后再连接到Swytch的应用程序。每产生1千瓦太阳能，Swytch公司的算法（由克利平格开发的）就会将一定数量的Swytch代币存入你的账户。这些代币可以像投资资金一样被保存起来，也能在人们交换其他加密货币的各种全球市场上用于交易。Swytch代币的价值会根据各种因素自动变化，这些因素包括当地对可再生能源的需求，或减少温室气体排放的偏差量所造成的特殊影响。

Swytch公司希望能刺激投资的良性循环。从理论上讲，产生的可再生能源越多，Swytch代币的价值就越大，这意味着你需要产生越来越多的可再生能源来获得新的代币，从而刺激企业去投资更多的可再生能源基础设施。整个体系将具有流动性、分散性、超国家性，因此即使一个国家退出气候条约（就像美国当年退出《巴黎协定》那样），市场也不会受到影响。

"为了加速创新周期，你需要降低成本，"克利平格说，"我们的目标是吸引资本进入最大的地区，以尽可能无摩擦的方式分散高碳生产。"

早餐后，我们三人上了克利平格的小货车，开车半个小时来到华盛顿山脚下著名的布雷顿森林酒店（Bretton Woods Hotel）。1944年，那场确定当前全球金融体系的会议正是在布雷顿森林酒店举办的，不过克利平格和赫什伯格来这里是为了考察"全球经济展望峰会"（GEV），这场为期两天的峰会旨在了解，在创建下一个金融体系的过程中，区块链技术将如何发挥作用。

在接下来的两天里，我和克利平格一起参加了酒店里的各种活动。我们听了关于气候变化和各种"力"的作用将导致人类终结的相关演讲，了解了最初的布雷顿森林会议的历史（该会议后成立了国际货币基金组织（IMF）和世界银行，并使美元成为全球储备货币），并欣赏了爵士钢琴家ELEW的精彩表演。克利平格向数十人解释Swytch的理念，他那种无忌的热情与我去年在首尔第一次遇到他时别无二致。他告诉潜在的投资者，公司的一些试点项目已经开启，项目分布在德国的一家公共事业机构、波多黎各的一家非政府组织（飓风"玛利亚"过后，波多黎各的大部分电网仍处于损毁状态）、巴塞罗那市以及韩国的几个地方政府。

第一天午饭后，克利平格、赫什伯格以及从奥斯汀飞过来的卡伦一起坐在酒店房间阴凉的阳台上，用一堆让我头晕目眩的专业术语和难以辨认的首字母缩略词，飞快地谈论着Swytch的公司策略。"基本上，我们已经把Swytch发展成为一个基于属性的资产验证协议。"卡伦试图向我解释他们的对话，但没有达到预期效果。不过，当他们刚开始谈话时，我就明白了卡伦和克利平格有多么像，哪怕他们有40岁的年龄差。克利平格受过高等教育，家境富裕，穿的是里昂比恩（L.L.Bean）的中古服饰孤品；而卡伦反戴着棒球帽，穿得像滑板店老板，但两个人站在一起势均力敌。从技术上讲，卡伦是Swytch的执行总裁，克利平格是其首席代币执行官，但他们都是联合创始人，另一位是雷德帕思。他们说话和结句的方式，他们的世界观，他们的怀疑精神……全都是一样的。卡伦在创办Swytch之后，甚至在奥斯汀郊外买了一座农场居住。他的妻子受到温德豪沃尔农场的启发，在那里饲养被救助的动物，而且自己种植食物。

"有些人忙着过生活，没有时间去思考更宏大的事，比如地球、道德、空间和时间，"卡伦谈到了克利平格作为一名创业者对他的影响时说，"你可以选择与世界隔离，也可以选择融入它。自从我遇见克利平格后，我更多处于融入的状态。"

两人都认为，他们的创业合作对Swytch公司有利。卡伦、雷德帕思、赫什伯格和克利平格都把自己的想法、能量、技能和生活经验带到了团队中，让他们的观点糅合成了某种东西，这种东西让Swytch公司比大多数聚光灯下的新兴科技公司的视角更开阔，而新兴科技公司大多由莽撞的年轻人经营。Swytch公司的世界观是成熟的，这是克利平格定下的基调。

克利平格的权威和正统性源自他一生的研究、知识储备，以及对这一主题的第一手经验。他的视角比峰会上许多区块链的年轻创业者更坚毅、更长远。年轻人渴望立即找到解决方案，快速行动，打破常规，却并不管他们的行为是否会给世界造成可怕的后果。早些时候，克利平格认为年轻人的这种本能是硅谷英雄创业神话的致命缺陷，这种个性化的、自私的行为近乎"反社会"，因为它忽视了持久的可持续变革所必需的合作。

"你只是创办了一家赚钱的公司，但这并不意味着你就是权威的。"他在一场特别紧张的会议结束后对我说，在会上，几名比特币倡导者公开呼吁要让全球金融体系崩溃。很多加密货币被大众所持有的"轻松的赚钱方式、利己主义和一夜之间变专家"的认知所玷污，但从长远来看，改变世界总要经过一些团体的长期努力，他们达成共识，团结一心。是团队合作造就了现在的城市和社会、科学和技术、计算机、互联网和万维网……而不是个人。

第二天早上，我问克利平格作为一名创业者而生活意味着什么，他说："在人生的某个阶段，你必须接受你自己。人生就是如此。"他坐在门廊上，喝着他的第四杯咖啡，眺望远方的景色。在我开车回波士顿之前，我想知道是什么让他甘愿冒着风险，顶着健康和财务上的压力以及不确定性，继续做一个创业者。"我是一个热爱想法的人，"他说，"我以想法为生。我一想到点子就兴奋！它们让我产生多巴胺。我喜欢把东西集合起来解决问题……也喜爱围绕系统、社区设计以及《小的是美好的》里的哲思和别人去交流，所以我才搬到这里来研究我的工作。人们只看到了这些想法开花结果，而我看到的是解决方案，我看到我的想法渐渐展开，终于有东西诞生了！这很令人兴奋。"

40年前，当克利平格创办他的第一家公司时，他创业的动力主要来自金钱。他想象着每一个想法后面都藏着一罐金子，但这种想象与他的自我意识和自我价值感背道而驰，破坏了他的家庭，使他忘记了最初指引他做事的求知欲。现在，在追着自己的想法跑了大半辈子后，克利平格以一种更强的使命感看待创业。"我觉得这是一种责任，"他在谈到Swytch时说，"当你有个想法，但只有千分之一的概率能成功时，你会怎么做？"

克利平格有特权，受过高等教育，拥有技能和人脉，能够在当今对世界至关重要的问题上有所作为。作为创业者，他觉得自己有责任采取行动，就像他参与民权游行或反对越南战争的活动一样。"我能在这里做点什么呢？"他说，"我能做些不一样的事吗？我觉得自己有义务……那是一种道义。这就是我来到这儿的全部原因。"克利平格停了下来，啜了一口咖啡，抬头看着山雀、草雀和蜂鸟在喂食器周围飞来飞去，唧唧啾啾地叫着。"我喜欢小鸟和燕子，以前这里的鸟更多。我爱生物！"

埃玛希望父亲能安定下来，养一只狗，学习绘画，在农场过退休生活，但是她知道父亲永远不会停止思考，从一个想法到下一个想法，他会不停发明、建立理论、向世界出售他的愿景，他坚信这就是他与生俱来的使命。约翰·亨利·克利平格是一位创业者，就像我父亲一样，直到生命的最后一刻他都会是创业者。埃玛曾问过她父亲，"是什么让你觉得，有一天你可以就那么起床，不像其他人一样去上班，而是创造自己的作品，还可以得到报酬，并觉得这些就已足够？"后来她说："父亲向我证明了这些在现实中是可行的，他很开心，这就是他，他必须为了自己，去体验这样的人生。"

我与那些认识克利平格的人交谈，有的人是他的老朋友，也有的是刚刚在会议上认识他的人，在谈话中我了解到克利平格要走的路并不容易。人们尊重他的资历，但我在区块链领域遇到的许多更年轻的创业者都认为Swytch的理念过于复杂，资金不足，并且过于乐观，因此不可能奏效；还有些人认为克利平格太有原则，太理想化，因此不可能在这个残酷的市场上取得成功；而且他抨击风力发电场，就像数字化的堂吉诃德，笃信能创造完美系统来统治世界。但所有人都承认，约翰·亨利·克里平格永远不会停下来，永远不会坐视不管，永远不会让他的想法只停留在脑海里。正如召开这次会议的以色列区块链创业者加利亚·贝纳及（Galia Benartzi）对我说的那样，克利平格是"一个自由斗士"，一个为自己的理念而不懈奋斗的人。

我问克利平格最担心什么，他回答道："想法。我的想法比我的时间还多。我想把一些事情做完，这样我就能去做些别的。我很愿意回老家当个画家，或者写一部小说。我脑子里塞满了各种东西，但我显然没有时间去做。"创业是一堆需要一生去实现的想法，就像人生一样，它拒绝任何标准化的尝试。创业精神是他的灵魂，约翰·亨利·克利平格将一直致力于此，直到生命的最后一刻。

"对我来说，成功在于创造金融工具，能促进化石燃料向绿色能源的转变，"他说，"如果我能在其中发挥作用……嗯……那就太感谢了，我就可以去见上帝了。"

什么是创业者？

这是我开始写这本书时问自己的问题。这也是我在过去几年里询问数百位受访者的问题，这个问题每一次都会得到截然不同的答案。

谁能成为创业者，谁不能？什么把创业者们联系在了一起？这些问题为什么如此重要？

如果我们相信源自硅谷神话的言论，那么我们就相信创业者是一种非常罕见、非常特别的个体，这样的创业者参与创新和创造性破坏的过程，这也是约瑟夫·熊彼特著名的理论模型。这样的人是能在杂志封面和畅销传记中看到的创业者。他是一个大胆的梦想家，发明了全新的技术，创办了新的产业，以无休止的冒险欲望引领人们走向未来。他年轻，无所畏惧，非常聪明，而且几乎都是男性。他是一个英雄，告诉他忠诚的追随者们要更加努力，永不放弃，并且拥抱失败。

这些创业者称自己为创始人，他们创建的企业被称为初创公司。初创公司通常在专门为哺育其诞生而设计的孵化器和加速器中起步，或者在大学和商学院越来越多的创业课程中起步，而这些课程教授的创业知识面越来越狭隘。初创公司的创始人遵循的是一条已被踏平的道路——从形成最初的想法，到撰写融资演讲稿，再经过一轮又一轮连续的融资，进入由风险资本助推的快速增长过程，最后拥有定义明确的终场——要么成功退出，要么迅速失败。然后他们再重复这个过程，成为连续创业者。

初创神话对于那些参与其中的人来说，是一个有效适用的创业故事，但是它俘获的只是一个地区内的极少数创业者，而建立并运营企业以构成世界经济的绝大多数创业者却被排除在外。

"创业者的形象有伟大的发明家、伟大的推动者，或者是伟大且勇敢的冒险家，这些形象与事实根本不符，"《创业之人》的作者写道，"现实远没有这么伟大。"这项具有开创性的美国研究成果发表于1964年，目标在于区分创业者与其他人。他们将创业者定义为这样一种人——他们能够根据自己所处的环境汲取要素，将这些要素与创造力相结合，并找到一种办法基于这一模式做生意。

创业者的这一定义与经济学家理查德·坎蒂隆的定义类似，理查德·坎蒂隆在18世纪初首次普及了创业者的术语。无论是农民、工匠还是店主，理查德·坎蒂隆的创业者定义都有两个特点——他们为自己工作，他们接受自我雇用带来的财务不确定性。理查德·坎蒂隆在约300年前写过，社会分成了两个阶级，"创业者和雇用工人。"雇用工人领取固定工资，向老板汇报，并在明确界定的规则下工作。"其他所有人都是创业者，无论他们是否有资本来经营企业。靠自己劳动创业的人，都可以被视为生活在不确定性之中，甚至连乞丐和强盗都是这一类创业者。"

几年前，我开始探寻成为一名创业者的意义，现在，我渐渐意识到，创业者的定义自几个世纪以来几乎没有任何变化。正如一些学者和专家所坚持的，创业者并不是由他们的企业规模、所处行业或任何其他经济因素决定的。创业者既是软件初创公司的创始人，又是难民营里的果仁蜜饼烘焙师；既是奋力求生的奶农，又是富豪制造商；既是社区的理发师，又是第四代酒庄的所有者。创业者们拥有小公司、中型公司和大公司。他们有的单独工作，有的与合伙人、直系亲属或拥有数千人的团队合作。他们西装革履地在办公室办公，或穿着运动裤坐在家里。他们是你的兄弟和父亲，你的妻子和朋友，你社区里的邻居，以及那些你每天都会遇到的企业的经营者。创业者不分贫富，不分肤色，不分年龄，不分学历。他们创业是因为机会的牵引或需求的推动，或两者兼而有之，他们的资金来自个人存款、借贷或外部融资，他们以短期或长期的目标建立公司，但往往失败多于成功。将他们联系在一起的也是理查德·坎蒂隆指出的两个特点——创业者为自己工作，并承担这样做所带来的不确定性。

不管商务名片上怎么写，创业者都不是拿固定薪水的人。他们不是首席创新者或组织内的企业开拓者，因为这些人并不承担创业必不可少的风险，对他们而言这只是一份工作。创业者也不是按需工作的员工，如优步司机或亚马逊的仓库配送承包商，这些人除了名义上不是员工外，实际上仍是员工，他们遵守明确的规则，有固定的酬劳，却没有机构能改变这些条款。为了成为一名创业者，一个人需要完全掌握自己的工作，并对其发展方向有完全的自主性。

我没有工作，没有薪水，也没有老板。我为自己打工。我自己决定每天做什么，安排什么，怎么做，什么时候做，什么时候关掉电脑去玩桨板冲浪。我会判断自己愿意为了得到未来的回报而承担多大的风险（包括财务上的、情感上的、个人的）。我在工作中有完全的自由，承受它带来的所有快乐和恐惧，我接受不安全感，这是自由的代价。我对我的工作负全责，正因为如此，我会感受到与它相关的每一次令人眩晕的兴奋和令人沮丧的低潮。我独自承受发生的每一件事。过去如此，将来亦如此。

我是一名创业者。

如果你也这样做，那么你就是一名创业者。请意识到这一点，大声说出来，并为此骄傲。因为如果你不这么做，继续屈从于硅谷赋予的创业神话的定义和灵魂，并让它延续下去的话，那么我们将会看到创业中不断加剧的不平等，一端是迎合神话形象并从中获得利益的寥寥无几的人，一端是不迎合的被剩下的我们。

"创业是件很酷的事，我为之兴奋，但我认为它是一些人们日常可以审视自我的标杆，"运营考夫曼基金会的温迪·吉耶丝（Wendy Guillies）说，考夫曼基金会在美国及世界各地为推动创业所做的努力超过了其他任何一家机构，"这就是现实。人们每天都为社群做着令人惊叹的事，然而，他们的故事不会出现在报纸上。"吉耶丝告诉我，考夫曼基金会为之奋斗的正是美国梦的核心价值。

创业发生在世界的每个角落，无论你在中国还是厄瓜多尔，创业者灵魂的本质是共通的，但我们对创业者的价值评价映射了社会上存在的一些基本问题。在美国的建国史中，很大部分是基于"人们可以两手空空，只要拥有雄心壮志来到这里，就能挂牌营业，大展宏图"的理念。

五十多年前，《创业之人》的作者们写道："近年来，美国的社会和经济形势正在发生巨大变化，人们始终为此担心，以至于新企业和创业者都将成为过去。"他们引述了这种恐惧，担心"创业者及创业精神的消亡，从真正意义上说，意味着始终作为美国梦核心价值体系的消亡。"

事实上，资本主义自身的核心危如累卵。我知道这个说法对很多人来说是很可怕的，他们有充分的理由这样认为。资本主义代表着企业凌驾于社会之上的无上的权力，贪婪和欲望由此猖獗蔓延，使像气候变化这样严重的问题层出不穷。但资本主义的核心应是开放市场的经济框架，是深藏其中的希望，它允许任何人

独自承担面对世界创办企业的风险。所以，别再征求别人的许可
了，去成为一名创业者吧。

将所有创业者联结在一起的基本要素是希望，无论他们身在
何处，创业者希望自己的想法有价值，希望它能卖出去，希望有
能力改变自己的命运……为了自己、家庭、社群，甚至可能还为
了世界。当我们走出去尝试实现我们的想法时，希望是我们每天
内心秉持的恒久信念，它支撑着所有创业者们勇于承担创业所必
须面临的个人风险，并允许他们管理这种风险，哪怕风险随时可
能压倒他们。

当人们谈论美国梦时，实际上谈论的是创业者骨子里的希望。
但我们正把这种希望置于危险之中。当我们把创业的意义缩小到
一个越来越小的精英群体（大多是富有、年轻、出自常春藤盟校
的白人男性，他们遵循标准化且规范化的创业模式）时，我们就
斩断了世界各地拥有不同规模的企业和不同雄心的创业者的希望。
我们这样做等于是在告诉他们，他们的经历、想法、事业和梦想
都是不值一提的，因为他们不符合创业神话的偏执的模型。我们
在告诉他们，他们不是真正的创业者。在把人们排除在创业故事
之外时，我们也剥夺了每个人的可能性。

是时候找回创业者的灵魂了。我们要意识到创业并不是只有
少数"天选之子"才能参与的什么神奇高深的东西，创业向所有
人、所有地区开放，只要他们愿意承担风险并勇于尝试。让这个
词回归它的原始含义吧，将它还给它适用的更大的创业者群体。

为了帮助创业者做到这一点，那些一直在推广单一创业模式

（高增长和高科技模式）的机构需要认识到自己的局限性，并拓宽创业者的定义。大学、学院，甚至高中都需要研究硅谷独角兽公司及其类似成功模式之外的创业世界，它们应该教导学生并告诉学生，实际上有无数条不受标准束缚的创业道路。

萨拉·多德（Sarah Dodd）是一位英国学者，她站在最前线呼吁大学重新定位创业学科，将创业研究科目从经济学院和商学院的专业（经济学院与商学院倾向于将创业视为创造就业和资本的一系列投入）转移到哲学、社会学和人类学等专业，这些专业可以发现创业者在社会中扮演的更丰富的角色。"这些日常创业者，他们会直接拒绝这个完全不适合他们的名号，基本上，他们才是我们真正应该研究的人，我们必须理解他们的行动，为其建立模型，并告诉学生他们如何创业，"她说，"我们有责任塑造未来的创业者，我们有必要思索这些人可能会是谁。而弄懂答案的最好方法就是观察那些在已知模型之外的人，他们经营着数以百万计的小企业，没有风投资金，没有大量媒体曝光，也没有上过《创智赢家》。对于个人和集体而言，99%的日常创业活动是一种更深刻、更丰富、更有意义的改变生活的方式。"

与创业者合作的组织——从考夫曼基金会之类的非营利性组织，到银行、政府项目和企业孵化器——它们需要减少对如何创建下一个脸书，或如何制定增加就业机会的简单指标的关注，而是更注重于开发更多的工具，以支持创业者在其旅程的每个阶段发展、前进，包括创造对初创企业来说比风险投资更公平的融资模式，以及提供能够增加创业成功概率的商业指导和培训。我们需要更多地关注常被忽视的创业者，比如女性、少数族裔、老年人和农村社区的创业者等，因为这些群体里创业的人数越来越多，但他们一直面临着能扼杀其巨大潜力的多种障碍。

最重要的是，创业者需要社群。他们需要知道自己并不孤单。当风险和不确定性令人不堪承受时，他们需要可以与之交谈的人，尤其是能够与他们的经历产生共鸣的其他创业者。打破障碍去触及各种禁忌话题，比如心理健康、对失败的恐惧以及财务问题等。所有创业者需要可以公开谈论他们需求的机会，因为他们承受着工作带来的不确定性和孤立性。

什么是创业者？

关于创业者，也许更重要的问题不是问"**是什么**"，而是问"**为什么**"。为什么要成为创业者？为什么选择为自己工作？为什么要一直这样做下去？

为了获得一种将原始想法带给世界、付诸实践的创业激情，或者因为创业者可以在事业和生活方面重新开始，哪怕在一败涂地之后。创业者可以根据自己想要的生活方式来打造自己的企业，或者通过事业来建立自己的社群。创业者的动力来自实现个人价值，或是延续家族传承。创业者将持续在兴衰起落中战斗，因为所有的创业从根本上来说都是一种充满希望的行为，用一生的时间来构建使命感和认同感，这些感受与创业者自身密不可分。

对我来说，成为一名创业者意味着一切。创业精神是我从家族中继承下来的一套行为和价值观，是我在这个世界上定义自己的方式，也是我最大的快乐和最大的痛苦的源泉。

成为一名创业者不仅仅意味着赚钱。它是一种与复杂情感交织在一起的身份认同，它在骄傲与厌恶、喜悦与恐惧之间摇摆，使我们自缚于名为"生计"的过山车上，随之急转飞跃。我们无法将其与我们的本质分离。正如已故的弗里曼先生（他的家人将他选择的这一身份永远刻在了墓碑上）一样，创业者的身份已经融入了我们的灵魂深处。这种灵魂经常不安分，它爱创新，非常独立。它超越阶级、种族、地域、行业和世代，抵制一切形式的标准化。

当普通人接受了自己对世界的想法，并以其为基础建立自己的企业时，创业精神就会诞生。有时，这些想法宏大且复杂，就像拯救世界免于生态灾难的技术解决方案一样。但更多的时候，它们渺小又简单，比如从约翰·亨利·克利平格的农场出发，沿路可以看到的Waterwheet餐厅，那里的蓝莓煎饼是我吃过最松软、最美味的。

Waterwheet餐厅拥有我在一间新英格兰煎饼屋里所期盼的一切——手绘Logo、厚重的陶瓷咖啡杯、发泡奶油，还有附近农场制作的大罐枫糖浆。菜单上印着当地企业的广告，这一切的背后是暖通空调修理工、拖车经销商以及组建社群的其他创业者。当我坐在那里，把那些煎饼浸在美妙的糖浆里时，我意识到这个世界既需要雄心勃勃的气候变化解决方案和蓝莓煎饼，也需要把它们带给我们的创业者。如果我们能把话题重点转回到那些我们每天都能接触到的各种生意上，或许我们就能找回创业者的灵魂。

致　谢

虽然我一般都独自工作，但事实是，如果没有那么多人的支持，这本书是不可能完成的。我对所有帮助过我的人表示感谢。

早些时候，我一直在思考自主创业的本质。当时我请教了我的朋友，咨询了经济学家格雷格·卡普兰（Greg Kaplan），他鞭辟入里的问题让我意识到，我将写的会是一本关于创业者的书。

我的朋友科拉莉·德苏扎（Coralie D'souza）非常热情地为我介绍了多伦多布鲁克菲尔德创业及创新中心（BCEI）的同事，其中包括热爱美味午餐的二人组，安德鲁·多（Andrew Do）和马修·洛（Matthew Lo）。二人提出的那些重要的开创性思想在一定程度上照亮了创业研究领域的漫漫前路。

迪·哈吉里斯提克（Tea Hadziristic）废寝忘食地帮我寻找汗牛充栋的文章与资料，她是一位出色的研究助理，未来也必将成为一名卓越的律师。

我非常感谢创业者们的鼎力支持，他们打开住宅与公司的大门欢迎我，向我敞开心扉，不厌其烦地回答关于他们生活的各种问题：尼基尔·阿加沃尔和安德鲁·希泽乌尔为此帮我抵挡住了斯坦福大学咄咄逼人的公关部门（并让我帮未成年的他们买了一罐啤酒）；阿勒索菲和阿勒萨哈两家人和我分享了他们的故事和美食（总是超大份的）；特蕾西·奥博尔斯基把她丈夫的冲浪板借给我，也没有嘲笑我学冲浪时的笨拙；热斯卡·迪帕尔向她的发型师介绍我，说我是"一位很不错的白人记者"；凯文·梅杰真诚耐心，甚至不厌其烦地把传送系统解释了四遍；伊杜娜·魏纳特毫无保留，向我和家人展示了门多萨式的热情好客；塞恩·尼奇克分享了他的墨西哥卷饼和人生哲学，还让我当了好几天牛仔；约翰·亨利·克利平格在温德豪沃尔农场招待我，告诉我哪里有好吃的蓝莓煎饼，并让我第一次看到了创业者毕生的热情。

　　我还要感谢一些人，他们的介绍和建议非常有帮助，有的还为我提供了在长年调研过程中能够发泄自我的地方。有许多人抽出一两个小时或更多时间与我谈论此书，虽然他们的故事和观点最终没有被引用（但已经融入书的内容之中了）：罗伊·巴哈特、乔恩·斯坦伯格（Jon Steinberg）和他的道场、玛拉·塞佩达、布赖恩·欧凯利（Brian O'Kelley）、德里克·利窦（Derek Lidow）、西加利特·佩雷尔森（Sigalit Perelson）、贾森·梅尔（Jason Meil）、德布拉·萨茨教授、托德·克里格（Todd Krieger）、豪伊·戴蒙德（Howie Diamond）、安德鲁·布卢姆（Andrew Blum）、萨比娜·内亚古（Sabina Neagu）、德温·辛特龙（Devin Cintron）、吉姆·沙因曼（Jim Scheinman）、肯特·林德斯特伦、丽贝卡·博特曼（Rebecca Bortman）、丹尼尔·耶克（Daniel Jacker）、维韦克·沃德瓦（Vivek Wadhwa）、阿达姆·格罗斯（Adam Gross）、丹·莱昂斯（Dan Lyons）、德雷克·洪果（Drake Huongo）、杰克逊·艾勒斯（Jackson Eilers）、玛丽娜·戈尔维斯（Marina Gorbis）、戴维·帕斯科维茨（David Paskowitz）、道格拉斯·鲁什科夫（Douglas Rushkof）、埃里克·佩利（Eric Paley）、内森·施奈德（Nathan Schneider）、马特·鲁比、迈克尔·马拉尼（Michael Mullany）、乔纳森·艾布拉姆斯（Jonathan Abrams）、克雷格·卡纳里克、尼古拉斯·布卢姆教授（Prof. Nicholas Bloom）、AJ·索利米尼（AJ Solimine）、萨拉·萨斯卡（Sarah Saska）、迈克·默奇森（Mike Murchison）、卡迈勒·哈桑（Kamal Hassan）、德维·阿拉桑阿亚甘（Devi Arasanayagam）、瓦妮莎·凌雨（Vanessa Ling Yu）、丹·本德教授（Prof. Dan Bender）、杰伊塔·夏尔马教授（Prof. Jayeeta Sharma）、杰弗里·皮尔彻教授、伦·社那特尔（Len Senater）和卡拉·本杰明-佩斯（Cara Benjamin-Pace）、王曙光、克里森杜·拉伊（Krishendu Ray）、汤米·勒（Tommy Le）、约翰娜·门德尔松·福曼（Johanna Mendelson Forman）、纳塔莉·怀特（Natalie White）、雷哈夫·阿拉克巴尼（Rahaf Alakbani）、萨姆·西夫顿（Sam Sifton）、克里斯·艾利特（Chris Aylett）、玛丽安·余苏夫（Marian Yusuf）、苏瑞亚·易卜拉欣（Sureya Ibrahim）和Regent Park Catering Collective餐饮集团的女士们、史蒂夫·斯塔西斯、拉谢尔·范托什（Rachel Van Tosh）、杰茜卡·法因戈尔德（Jessica Feingold）、佐尔坦·阿克斯教授（Prof. Zoltan Acs）、乔恩·谢尔（Jon Shell）、帕特里克·克拉克（Patrick Clark）、贾勒特·伍

兹（Jarrett Woods）、克里斯蒂娜·弗洛里斯（Cristina Flores）、贾森·贝里（Jason Berry）、阿莱利亚·本德勒斯、布兰登·安德鲁斯（Brandon Andrews）、艾丽西亚·罗布（Alicia Robb）、谢娜哈·索洛切克（Shaynah Solochek）、赫米奥娜·马隆（Hermione Malone）、拉沙乌娜·刘易斯（LaShauna Lewis）、亚历克斯·莫斯、金尼·范德斯利斯（Ginny Vanderslice）、萨拉·劳伦斯·米纳德（Sara Lawrence Minard）、卡拉·佩克（Kara Peck）和塞西莉·莫朗(Cecily Mauran)、让·雷泽利（Jenn Rezeli）、雅伊梅·扎尔姆（Jaime Salm）和伊萨克·扎尔姆（Isaac Salm）、罗伯特·布朗（Robert Brown）、詹姆斯·斯泰克（James Steiker）、丹尼尔·戈尔茨坦（Daniel Goldstein）、拉杰·西索迪亚（Raj Sisodia）、尼古拉斯·西普纽斯基（Nickolas Sypniewski）、格雷戈里·弗雷什（Gregory Fresh）、戴维·迪尔（David Diehl）、科里·罗森（Corey Rosen）、理查德·帕尼科（Richard Panico）、翁拜尔·彼得罗博诺（Amber Pietrobono）、卡门·罗哈斯（Carmen Rojas）、德雷克·拉索（Derek Razo）、布拉德福德·曼宁（Bradford Manning）和布赖恩·曼宁（Bryan Manning）、克里斯·梅纳德（Kris Maynard）、凯茜·斯蒂尔（Kathy Steele）、菲利普·基姆（Phillip Kim）、贾森·弗里德、哈姆萨·达希尔（Hamsa Daher）、布鲁斯·亨德里克（Bruce Hendrick）、斯图尔特·桑希尔、让·皮措（Jean Pitzo）、米夏埃尔·布尔迪克（Michael Burdick）、特亚·波拉尼克（Thea Polanic）、罗布·霍普金斯（Rob Hopkins）、阿里·魏因茨威格（Ari Weinzweig）、阿德雷斯·罗斯贝格（Adres Rosberg）、

亚历杭德罗·莱拉多（Alejandro Leirado）、安托瓦妮特·朔阿尔（Antoinette Schoar）、朱迪·格林（Judy Green）、乌特·斯蒂芬、利亚·施瓦茨曼（Liya Schwartzman）和加里·彼得森（Gary Peterson）、布兰登·索萨（Brandon Souza）、米莱娜·尼科洛娃博士（Dr. Milena Nikolova）、约兰达·赫塞尔斯（Jolanda Hessels）、查尔斯·史密斯牧师（Rev. Charles Smith）、汤姆·奥维斯（Tom Orvis）和韦恩·齐普泽（Wayne Zipser）、琳内·麦克布赖德（Lynne McBride）、安东尼·张（Anthony Chang）、加里·索耶塞斯（Gary Soiseth）、罗恩·曼德沙伊德（Ron Manderscheid）、珍妮弗·费伊（Jennifer Fahy）、塞伊·潘德亚（Sej Pandya）、加利亚·贝纳及（Galia Benartzi）、马克·弗里德曼（Marc Freedman）、查利·费尔斯通（Charlie Firestone）、萨拉·多德、萨米·德赛（Samee Desai）、芭芭拉·普鲁伊特（Barbara Pruitt）、拉里·雅各布（Larry Jacob）、理查德·史密斯（Richard Smith）和罗纳德·史密斯（Ronald Smith）、史蒂文·卡普兰（Steven Kaplan）、萨拉·布尔多（Sara Bourdeau）、霍华德·塔姆（Howard Tam）、乔希·勒纳（Josh Lerner）、霍华德·史蒂文森（Howard Stevenson）、黛比·克莱曼（Debi Kleiman）、唐纳德·库拉特科（Donald Kuratko）、坎迪达·布拉什（Candida Brush）、瓦妮莎·罗安霍斯（Vanessa Roanhorse）、理查德·佛罗里达（Richard Florida）、路易斯·加兰博斯、乔希·戴尔（Josh Dale）和伊拉娜·米勒（Ilana Miller）、阿舍·拉克（Asher Lack）、史蒂夫·希普尔（Steve Hipple）。我肯定还漏掉了一些人，若果真如此，我感到非常抱歉。

写书是一件很棒的事，其中最棒的一点是能够和真心在乎书中内容的人谈论它。为此我非常感谢拉文代理公司（Lavin Agency）的优秀员工们：戴维·拉文（David Lavin）、查尔斯·姚（Charles Yao）、埃琳·范德克鲁克（Erin Vanderkruk）、汤姆·加尼翁（Tom Gagnon）、戈德·梅热（Gord Mazur）、凯西·赫斯特（Cathy Hirst）、肯·卡尔维（Ken Calway）、萨尔·伊特利（Sal Itterly）、霍利·卡拉卡帕（Holly Caracappa）、鲁英伯·马科尼（Ruwimbo Makoni）、卢卡斯·麦肯齐（Lucas MacKenzie）、拉纳·莱普里奇（Lana Leprich）、阿比·普拉萨德（Abhi Prasad）、斯泰西·威肯斯（Stacey Wickens）、琳达·库克（Linda Cook），以及团队的其他成员。

Levine, Greenberg, and Rostan版权代理公司的詹姆斯·莱文（James Levine）是一位真正的创业者，他本是教育领域的一位开拓者，后来成为纽约最优秀的版权代理人之一，每一天都在职业道路上前进（虽然时不时地就会一声不吭跑去度假）。感谢您在本书的每一个写作阶段给予的指导和建议，感谢您能从我混乱、不成熟的概念中提取出清晰的想法。

这是我和PublicAffairs出版社合作的第三本书，所以我想我可以把各位称为我的出版家族。能一次又一次地与这些优秀又体贴的人一起工作，是非常快乐的。他们是：雅伊梅·莱费尔（Jaime Leifer）、林赛·弗拉德科夫（Lindsay Fradkof）、克莱夫·普里德尔（Clive Priddle）、苏珊·温伯格（Susan Weinberg）、梅利莎·雷蒙德（Melissa Raymond）、米格尔·塞万提斯（Miguel

Cervantes）、梅利莎·韦罗内西（Melissa Veronesi）、伊恩·吉布斯（Ian Gibbs），以及彼得·奥斯诺斯（Peter Osnos），这位创业者始终表里如一地保持着自己的尊严与正派。

我在与本杰明·亚当斯（Benjamin Adams）合作时也总是能感受到这种正派，他是我在PublicAffairs出版社的编辑。在本书读到一半时，他逃离了曼哈顿的喧嚣，去新罕布什尔州享受温雅的微风，但并未错漏任何一个工作细节。能继续和本一起共事，一起承担风险，期待回报，并享受过程中出现的一切（大多时候只是一顿寻常的午餐），实在是很愉快。

最后，我要衷心感谢我的家人，他们不仅仅只是坚定地爱着我、鼓励我，还帮助我塑造了对于创业的想法。妈妈和爸爸，谢谢你们为我的人生树立了创业精神的标准，并将这种价值观传承给我，无论它的发展方向如何，都将是一笔宝贵的财富。丹尼尔，谢谢你坦诚分享自己的经历，并在工作繁忙的时候还要容忍我玩桨板冲浪的请求。劳伦，谢谢你与我分担重任——照顾家庭，照顾孩子，以及我们在这个世界上独立生活所要面对的精神压力。我对你们大家过去以及此刻的一切成就都感到无比自豪。我爱你们所有人，并且为自己属于这个不可雇用的家庭而感到无比骄傲。

参考文献

全书普遍参考

Bronson, Po. *What Should I Do with My Life?: The True Story of People Who Answered the Ultimate Question.* New York: Ballantine Books, 2005.

Collins, Orvis F., David G. Moore, and Darab B. Unwalla. The Enterprising Man. East Lansing, MI: Michigan State University, 1964.

Florida, Richard. *The Rise of the Creative Class.* New York: Basic Books, 2019.

Lerner, Josh. *Boulevard of Broken Dreams: Why Public Efforts to Boost Entrepreneur-ship and Venture Capital Have Failed—and What to Do about It.* Princeton, NJ: Princeton University Press, 2012.

Shane, Scott. *The Illusions of Entrepreneurship: The Costly Myths That Entrepreneurs, Investors, and Policy Makers Live By.* New Haven, CT: Yale University Press, 2008.

Shane, Scott. *Is Entrepreneurship Dead?: The Truth about Startups in America.* New Haven, CT: Yale University Press, 2018.

Terkel, Studs. Working: *People Talk about What They Do All Day and How They Feel about What They Do.* New York: The New Press, 2011.

前　言

Aarons-Mele, Morra. "The Dangerous Rise of 'Entrepreneurship Porn.'" *Harvard Business Review,* January 6, 2014.

Additional statistics courtesy of the US Bureau of Labor Statistics (BLS), the Ewing Marion Kauffman Foundation, and the Global Entrepreneurship

Monitor (GEM).

Agrawal, Miki. *Do Cool Sh*t: Quit Your Day Job, Start Your Own Business, and Live Happily Ever After*. New York: Harper Business, 2013.

Casselman, Ben. "A Start-up Slump Is a Drag on the Economy. Big Business May Be to Blame." *New York Times*, September 20, 2017.

Dinlersoz, Emin. "Business Formation Statistics: A New Census Bureau Product That Takes the Pulse of Early-Stage U.S. Business Activity." United States Census Bureau Center for Economic Studies. February 8, 2018.

Guillebeau, Chris. *Side Hustle: Build a Side Business and Make Extra Money—Without Quitting Your Day Job*. London: Pan Macmillan, 2017.

Hipple, Steven F., and Laurel A. Hammond. "Self-employment in the United States." US Bureau of Labor Statistics. March 2016.

Hoffman, Reid, and Ben Casnocha. *The Start-up of You: Adapt to the Future, Invest in Yourself, and Transform Your Career*. New York: Crown Publishing Group, 2012.

Kochhar, Rakesh. "National Trends in Self-Employment and Job Creation." Pew Research Center. October 22, 2015.

Lettieri, John W. "America without Entrepreneurs: The Consequences of Dwindling Startup Activity." Testimony before the Committee on Small Business and Entrepreneurship, United States Senate. June 29, 2016.

Porter, Eduardo. "Where Are the Start-ups? Loss of Dynamism Is Impeding Growth." *New York Times*, February 6, 2018.

Samuelson, Robert J. "The U.S. Has Lost Its Entrepreneurial Advantage." *Wall Street Journal*, October 24, 2018.

Vaynerchuk, Gary. *Crush It!: Why NOW Is the Time to Cash in on Your Passion*. New York: HarperCollins, 2009.

Vaynerchuk, Gary. *Crushing It!: How Great Entrepreneurs Build Their Business and Influence—and How You Can, Too*. New York: HarperCollins, 2018.

Wilmoth, Daniel. "The Missing Millennial Entrepreneurs." *Trends in Entrepreneurship*. US Small Business Administration Office of Advocacy. February 4, 2016.

第一章 初 创

Aldrich, Howard E., and Martin Ruef. "Unicorns, Gazelles, and Other Distractions on the Way to Understanding Real Entrepreneurship in the United States." *Academy of Management Perspectives* 32, no. 4 (2017): 458–472.

Alger, Horatio. Ragged Dick: *Street Life in New York with the Boot-Blacks*. Auckland, New Zealand: The Floating Press, 2009.

Auletta, Ken. "Get Rich U." *New Yorker*, April 30, 2012.

Cantillon, Richard. *An Essay on Economic Theory*. Translated by Chantal Saucier.

Auburn, AL: Mises Institute, 2010.

Carreyou, John. *Bad Blood: Secrets and Lies in a Silicon Valley Startup*. New York: Random House, 2018.

Clark, Patrick. "Entrepreneurship Education Is Hot. Too Many Get It Wrong." *Bloomberg Businessweek*, August 8, 2013.

Fan, Maureen. "Animating against the Grain." Transcript: Stanford eCorner, October 10, 2018, https://stvp-static-prod.s3.amazonaws.com/uploads/sites /2/2018/10/animating-against-the-grain-transcript.pdf.

Griffith, Erin. "More Start-ups Have an Unfamiliar Message for Venture Capitalists: Get Lost." *New York Times*, January 11, 2019.

"Horatio Alger Association Honors Two California Entrepreneurs and Philanthropists, Elizabeth Holmes and Gilbert Edward LeVasseur Jr., along with Seven National Scholarship Recipients from the State." Horatio Alger Association of Distinguished Americans, Inc. via PR Newswire, March 9, 2015.

Isaacson, Walter. *Steve Jobs*. New York: Simon & Schuster, 2011.

Johnson, Stefanie K., Markus A. Fitza, Daniel A. Lerner, Dana M. Calhoun, Marissa A. Beldon, Elsa T. Chan, and Pieter T. J. Johnson. "Risky Business: Linking *Toxoplasma gondii* Infection and Entrepreneurship Behaviours across Individuals and Countries." *Proceedings of the Royal Society B:*

Biological Sciences, July 25, 2018.

Kerby, Richard. "Where Did You Go to School?" Medium, July 30, 2018, https://blog. usejournal.com/where-did-you-go-to-school-bde54d846188.

Kidder, Tracy. *A Truck Full of Money*. New York: Random House, 2016.

Landes, Davis S., Joel Mokyr, and William J. Baumol. *The Invention of Enterprise: Entrepreneurship from Ancient Mesopotamia to Modern Times*. Princeton, NJ: Princeton University Press, 2010.

Lidow, Derek. *What Sam Walton, Walt Disney, and Other Great Self-Made Entrepreneurs Can Teach Us about Building Valuable Companies*. New York: Diversion Books, 2018.

Lopez, Matt. "The False Promise of Entrepreneurship." *Stanford Daily*, February 26, 2014.

Lynley, Matthew. "Sense Sleep Tracker Maker Hello Is Shutting Down." *Tech-Crunch*, June 12, 2017.

Mallery, Alexander. "Searching for Steve Jobs: Theranos, Elizabeth Holmes, and the Dangers of the Origin Story." *Intersect* 10, no. 3 (2017).

Marwick, Alice. "Silicon Valley Isn't a Meritocracy. And It's Dangerous to He-ro-worship Entrepreneurs." wired.com. November 23, 2013.

O'Reilly, Tim. "Supermoney." In *WTF: What's the Future and Why It's Up to Us*. New York: Harper Business, 2017.

Ries, Eric. *The Lean Startup: How Today's Entrepreneurs Use Continuous Innovation to Create Radically Successful Businesses*. New York: Crown Business, 2011.

Rushkoff, Douglas. *Throwing Rocks at the Google Bus: How Growth Became the Enemy of Prosperity.* New York: Portfolio/Penguin, 2016.

Schumpeter, Joseph A. *Capitalism, Socialism, and Democracy: Third Edition*. New York: HarperCollins, 2008.

Schumpeter, Joseph A. *The Entrepreneur: Classic Texts by Joseph A. Schumpeter.* Palo Alto, CA: Stanford University Press, 2011.

"Unicorns Going to Market." *Economist*, April 20, 2019.

Vance, Ashlee. *Elon Musk: Tesla, SpaceX, and the Quest for a Fantastic Future.*

New York: HarperCollins, 2015.

Wolfe, Alexandra. *Valley of the Gods: A Silicon Valley Story*. New York: Simon & Schuster, 2017.

第二章　从头开始

Blau, Francine D., and Christopher Mackie, eds. "The Economic and Fiscal Consequences of Immigration." The National Academies of Sciences. September 2016.

Bluestein, Adam. "The Most Entrepreneurial Group in America Wasn't Born in America." *Inc.*, February 2015.

Cillian O'Brien, "Immigrant-Owned Firms Create More Jobs Than Those with Canadian-Born Owners: StatCan," CTV News, April 24, 2019, www.ctvnews. ca/canada/immigrant-owned-firms-create-more-jobs-than-those-with-canadian-born-owners-statcan-1. 4393134?fbclid=IwAR2nQdO5vJpbrd0BUndcFb-6CybXnbcuDeboH8-eXtbN3qlMy3Sbarj6_Qo.

Fairlie, Robert W. "Immigrant Entrepreneurs and Small Business Owners, and Their Access to Financial Capital." US Office of the Small Business Adminis- tration. May 2012.

Fairlie, Robert W., and Magnus Lofstrom. "Immigration and Entrepreneurship." Institute for the Study of Labor (IZA). October 2013.

Herman, Richard T., and Robert L. Smith. *Immigrant, Inc.: Why Immigrant Entre- preneurs Are Driving the New Economy (and How They Will Save the American Worker)*. Hoboken, NJ: John Wiley & Sons, 2009.

John F. Kennedy's "A Nation of Immigrants" speech to the Anti-Defamation League in 1963 via adl.org, www.youtube.com/watch?v=dBVdpH51NyY.

Kerr, William. "International Migration and U.S. Innovation." *National Academies*, 2015.

Kerr, William R., and Sari Pekkala Kerr. "Immigrant Entrepreneurship." National Bureau of Economic Research. July 2016.

Ostrovsky, Yuri, and Garnett Picot. "The Exit and Survival Patterns of Immigrant Entrepreneurs: The Case of Private Incorporated Companies."

Statistics Canada. January 2018.

Roberts, Steven. *From Every End of This Earth: 13 Families and the New Lives They Made in America.* New York: HarperCollins, 2009.

Vandor, Peter, and Nikolaus Franke. "Why Are Immigrants More Entrepreneurial?" *Harvard Business Review*, October 27, 2016.

Wayland, Sarah V. "Immigrant Self-Employment and Entrepreneurship in the GTA: Literature, Data, and Program Review." Metcalf Foundation. December 2011.

第三章　生活是一片海滩

Atkinson, Robert D., and Michael Lind. *Big Is Beautiful: Debunking the Myth of Small Business.* Cambridge, MA: MIT Press, 2018.

Ferriss, Timothy. *The 4-Hour Work Week: Escape the 9–5, Live Anywhere and Join the New Rich.* London: Ebury Publishing, 2011.

Marcketti, Sara B., Linda S. Niehm, and Ruchita Fuloria. "An Exploratory Study of Lifestyle Entrepreneurship and Its Relationship to Life Quality." *Family and Consumer Sciences Research Journal* 34, no. 3 (March 2006): 241.

Marcketti, Sara B., and Joy M. Kozar. "Leading with Relationships: A Small Firm Example." *The Learning Organization* 14, no. 2 (2007): 142–154.

Pahnke, André, and Friederike Welter. "The German Mittelstand: Antithesis to Silicon Valley Entrepreneurship?" *Small Business Economics: An Entrepreneurship Journal* 52, no. 2 (2019): 345.

Schumacher, E. F. *Small Is Beautiful: Economics as if People Mattered.* New York: Harper Perennial, 2010.

Welter, Friederike, Ted Baker, David B. Audretsch, and William B. Gartner. "Everyday Entrepreneurship—A Call for Entrepreneurship Research to Embrace Entrepreneurial Diversity." *Entrepreneurship Theory and Practice* 41, no. 3 (2016): 311–321.

William Wetzel's "lifestyle entrepreneur" definition via p. 342, *Business Alchemy: Turning Ideas into Gold.* Cobb, William R., and M. L. Johnson, ed. Blooming- ton, IN: AuthorHouse, 2012.

第四章　让大家进步

Asiedu, Elizabeth, James A. Freeman, and Akwasi Nti-Addae. "Access to Credit by Small Businesses: How Relevant Are Race, Ethnicity, and Gender?" *American Economic Review: Papers & Proceedings* 102, no. 3 (2012): 102.

Austin, Algernon. "The Color of Entrepreneurship: Why the Racial Gap among Firms Costs the U.S. Billions." Center for Global Policy Solutions. April 2016.

Becker-Medina, Erika M. "Women Are Leading the Rise of Black-Owned Businesses." Census.gov. February 26, 2016.

Fairlie, Rob. "Financing Black-Owned Businesses." Stanford Institute for Economic Policy Research. May 2017.

Gill, Tiffany M. *Beauty Shop Politics: African American Women's Activism in the Beauty Industry.* Champaign, IL: University of Illinois Press, 2010.

Gines, Dell. "Black Women Business Startups." The Federal Reserve Bank of Kansas City. 2018.

Harvey, Adia M. "Becoming Entrepreneurs: Intersections of Race, Class, and Gender at the Black Beauty Salon." *Gender and Society* 19, no. 6 (December 2005): 789–808.

"Kauffman Compilation: Research on Race and Entrepreneurship." Ewing Marion Kauffman Foundation. December 2016.

"Laying the Foundation for National Prosperity: The Imperative of Closing the Racial Wealth Gap." Insight: Center for Community Economic Development. March 2009.

Mills, Quincy T. *Cutting Along the Color Line: Black Barbers and Barber Shops in America.* Philadelphia: University of Pennsylvania Press, 2013.

Opiah, Antonia. "The Changing Business of Black Hair, a Potentially $500b Industry." *HuffPost*, January 24, 2014.

Sibilla, Nick. "Tennessee Has Fined Residents Nearly $100,000, Just for Braiding Hair." Forbes.com. March 13, 2018.

"The Tapestry of Black Business Ownership in America: Untapped Opportunities for Success." Association for Enterprise Opportunity. Aeoworks.org. 2016.

"The 2018 State of Women-Owned Business Report." Commissioned by American Express. 2018. https://about.americanexpress.com/files/doc_ library/file/2018-state-of-women-owned-businesses-report.pdf.

Wingfield, Adia Harvey. *Doing Business with Beauty: Black Women, Hair Salons, and the Racial Enclave Economy.* Lanham, MD: Rowman & Littlefield, 2008.

第五章 服务与领导

Bernstein, Jared. "Employee Ownership, ESOPs, Wealth, and Wages." Esca.us. January 2016.

"Blue-collar Capitalists." *Economist*, June 8, 2019.

Chouinard, Yvon. *Let My People Go Surfing: The Education of a Reluctant Businessman.* New York: Penguin, 2016.

Friedman, Milton. "The Social Responsibility of Business Is to Increase Its Profits." *New York Times Magazine*, September 13, 1970.

Greenleaf, Robert K. *The Servant as Leader.* South Orange, NJ: Center for Servant Leadership, 1970.

Hsieh, Tony. *Delivering Happiness: A Path to Profits, Passion, and Purpose.* New York: Grand Central Publishing, 2010.

Kim, Phillip H. "Action and Process, Vision and Values: Entrepreneurship Means Something Different to Everyone." In *The Routledge Companion to Entrepreneurship*, 59–74. Abingdon, UK: Routledge, 2015.

Mycoskie, Blake. *Start Something That Matters.* New York: Random House, 2011. "The One-for-one Business Model: Avoiding Unintended Consequences." *Knowledge@Wharton.* February 16, 2015.

Overman, Steven. *The Conscience Economy: How a Mass Movement for Good is Great for Business.* Abingdon, UK: Routledge, 2016.

Papi-Thornton, Daniela. "Tackling Heropreneurship." *Stanford Social*

Innovation Review, February 23, 2016.

Rosen, Corey, John Case, and Martin Staubus. "Every Employee an Owner. Really." *Harvard Busienss Review,* June 2005.

Spears, Larry C. *Reflections on Leadership: How Robert K. Greenleaf's Theory of Servant-Leadership Influenced Today's Top Management Thinkers.* Hoboken, NJ: John Wiley & Sons, 1995.

Wicks, Judy. *Good Morning Beautiful Business: The Unexpected Journey of an Activist Entrepreneur and Local Economy Pioneer.* White River Junction, VT: Chelsea Green Publishing, 2013.

Wirtz, Ronald A. "Employee Ownership: Economic Miracle or ESOPs Fable?" Federal Reserve Bank of Minneapolis. June 1, 2007.

Yunnus, Muhammad. *Building Social Business: The New Kind of Capitalism That Serves Humanity's Most Pressing Needs.* New York: PublicAffairs, 2010.

Yunnus, Muhammad. *Creating a World without Poverty: Social Business and the Future of Capitalism.* New York: PublicAffairs, 2007.

第六章　家族企业

Atkin, Tim. "South America's Top 10 Winemakers." *Decanter*, March 23, 2019.

Bhalla, Vikram. "Family Businesses Are Here to Stay, and Thrive." TED@BCG lecture. September 4, 2015. https://www.youtube.com/watch?v=suL-HkP-2Ts.

Bresciani, Stefano, Elisa Giacosa, Laura Broccardo, and Francesca Culasso. "The Family Variable in the French and Italian Wine Sector." *EuroMed Journal of Business* (May 3, 2016).

Catena, Laura. *Vino Argentino*. San Francisco, CA: Chronicle Books, 2010.

De Massis, Alfredo, Federico Frattini, Antonio Majocchi, and Lucia Piscitello. "Family Firms in the Global Economy: Toward a Deeper Understanding of Internationalization Determinants, Processes, and Outcomes." *Global Strategy Journal*, December 2018.

F. R. Kets de Vries, Manfred. "Saving a Family Business from Emotional

Dysfunction." *Harvard Business Review*, February 1, 2017.

Family Firm Institute. Ffi.org.

Jaskiewicz, Peter, James G. Comb, and Sabine B. Rau. "Entrepreneurial Legacy: Toward a Theory of How Some Family Firms Nurture Transgenerational Entrepreneurship." *Journal of Business Venturing* (January 2015).

Lopez Roca, Daniel. "¿QUIÉN ES EL NUEVO SOCIO DE CAVAS DE WEINERT?" argentinewines.com. March 13, 2013.

Molesworth, James. "A Sit Down with Bodega y Cavas de Weinert: An Argentine Winery Sticks to Tradition." *Wine Spectator*, November 12, 2009.

Müller, Claudio. "Sustainability in Family and Nonfamily Businesses in the Wine Industry." *International Journal of Wine Business Research* (January 2017).

"Ownership Transitions in the Wine Industry." Silicon Valley Bank. January 2008.

Soler, Ismael, German Gemar, and Rafael Guerrero-Murillo. "Family and Non-family Business Behaviour in the Wine Sector: A Comparative Study." *European Journal of Family Business* 7, nos. 1–2 (2017): 65–73.

Tapia, Patricio. "Zuccardi: Producer Profile." *Decanter*, March 20, 2014.

"Wine Enthusiast's 19th Annual Wine Star Award Nominees." *Wine Enthusiast*, September 6, 2018.

Woodfield, Paul. "Intergenerational Knowledge Sharing in Family Firms: Case-based Evidence from the New Zealand Wine Industry." *Journal of Family Business Strategy* (January 2017).

第七章　一张玉米煎饼、四罐啤酒、一趟过山车

Bruder, Jessica. "The Psychological Price of Entrepreneurship." *Inc.*, September 2013.

Carroll, Rory. "Silicon Valley's Culture of Failure... and 'the Walking Dead' It Leaves Behind." *Guardian*, June 28, 2014.

"Drop One Losing Friend." Gary Vaynerchuk Fan Channel. April 21, 2017.

www. youtube.com/watch?v=mCElaIhgKeY.

F. R. Kets de Vries, Manfred. "The Dark Side of Entrepreneurship." *Harvard Business Review*, November 1985.

Feld, Brad. "Entrepreneurial Life Shouldn't Be This Way—Should It?" *Inc.*, July/August 2013.

Fisher, Rosemary, Alex Maritz, and Antonio Lobo. "Obsession in Entrepreneurs— Towards a Conceptualization." *Entrepreneurship Research Journal* (2013).

Fitchette, Todd. "Farmer Suicide: The Topic Few Will Discuss." *Western Farm Press*, June 7, 2018.

Freeman, Michael A., Paige J. Staudenmaier, Mackenzie R. Zisser, and Lisa Abdilova Andresen. "The Prevalence and Co-occurrence of Psychiatric Conditions among Entrepreneurs and Their Families." *Small Business Economics*, August 2019.

Freeman, Michael A., Sheri Johnson, and Paige Staudenmaier. "Are Entrepreneurs 'Touched with Fire'?" michaelafreemanmd.com. April 17, 2015.

Griffith, Erin. "Why Are Young People Pretending to Love Work?" *New York Times*, January 26, 2019.

Hendrickson, Laura C. "The Mental Health of Minnesota Farmers: Can Communication Help?" University of Minnesota. July 28, 2018.

Lahtia, Tom, Marja-Liisa Halko, Necmi Karagozoglu, and Joakim Wincent. "Why and How Do Founding Entrepreneurs Bond with Their Ventures? Neural Correlates of Entrepreneurial and Parental Bonding." *Journal of Business Venturing* (March 2019).

Lerner, Dan, Ingrid Verheul, and Roy Thurik. "Entrepreneurship & Attention Deficit/Hyperactivity Disorder: A Large-Scale Study Involving the Clinical Condi- tion of ADHD." IZA Institute of Labor Economics. October 2017.

LiKamWa McIntosh, Wendy, Erica Spies, Deborah M. Stone, Colby N. Lokey, Aimée-Rika T. Trudeau, and Brad Bartholow. "Suicide Rates by Occupational Group—17 States, 2012." Centers for Disease Control and

Prevention. July 1, 2016.

Stephan, Ute, Mark Hart, and Cord-Christian Drews. "Understanding Motivations for Entrepreneurship: A Review of Recent Research Evidence." Enterprise Research Centre. February 2015.

Weingarten, Debbie. "Why Are America's Farmers Killing Themselves?" *Guardian*, December 11, 2018.

第八章　太多的想法

Azoulay, Pierre, Benjamin F. Jones, J. Daniel Kim, and Javier Miranda. "Age and High-Growth Entrepreneurship." National Bureau of Economic Research. April 2018.

Burton, M. Diane, Jesper B. Sørensen, and Stanislav D. Dobrev. "A Careers Perspec- tive on Entrepreneurship." *Entrepreneurship Theory and Practice* (2016).

"Civic Ventures: Entrepreneurship Survey" and "Encore Entrepreneurs: Creating Jobs, Solving Problems." Penn, Schoen & Berland Associates. November 8, 2011.

Clippinger, John H. *A Crowd of One: The Future of Individual Identity.* New York: PublicAffairs, 2007.

Clippinger, John, and David Bollier. *From Bitcoin to Burning Man and Beyond: The Quest for Identity and Autonomy in a Digital Society.* Amherst, MA: ID3 and Off the Common Books, 2014.

Halvorsen, Cal, and Yu-Chih Chen. "The Diversity of Interest in Later-Life Entrepreneurship: Results from a Nationally Representative Survey of Americans Aged 50 to 70." *PLoS ONE* (June 5, 2019).

Halvorsen, Cal, and Nancy Morrow-Howell. "A Conceptual Framework on Self- Employment in Later Life: Toward a Research Agenda." *Work, Aging, and Retirement* 3, no. 4 (October 2017): 313–324.

Schøtt, Thomas, Edward Rogoff, Mike Herrington, and Penny Kew. "Senior Entrepreneurship 2016–2017." *Global Entrepreneurship Monitor* (2017).

"Starting Later: Realizing the Promise of Older Entrepreneurs in New York

City." Center for an Urban Future. September 2018.

Yssaad, Lahouaria, and Vincent Ferrao. "Self-employed Canadians: Who and Why?" Statistics Canada. May 28, 2019.